全国邮轮专业规划教材

邮轮运营管理

CRUISE OPERATION MANAGEMENT

甘胜军 孙玉琴／主编
郭一明 侯 剑／副主编

北京·旅游教育出版社

责任编辑：刘彦会

图书在版编目（CIP）数据

邮轮运营管理 / 甘胜军，孙玉琴主编. -- 北京 ：
旅游教育出版社，2020.9
全国邮轮专业规划教材
ISBN 978-7-5637-4168-7

Ⅰ. ①邮… Ⅱ. ①甘… ②孙… Ⅲ. ①旅游船－运营
管理－高等学校－教材 Ⅳ. ①F590.7

中国版本图书馆CIP数据核字(2020)第184499号

全国邮轮专业规划教材

邮轮运营管理

甘胜军　孙玉琴　主　编

郭一明　侯　剑　副主编

出版单位	旅游教育出版社
地　　址	北京市朝阳区定福庄南里1号
邮　　编	100024
发行电话	（010）65778403　65728372　65767462（传真）
本社网址	www.tepcb.com
E - mail	tepfx@163.com
排版单位	北京旅教文化传播有限公司
印刷单位	河北省三河市灵山芝兰印刷有限公司
经销单位	新华书店
开　　本	787毫米 × 1092毫米　1/16
印　　张	16
字　　数	294千字
版　　次	2020年9月第1版
印　　次	2020年9月第1次印刷
定　　价	38.00元

（图书如有装订差错请与发行部联系）

前　言

随着我国经济社会稳步发展和人民生活水平日益提高，邮轮旅游市场呈现持续快速发展态势，邮轮运输正在成为我国水路运输新的增长点。中国现代邮轮产业的发展起始于2006年，在经历了10多年的高速迅猛发展后，进入由“高速度增长”转向“高质量、高品位发展”的战略调整期。吴淞口国际邮轮港正式开港以来，3年登顶亚洲第一，5年问鼎全球前四，累计接靠邮轮2000多艘次，出入境游客突破1200万人次，港口能级位居全球前列，市场规模全国绝对领先。2019年吴淞口国际邮轮港母港邮轮达到8艘，共223个艘次；另有8艘邮轮运营访问港航线，共14个艘次，邮轮接待量依然位居全国绝对领先地位。与此同时，2019年，虽然数量有所下降，但邮轮公司纷纷将最新最好的邮轮布局中国。皇家加勒比游轮超量子系列首艘邮轮“海洋光谱”号、歌诗达邮轮专为中国量身打造的首艘Vista级邮轮“威尼斯”号两艘全新邮轮尤为让人期待，前身为丽星邮轮“处女星”号之“探索梦”号于2019年3月起进行耗资3000万美元的翻新升级工程并加入星梦邮轮船队，2019年4月11日在上海首航，这也体现出国际邮轮公司对中国邮轮旅游市场充满信心。

2018年3月20日，中国邮轮界爆出一个新闻，携程旅行网与皇家加勒比游轮公司宣布，双方将于2018年秋天关闭天海邮轮合资公司。在天海“新世纪”号邮轮2015年5月运营之前，中国邮轮市场已经有了中国本土邮轮的身影。海航旗下的“海娜”号邮轮曾在2013年成功实现首航，却因为船舶老化于两年后退出了市场。2014年8月16日，渤海轮渡集团股份有限公司旗下中国第一艘中资自主经营、自主管理的邮轮“中华泰山”号，从烟台启航，进行了有益的探索。自主经营和自主管理是一件更为艰巨的任务，却也锻炼了企业的独立性。

然而，在广阔的邮轮市场中，中国本土邮轮却寥寥无几。业内专家认为，邮轮产业附加值高、对经济拉动作用强，应该从设计制造到港口建设全方位发力，促进中式邮轮产业顺利启航。总之，我国邮轮产业还刚刚经过起步发展阶段，市场规模快速扩张，但是本土邮轮企业还处于刚刚起步和摸索阶段，邮轮企业运营管理方面的教材还处于空白状态，难以有效地指导企业实践活动。基于这个原因，我们结合我国邮轮企业运营的实践，借鉴国外邮轮企业运营的经验，编写了这本《邮轮运营管理》教材，希望弥补邮轮管理专业教材不足的缺陷，丰富邮轮管理专业的教学内容。

本书以邮轮企业运营管理的理论为基础，根据我国国情，从邮轮企业运营管理的战略制定和战略实施两个方面阐述当代邮轮企业运营管理的主要研究成果与可操作的方法，内容涉及基础知识（邮轮产业概述、邮轮运营管理概述）、邮轮企业运营战略制订（邮轮运营战略管理、邮轮运营决策与计划管理）、邮轮企业运营战略实施（服务质量管理、市场管理、资产管理、资源管理、安全管理、企业文化、供应链管理、集团化经营）等内容。书中还配备了若干个案例。

本书在编写上具有 3 个特征：第一，系统性。本书系统、全面地介绍了邮轮企业运营管理的基本理论、实务、工具与技术等。第二，本土化。本书每章精心编排了“本章导读”和章末“案例分析”，结合我国管理的特点和经验，介绍了国内多家邮轮企业的成功经验，让学生在学习过程中有身临其境的感觉，不至于生涩难懂。第三，适用性。本书适当精简了理论的介绍，力求贴近邮轮企业运营管理的应用与实践活动。本书适合旅游管理专业的本科生、研究生、EMBA、MBA 采用，也适合高等院校国际邮轮乘务管理专业的学生使用，还可以作为各级干部的学习、培训参考用书。

本书由上海海事大学经济管理学院教师甘胜军，上海商学院酒店管理学院教师孙玉琴（原上海海事大学经济管理学院），上海海事大学经济管理学院教师郭一明、侯剑，上海海事大学图书馆孟照娟馆员等共同编写完成。全书的写作思路、内容框架由孙玉琴、甘胜军承担，全书的统稿、定稿由甘胜军承担。全书共分为 12 章内容，具体分工如下：第一章、第二章甘胜军编写；第三章、第四章由郭一明编写；第五章由甘胜军、杨晓娟编写；第六章由孙玉琴、谢瑞瑞编写；第七章由孟昭娟、李珉编写；第八章、第九章由孙玉琴编写；第十章由孙玉琴、吴福园编写；第十一章由侯剑编写；第十二章甘胜军、侯剑编写。另外，在书稿的写作过程中，上海海事大学旅游管理专业 2014 级研究生姜岩峻参加了第一章的资料收集和整理工作，2015 级研究生杨晓娟、谢瑞瑞、李珉、吴福园等也参加了部分章节的资料收集、整理等基础性工作。本书在编写和出版过程中，得到了上海海事大学经济管理学院领导和老师们的大力支持，也得到了旅游教育出版社刘彦会等编辑们的指导和帮助，他们对本书提出的许多宝贵建议和意见，对本书提升质量起到了重要作用，在此一并表示最真挚的谢意！

限于时间和水平，书中难免有不足之处，敬请各位同行和读者予以批评指正。

甘胜军

2020 年 8 月

目　录

第一章

邮轮产业概述

本章导读

携程、皇家加勒比游轮公司 2018 年 3 月 30 日宣布，双方将于 2018 年秋天关闭天海邮轮合资公司。途易集团旗下马雷拉邮轮（Marella Cruises）同意购买天海邮轮的新世纪号邮轮（Golden Era），预计在 2018 年底完成交付。

天海邮轮是中国第一家本土豪华邮轮公司，由携程和皇家加勒比在 2014 年合资成立，携程和皇家加勒比分别持有此公司 35% 的股权，剩余股份由天海邮轮管理层和磐石基金持有。

携程公告显示，天海邮轮自 2015 年 5 月开始“新世纪”号邮轮的运营。截至最后一个航次，天海邮轮在三年多的时间里总共运营近 300 个航次，服务游客约 50 万人。天海邮轮将在未来几周继续进行最后的航行，在此期间，天海邮轮仍将继续为客人提供邮轮度假服务，以及为旅行社合作伙伴和供应商提供支持。

此外携程方面还表示，邮轮行业在中国市场的发展仍处于早期阶段，但发展潜力巨大。携程集团的邮轮业务收入在 2017 年增长超过 70%，邮轮仍将继续成为携程一站式旅游服务平台的重要一环。携程也将继续和全球邮轮公司（包括皇家加勒比）紧密合作，为中国日益增长的邮轮游客提供更好的服务。

公开资料显示，海航旗下的“海娜”号邮轮曾在 2013 年成功实现首航，但只经历了短短两年，便于 2015 年退役，引发了业内对本土邮轮发展的担忧。“海娜”号退役之后，天海邮轮、钻石邮轮以及“中华泰山”号等成为为数不多的本土邮轮企业，而如今天海邮轮也将宣布结业。

邮轮运营是本土邮轮公司面临的一个挑战。本章主要介绍邮轮产业的形成与发展、现代世界邮轮产业的布局、邮轮企业与邮轮产品等基本知识。

第一节　邮轮产业的形成与发展

一、邮轮产业的发展历程

邮轮（英文为 Cruise），或称油轮、巡航船、巡航定期船，原意是指海洋上定线、定期航行的大型客运轮船，定位是把旅客运送到大洋彼岸，它的生活娱乐设施也是为了给旅客提供舒适行程和解闷。“邮”字本身具有交通的含义，而且过去跨洋邮件一般都是由这种大型快速客轮运载，故得此名。

如今定义的邮轮不再是定期客运轮船，而是游船（英文为 Cruise、Cruise Liner 或 Cruise ship），其航程、沿途目的地的选择和船上的设施等都是提供给乘客游乐的一部分，运输已不作为游船的主要用途，通常会将乘客送回原先出发的地点。

1. 邮轮的历史

邮轮发展经历了从远洋客船（Liners）到邮轮（Cruise）。远洋定期船，或称远洋班船、远洋客船，是将旅客（也运送货物与邮件，有时也运送军队）从一个港口经一条长途海线运送到另一个港口的船只，这些航线是固定的，也有时刻表。

英语的船运公司称为“Shipping Lines”，旅程被称为“Line Voyages”，所以这些客、货船便被称为“Liners”。而“Ocean Liner”也可以跟“Passenger Liner”互用。有时照时刻表航行的货船也被称为“Liners”，但“Liners”不包括用作短途航行的渡船与没有运输用途的游船。远洋定期船的旅程通常较游船长，短至一星期，长至数个月也有。

一部浪漫的《泰坦尼克号》电影让中国普通老百姓知道了泰坦尼克号，也让我们能够一睹邮轮旅游的奢华盛况。从人类社会的发展来看，利用船舶运送乘客的历史很早就开始了，但是直到 1844 年，半岛和东方蒸汽航运公司（the Peninsula and Oriental Stream Navigation Co.）组织了从英国到西班牙、葡萄牙再到马来西亚和中国的航行，才是人类第一次邮轮航行。而现代意义上的邮轮产业则始于 20 世纪 70 年代早期，经济的发展带来可自由支配收入的增多，从而使人们能够纯粹为了娱乐而乘坐巨轮环游世界。

1972 年，迈阿密企业家特德・阿里森购买了一艘加拿大船只，并命名为马蒂格拉斯号，从而组建了嘉年华环球游船航运公司（Carnival Cruise Lines），开始了远洋邮轮经营。嘉年华和它的竞争者们——北欧海盗号、公主号、加勒比海皇家等邮轮公司——不断推出新的包价邮轮旅行服务。进入 20 世纪 90 年代，新型的、吨位更大、技术更先进的邮轮陆续投入使用。

截止到 2000 年，北美邮轮行业共拥有 156 艘邮轮，床位 16.4 万个，每年运送的客人超过 600 万，收入大约 80 亿美元。1970 年到 2000 年期间，北美邮轮业的环比年增长率达到 8.9%。

2004 年，当地时间 1 月 26 日，世界上最大、最豪华的邮轮——“玛丽女王二世”号到达美国佛罗里达州劳德代尔堡的港口，顺利完成了它为时 14 天跨越大西洋的载客“处女航”。尽管此次航行价格不菲，最贵票价高达 4.8 万美元，但世界各地的游客依然趋之若鹜，2600 多张船票提前抢购一空。而 1 月 8 日英国女王伊丽莎白二世出席在南安普敦港口举行的邮轮命名仪式，以及当地时间 1 月 12 日在英国南安普敦举行的起航仪式都引起了世界各大媒体的关注。据悉，“玛丽女王二世”号邮轮是由英国丘纳德（Cunard）航运公司出资 8 亿美元建造的，长 345 米，比美国最大的航空母舰还长，吃水线以上高度为 74 米，有 15 层甲板，排水量 15 万吨。邮轮可接待 2600 名乘客和 1250 名船员，并拥有 14 个风格各异的酒吧和俱乐部、6 个装饰精美且流光溢彩的豪华餐厅、5 个宽敞的游泳池、可容纳千人的剧院、1 个图书馆、1 个迪斯科舞厅、1 个娱乐场和豪华舞厅等设施。

据国际邮轮协会（CLIA）统计数据，2018 年全球邮轮游客量达到 2850 万人次，同比增长 7%，高于国际邮轮协会最初预测的 2820 万人次，增长速度超出预期。北美地区邮轮游客量达到 1420 万人次，同比增长 9%，仍然是全球最大的邮轮市场，并且，根据数据显示，在美国，邮轮旅游渗透率 3.5%，高出全球平均渗透率（1.4%）一倍以上。截止到 2019 年的数据，全球邮轮中 227 艘部署在北美，137 艘部署在欧洲，亚太是 40 艘。北美每年游客是 1560 万人次，欧洲是 800 万人次，中国是 420 万人次。

总之，在早期邮轮是邮政部门专用的运输邮件的交通工具之一，同时运送旅客，而且一般的邮轮均带有游览性质。现代邮轮是旅游性质的，就像是流动的大酒店，船上娱乐设施应有尽有，是旅游目的地。现代邮轮和原意邮轮的区别，不在于船体大小，而在于两者的定位根本不同。原意邮轮是海上客运工具，它的定位是把旅客运送到大洋彼岸，它的生活娱乐设施是为了给旅客提供舒适行程和解闷；而现代邮轮本身就是旅游目的地，其生活娱乐设施是海上旅游中一个重要组成部分，靠岸是为了观光或完成海上旅游行程。

2. 发展的阶段

世界邮轮旅游市场的发展主要经历了 4 个阶段，即过渡萌芽期、诞生引进期、成长拓展期和繁荣成熟期。每个阶段的发展取决于不同的邮轮航线、细分市场以及邮轮旅游目的地，人类休闲需要是推动现代邮轮旅游产业不断提升持续发展的根本动因。

（1）过渡萌芽期（20 世纪 60 年代末至 70 年代）

20 世纪 60 年代初期，往返美欧大陆之间的跨大西洋客运班轮每年的客运量超过了 100 万，70 年代初便急剧下降到每年的 25 万左右。原来的客运班轮经营商迫于经营压力，不得不寻找新的经营方式。“邮船”客运量的下降，昭示着世界邮轮旅游市场的萌芽。20 世纪 70 年代是“邮船”经营的痛苦转型时期，班轮公司尝试由服务提供商的角色向邮轮设施及服务提供商转变，但是客运班轮本身并不一定适合开展新型邮轮休闲旅游服务，其过渡还面临很多障碍——没有空调，不舒适的三等舱以及甲板缺乏公共空间等。这一阶段人们对邮轮知之甚少，甚至由于文化差异对其产生误解。

（2）诞生引进期（20 世纪 70 年代至 80 年代）

该阶段人们对邮轮有了一定的了解，邮轮目标市场以本国游客为主，航线观光也是以本国观光地为基本港，但是人们对邮轮的认识还是局限在它豪华的外观、内部设施和高昂的旅游费用，这一时期，挪威邮轮公司、皇家加勒比邮轮、嘉年华和P&O公司相继组建各自的邮轮船队。

（3）成长拓展期（20世纪80年代至90年代中期）

随着人们对现代邮轮认识的逐渐提升，邮轮市场出现日益丰富的旅游选择，市场开始得到拓展，行业发展进入成长阶段。马来西亚丽新邮轮公司1993年进入亚洲市场，通过收购，该公司同时在北美、欧洲和亚洲三大区域市场开展业务，成为世界第一家真正的邮轮公司。

（4）繁荣成熟期（20世纪90年代中晚期至今）

该阶段全球邮轮公司不断投入新船，邮轮产品种类繁多，市场分割加剧竞争激烈。北美欧洲的一些地区最早进入繁荣成熟区，这一时期平均航程达到6~8天，停靠港不断增多，航线安排灵活多样，价格逐年下降，行业集中程度高，规模经济明显，从而撬开了邮轮旅游向大众化和年轻化方向发展的通道。

3. 发展的特征

目前邮轮市场的繁荣成熟时期以及其表现出来的特点主要体现在以下几个方面：

（1）全球邮轮旅游业快速增长

全球邮轮市场一直稳健增长，潜力很大。据CLIA（国际邮轮协会）资料显示，自1980年以来，邮轮旅游一直以年均8.6%的速度增长，其中1996—2006年年均增长9.3%，远远高于国际旅游业的整体发展速度。20世纪70年代全球邮轮旅客50万人次，到2006年达到1210万人次，2007年约1260万人次。邮轮公司的规模也稳定增加，20世纪80年代建造邮轮近40艘，90年代建造邮轮近80艘，2000年到2007年底有88艘邮轮投入营运。邮轮接待能力很充分，2002—2006年北美邮轮床位接待能力从61.0百万天增加到79.92百万天，接待能力利用率从100.8%上升到103.9%。

（2）现代邮轮日趋大型化和功能多样化

20世纪80年代建造的邮轮单船平均达2.6万总吨、776客位；90年代建造的邮轮单船平均4.6万总吨、1205客位；2000年后建造的邮轮单船平均7.66万总吨、1815客位，2007年新邮轮平均2611客位。2007年投入使用的“海上解放号”排水量15.8万吨，载客量4375人，2009年投入使用的“创世纪号”排水量22万吨，载客量5400人。邮轮功能向多样化的方向发展，除了酒吧、咖啡厅、免税商店、夜总会、健身中心、图书馆、会议中心、青少年中心外，还设置有豪华赌场、游泳池、高尔夫球场练习场、保龄球馆、篮球馆、排球馆、滑浪池、攀岩墙、滑冰场等设施。

（3）世界邮轮航线分布比较集中

全球邮轮旅游活动的主要区域为加勒比海区域、欧洲/地中海区域、亚洲/南太平洋、阿拉斯加、墨西哥西海岸等地，其中加勒比海地区和欧洲/地中海区域又是最为密集的邮轮旅游活动区，邮轮到访量分别占全世界的45.1%和22.4%。

（4）全球邮轮母港大都分布在美国

全球邮轮母港大都分布在美国，少数位于加拿大、欧洲和东南亚等地区。美国邮轮母港最多，2006 年发送游客数量占全球的 75% 以上，佛罗里达是美国的邮轮中心，佛罗里达州发送游客数量占美国的 56%。美国最大的三个邮轮母港迈阿密、卡纳维拉尔港、埃弗格雷斯港都在佛罗里达州，2006 年发送游客分别为 189 万、139.6 万、114.5 万人次，占全球的 16%、12% 和 10%。欧洲邮轮母港首推西班牙的巴塞罗那，设有 6 个客运码头，可同时停泊 9 艘邮轮。

（5）北美是全球邮轮旅游的主要市场

作为世界上最大的邮轮市场，北美游客数量始终占世界份额的 80% 以上。2006 年全球邮轮旅客为 1210 万人，其中北美市场 1020 万人，占 84.3%；2007 年全球邮轮旅客 1260 万，北美市场 1060 万人，占 84.1%。据研究，北美全球邮轮旅游总收入，从 1997 年的 77.9 亿美元增加到 2006 年的 206.4 亿美元。其中，2006 年美国全球邮轮总收入为 176 亿美元。

（6）全球邮轮游客平均旅程为 7 天左右

全球邮轮游客平均旅程为 6.5~7 天，短期旅游的比重有所提高。从 20 世纪 80 年代中期开始，邮轮公司注重对短期（2~5 天）旅游市场的开拓，短期旅游的游客比重从 1980 年的 24.3% 上升到 2001 年的 37.2%，2005 年为 33.9%。

（7）邮轮旅游的主要对象是中产阶级

邮轮旅游属于高端产品，主要对象是中产阶级。2006 年全球邮轮游客平均年龄 50 岁，平均年家庭收入 10.4 万美元，57% 的游客接受过大学教育。据研究，2006 年北美的全球邮轮旅游收入为 206.4 亿美元，平均每个游客支付 1720 美元。同时，在美国港口登船的旅客平均消费 136.2 美元，其中过夜游客消费 289.19 美元，不过夜游客消费 30.48 美元；在美国港口停靠的旅客平均消费 123.39 美元。

（8）全球邮轮旅游市场呈现高度的寡头垄断

全球邮轮旅游市场主要为三大著名邮轮公司——嘉年华邮轮公司、皇家加勒比海邮轮公司与丽星 / 挪威邮轮集团公司所控制，在全球邮轮旅游市场占 80% 以上的份额。其中，嘉年华和皇家加勒比海均位于北美。9.60% 以上的邮轮悬挂方便旗以方便航行和管理，60% 以上的邮轮主要悬挂巴哈马、巴拿马、百慕大等船旗，不到 40% 的邮轮悬挂船舶所有人所在国或主要航线所在国国旗。

4. 未来的展望

（1）全球邮轮市场：稳步发展

第一，邮轮旅游所提供的独特感受与综合选择使其魅力依旧，未来仍将是一个年轻而具吸引力的国际化产业。根据预测，到 2020 年可能突破 4000 万人次。

第二，邮轮旅游市场具有大众化和年轻化趋势。根据世界邮轮协会（CLIA）资助完成的一项研究显示，美国人口中有 12.3% 的人曾经乘坐过邮轮；超过 6800 万美国人希望乘坐邮轮；6900 万人愿意在未来 5 年中乘坐邮轮，超过 4300 万的人确定会成行，这意味着潜在的邮轮度假市场至少达到570亿美元，最高可能达850亿美元；乘坐邮轮的人中有超过80%的人表示“非常满意”或者“很满意”，有90%的人日后会再次乘坐邮轮。

第三，全球邮轮旅游市场寡头垄断格局还将继续下去，三大邮轮集团公司高度掌控市场的程度有增无减，但小型邮轮公司经营灵活，在市场中的利润空间仍拥有成长前景。

第四，北美市场仍将是世界邮轮旅游的主要市场，环加勒比海地区将继续保持世界首选邮轮旅游目的地的地位，但欧洲、东南亚市场也将出现稳定快速的增长势头。

第五，规模经济将继续推动世界邮轮越来越走向大型化，邮轮旅游产品消费与选择日益多样化。

（2）东亚市场：快速成长

长期以来，东亚地区一直处于世界邮轮市场的边缘，但东亚拥有发展邮轮旅游产业的基本环境。

第一，海域广阔，旅游资源丰富多样，文化多元性明显。

第二，港口条件优良，有香港港、新加坡港和马来西亚巴生港等国际邮轮专用港口。

东亚邮轮业起步较晚，真正发展始于1993年丽星邮轮公司的成立，但近年来发展势头良好。

随着邮轮经济持续增长，各大邮轮公司都将加大开发东亚市场的力度。2007—2008年度，以美国为基地的水晶、皇家加勒比、精致、荷美、公主、大西洋、七海等13家邮轮公司，加大了东亚地区市场拓展力度。皇家加勒比国际邮轮公司旗下“海洋迎风”号以香港为母港，提供12次为期3至12晚的旅程，停泊三亚、台北、高雄、冲绳岛及东南亚多个港口。

（3）我国邮轮市场：潜力巨大

第一，市场条件优良。全球邮轮巨头普遍看好中国国内的市场，认为中国已经形成了一批中产阶层和富裕阶层，具备了邮轮旅游的条件，将成为世界邮轮业发展的巨大市场。根据发达国家经验，在人均GDP达到6000~8000美元时，邮轮产业将进入快速增长期。目前，我国沿海地区的一些城市已经进入这样的发展阶段，形成了一批中产阶层和富裕阶层，客观上具备了邮轮旅游的物质基础。

第二，我国海岸线绵长，自然和人文景观丰富，国际地位提高，有条件成为邮轮旅游目的地。

第三，港口条件良好。我国沿海分布了许多著名港口，有得天独厚的水深条件，基础设施较完备，港口服务费用也大大低于发达国家。

第四，相关的政策机制已经启动。

二、邮轮产业的经济效应

1. 邮轮经济与邮轮产业

邮轮经济是指依托于邮轮旅游以及其相关产业的发展而产生的总体经济效应，基本表现为兴建港口以及相关的配套设施，用来停靠邮轮。邮轮经济的主要收入在于邮轮公司在港口城市以及周围地区购买产品和服务所带来的消费。这些就是邮轮旅游的直接经济效应，而它的间接效应就是指服务于邮轮公司及其乘客和船员的企业。

随着人们经济水平的发展，生活水平日益提高，旅游已经成为人们生活中不可缺少的一部分，而邮轮旅游业已经成为现代旅游业中最为活跃，发展最为迅速的产业之一。

邮轮周边经济是指邮轮业活动带动的与之相关的外围产业与事物的经济活动。这些外围产业都是由于邮轮产生的，与邮轮相关的经济活动。

根据国际邮轮协会统计测算，外围产业主要包括港口服务业、旅游观光业、商贸服务业和航空运输业等相关产业。

本章主要从邮轮业在这些外围产业的支出、带动的外围产业的新增工作岗位，以及外围产业从业人员收入等角度进行分析。邮轮公司和港口辅助服务是邮轮业的核心部分，占邮轮业支出的 33%。邮轮公司和港口辅助服务产生的经济活动主要有 3 个组成部分：港口服务费用；港口服务业以及邮轮公司的人员工资；与邮轮相关的港口业就业和收支等。港口辅助服务指为到港邮轮船舶提供的广泛服务，包括拖轮、引航服务、港口代理、装卸货物、乘客接待、仓储及其他材料处理服务。

旅游观光业。邮轮业由于其特殊性，会带动挂靠港口城市的旅游业。邮轮旅游产品的市场推广，除了邮轮本身的吸引力外，沿海经停的港口城市甚为重要。挂靠港附近的著名景点、购物场所和文化资源及专业旅行代理商提供的旅游服务，在一定程度上决定了邮轮航线的吸引力和生命力。

商贸服务业。商贸服务业包括邮轮旅客以及邮轮工作人员的住宿、餐饮、购物等配套服务，是邮轮到港的重要消费内容，是港口发展邮轮经济的直接经济来源，也是为邮轮、乘客和船员提供各类岸上服务和补给服务的基础依托。邮轮带动的商贸服务主要分为三类：旅客抵港后到登船前带动的消费、旅客下船后到离港前带动的消费，以及到港邮轮船员带动的消费。根据国际邮轮协会的调查统计，每年约有 970 万人次走上美国邮轮，乘客和邮轮工作人员消费共计 160 亿美元。美国由邮轮运输引起的商贸服务业给整个行业带来了勃勃生机。

航空运输业。航空运输业与邮轮业似乎是两个平行的行业，甚至有人认为航空业的发达会影响邮轮运输的发展，抢走邮轮的客源。其实，邮轮与航空运输的定位发展有所不同，两者不但不会相互制约，反而会有一定的互补性。

2. 邮轮经济与旅游商业

（1）带动当地旅游及商业发展，促进当地相关收入增长

大多数的旅客选择乘坐邮轮的动机就在于通过邮轮旅行，不仅可以获得邮轮上面温馨舒适的各种服务，更重要的是能够参观体验到该条邮轮航线所涉及的不同地区甚至不同国家的各种文化风景名胜。所以说邮轮经济对邮轮港当地经济的首要贡献就是它带来了大量的旅游观光者，从而增加了当地的旅游及各种商业收入。例如：在北欧地区，邮轮旅游在 2007 年一年为波罗的海十个国家带来了约 3.56 亿欧元的直接经济收益。在新西兰，由于国内市场的快速成长，2008 年邮轮旅游为其创造了约 4.06 亿美元的直接经济收

益。伴随着每年邮轮旅客人数的持续快速增长，它所带来的收入将进一步增多。

（2）提升邮轮港当地服务接待标准及水平

越来越多的、来自世界各地的邮轮游客以及他们不同的服务需求，会激励邮轮目的地更好地实施相关的旅游及商业的服务标准并及时地进行调整更新。例如，2004 年位于北欧的挪威、瑞典、丹麦、德国、波兰、立陶宛、拉脱维亚、芬兰及俄罗斯这 9 个国家的 20 个沿海城市，为了提高本地区整体的游客服务接待水平而共同发起了名为“航游波罗的海”的计划。

随着这个计划的推进，不仅使波罗的海沿岸北欧国家接待来访旅客的能力大为提高，同时也使该计划逐渐发展为一个区域合作联盟，不断推动着波罗的海邮轮旅游目的地的发展。随着邮轮旅游在跨境旅游中所占比重的提升，这很有可能成为未来区域经济合作的一个崭新方面。

同时，即便目前邮轮经济的发展还只是以单个国家为单位进行，但是吸引客源的目标仍会驱动各地自发地提高服务质量以赢得旅客的满意。

（3）有利于当地城市及本土品牌的国际知名度和认可度的提高

首先，邮轮经济以及邮轮旅游将促使当地的企业或者商家更加重视品牌的营销和推广。这可以分两个方面来看，一方面是由于邮轮港所在地城市为了吸引更多的邮轮观光旅客而进行城市形象的营销及推广；另一方面是由于众多来自世界各地的邮轮旅客的到来为本土企业的品牌营销及推广提供了很好的条件，使其有机会迅速提高知名度。面对国际邮轮航线上众多各具特色的邮轮目的地的竞争，为争取客源邮轮港口所在地而进行的广告宣传就变得势在必行。

其次，邮轮经济的发展以及大量邮轮旅客的到来为本土品牌推广扩大影响力提供了良好的外部机会。一方面，现在一般的邮轮都会具备像餐厅和礼品店这样的场所。其中就餐厅而言，较大的邮轮上面都会拥有几个主餐厅以及其他形式的各种餐厅，游客们可以根据自己的喜好进行自由的选择。另一方面，通过大量邮轮旅客到停泊港口目的地的参观消费，众多具有当地特色的本地产品和本地品牌也能够由此获得传播及推广。

3. 邮轮经济与当地就业

（1）直接方面影响

一方面为了保证邮轮港口的正常运转，需要一大批负责管理和营运的人员；另一方面由于众多的邮轮公司在邮轮母港都有各自邮轮航班的固定航线，所以为了工作和管理的方便，邮轮公司往往会在邮轮母港设置地区总部或办事处，并招聘了解当地市场且具有专业能力的管理人员和船务人员。由于上述这两方面的岗位都是直接与邮轮港本身营运相关联的，所以相关就业岗位的增加就是由邮轮经济直接促成的。以邮轮雇员为例，为了满足邮轮上面旅客的服务需要，大多数邮轮每三名游客至少就要对应一名工作人员，这一比例有时更是达到 1.5∶1。

（2）间接方面影响

邮轮产业链中处于上、中、下游的各产业，其持续的发展和壮大也离不开更多地从业人员的参与和努力。其中既需要上游产业中如邮轮物资生产、维修等相关人员，也需要下游产业中如银行、保险业等方面的从业人员。所以邮轮经济可以带动就业人数的规模进一步扩大。世界邮轮之都的迈阿密港，通过四十多年的不断发展，其邮轮经济创造出了35万多个工作岗位。

4. 邮轮经济与当地城市化

所谓的“城市化”，较有代表性的概念论述来自日本的森川洋。他认为：城市化主要是指农村居民向城市生活方式的转化过程，反映在城市人口增加、景观和社会以及生活方式的城市环境等形成。邮轮经济可以加快当地城市化发展的进程。

第一，从城市人口来看，邮轮经济会导致城市人口增加并在邮轮港周边地区积聚，进而产生集聚效应。

由于邮轮经济为邮轮港所在地提供了大量就业岗位，便会吸引大量劳动力人口向邮轮港口地区进行移动并逐步定居下来，最终导致城市人口的增加。邮轮经济的产生及发展对劳动人口产生了迫切的需求，而劳动力人口的增加和规模的聚集又会进一步促进邮轮经济的发展。除此之外，大量相似商品和服务的提供经营商集中在邮轮母港周围这一有限的空间内相互竞争，长此以往必然会导致优胜劣汰，从而促进当地产业结构的调整和经营竞争力的提高。

第二，在景观和城市环境方面，由于发展邮轮经济，城市的环境及整体景观将焕然一新。

要发展邮轮经济，首先要在理想的水域规划和建设一个能够满足各种邮轮停泊的邮轮码头，随后在其周边建成一系列的服务消费场所，这将极大地改变邮轮港口所在地的整体面貌。有些邮轮港所在地还会建设专门的具有地标性质的建筑物来起到提高旅客认知度的效果。

第三，在社会及生活方式方面，邮轮经济会改善当地休闲娱乐以及出行情况。

无论是神户还是悉尼，其港口的设施建设除了美丽之外更不乏实用的功能。这些地区邮轮港、地标性建筑物以及公共活动场地的建成，除了使当地居民有一个新的放松休闲场所之外，更重要的是它作为一个崭新的商业娱乐观光中心的崛起。

此外，在出行方面，因为邮轮经济发展的带动使邮轮港所在地区大力建设交通出行设施，不仅方便了邮轮旅客的出行，也方便了当地人们的出行。

三、邮轮产业的发展愿景

邮轮旅游是一种集休闲、娱乐、旅游于一身的新的度假方式，诞生于20世纪60年代末的欧美地区，近年来在一些国家迅猛发展。邮轮旅游经济是邮轮产业链中的重要一环，其发展以海洋环境为依托。近年来海洋环境的破坏与污染，严重影响着我国邮轮旅游业的长远发展。长期以来，我国一直存在先发展后治理的现象，可持续发展问题往往被人忽视。

海洋环境是关乎我国邮轮旅游业可持续发展的关键问题。因此，在我国邮轮旅游业发展之初，我们就要充分认识到海洋环境保护与可持续发展的重要性，在大力发展邮轮旅游业的同时，充分重视环境保护问题，实现邮轮旅游经济的可持续发展。

可持续发展是指既满足现代人的需求同时又不损害后代人满足需求的能力。可持续发展一词于 1980 年在世界自然保护同盟（IUCN）制定发布的《世界自然保护战略》中首次出现。1987 年，世界环境与发展委员会在《我们共同的未来》报告中第一次提出可持续发展的概念，阐述了可持续发展的内容，以及可持续发展的核心是发展，是在保护环境、资源永续利用的前提下进行经济和社会的发展。1992 年在里约热内卢召开的联合国环境与发展会议，通过了《里约环境与发展宣言》和《21 世纪议程》两个纲领性文件，明确提出了人类社会的发展应该是可持续的发展。2002 年"可持续发展世界首脑会议"在南非召开，会议回顾了《21 世纪议程》的执行情况、取得的进展和存在的问题，通过了《可持续发展世界首脑会议实施计划》。从此可持续发展这一理念在世界范围广泛传播，并成为世界的共识。

如今，在这样一个事事提倡绿色、环保、可持续发展的时代，邮轮旅游业作为旅游业中发展最为迅速的一部分，也面临可持续发展的问题。邮轮旅游业可持续发展就是不以污染海洋环境、破坏海洋生物多样性为代价，来满足当代邮轮旅游者的海上娱乐需求，而是在海洋环境承载力范围内，发展邮轮旅游业，在邮轮经济得到发展的同时也使海洋环境得到永续利用。

1. 我国邮轮旅游可持续发展的驱动因素

目前我国的可持续发展还处在初级阶段，人们普遍认为旅游业为无烟工业，因而一味地开发旅游资源，而忽略人类活动对自然环境的破坏。邮轮旅游业开发也是如此，随着各大国际邮轮公司开拓中国市场脚步的加快，我国邮轮旅游业的发展也进入了快车道。但是伴随着邮轮旅游业的快速发展，海洋环境问题也日渐严重，诸多因素影响着我国邮轮旅游业的可持续发展。

（1）造船业与海港环境

由于邮轮旅游业的发展，市场对大型豪华游轮需求进一步扩大，面对迅速膨胀的市场，各大邮轮公司都纷纷增加邮轮数量，满足竞争的需要。我国造船业也借此得到了发展，国内国外订单不断。

（2）母港建设与近海海洋资源

我国已有十几年的国际邮轮挂靠历史，为发展邮轮旅游业，各大港口城市纷纷计划兴建大型国际母港，这时我们必须保持冷静的头脑，统筹全局，立足长远，不要只看眼前的经济利益，忽视可持续发展的重要性。单从母港建设的角度看，它是一项浩大的工程，需要很长的时间。建设过程中会产生大量的工程废物及有毒废水，还有大量的生活垃圾，这些污染物会不可避免地给港口环境造成压力，污染水体，使得港口水质氧化。这些被污染的水体，如果流入内河，一方面会给饮用水的净化工作增加难度，另一方面又会对内河的渔业造成一定影响。同时，为保证大型邮轮的停靠，还必须进行大规模的填海，使港口向外延伸，以确保足够的海港深度。这样就会威胁原来生活在浅滩的生物，破坏物种的多样性。因此，在母港建设之初，就要充分考虑环境的承载力问题，在自然的自净能力范围内，加之有力防污、排污措施的配合，从长远角度对母港规模以及游客接待量进行设计，实现母港的可持续发展。

（3）远洋船舶与海洋生态系统

我国港口规模正在逐渐扩大，母港建设也正在进行中，往来邮船的数量必将大幅增多，船舶污染问题也将日趋严重。船舶是海上污染主要来源之一，有的大型邮轮要搭载好几千人在海上航行数周，由于承载客人数量大，航行时间长等原因，在海上航行期间会产生大量的生活垃圾，生活废水、固体废物的倾倒现象严重，使海水出现富氧化现象，导致大量海洋生物的死亡。如果这些任意的倾倒行为不加制止，各类有害物质进入海洋，必将严重污染海水水质、危害人体健康，海洋生物资源也会受到威胁，从而导致海洋生态系统遭到破坏，最直接的表现即为海洋渔业大量减产。

（4）游客与港口城市的承载力

随着邮轮旅游业的发展，大量的游客将涌入我国，我国各大港口城市的人流量将大幅增多，各大景区、名胜古迹、游乐场所的接待量也会猛增。这时摆在我们面前的就是承载力的问题，无论是天然景观、历史遗迹还是社会文化场所，人的活动一旦超过了承载力的范围，都会造成不可挽回的损失。邮轮旅游业的发展以丰富的海洋环境为依托，游客多会被当地的优美的海滨风光所吸引，如果过量的游客进入无疑会对当地的自然风光造成破坏，从而降低当地的吸引力。在世界上这样的例子比比皆是，我们应引以为戒。

2. 我国邮轮旅游业可持续发展的效益分析

邮轮经济的可持续发展依赖于环境子系统、经济子系统和社会子系统的协调发展，也就是实现资源和环境保护与经济、社会的协调发展，从而在获得邮轮旅游经济给我们带来的经济与社会效益的同时使环境得到保护。

海洋生态系统作为自然界最重要的生态系统，千百年来为我们的发展提供了丰富的资源，但是随着世界经济的发展，我们对海洋资源的攫取与污染已经到达了海洋承受能力的极限。我国邮轮旅游业的发展对海洋水体造成污染、使海洋生物受到威胁，海洋环境问题尤为严重。

邮轮经济的可持续发展，就是要兼顾经济的发展与环境的保护，使邮轮旅游业在给我们带来巨大经济利益的同时，海洋环境还能持续为我们所用。我们要知道，海洋环境既可以给我国邮轮产业无限的发展空间，也可成为我们发展的瓶颈，其亦能载舟也能覆舟。

邮轮旅游经济必须顺应时代的要求，一切海洋活动的展开，都要考虑到海洋环境的承载力，合理地使用海洋资源，使我国的邮轮旅游业持续、健康、有序地快速发展，只有这样我们才能真正享受到海洋资源为我们带来的财富。

3. 我国邮轮旅游业可持续发展的路径分析

我国邮轮经济发展水平较之西方发达国家还有很大的差距，在环境保护方面，环境保护法律、法规的制定往往具有滞后性，国民的环保意识也很薄弱。在邮轮旅游经济的迅猛发展过程中，母港建设、船舶管理、制度法规以及环保教育等方面都成为重要环节，对邮轮旅游经济的可持续发展起到至关重要的作用。为避免发展的盲目性，以下从四个方面提出发展路径建议，以促进邮轮旅游经济的可持续发展。

（1）建设绿色邮轮母港

邮轮母港建设应从建设之初就积极贯彻节能减排的环境保护理念，以确保邮轮旅游业的可持续发展。

第一，接待设施的能源管理极为重要。因为它不仅关系到经济收益问题，还与我们的环境污染、空气质量密切相关。候船大楼、餐厅、饭店、娱乐场所以及供热系统都要积极使用更为清洁的能源。积极运用电能和天然气代替传统的燃煤系统，减少空气中二氧化碳及颗粒物等的排放量，提高空气质量。

第二，严格控制固体废弃物排放与处理。按照我国目前邮轮旅游业的发展速度，邮轮旅游人数将会在未来十年内成倍增长，接待游客人数的增加必将产生大量的生活垃圾，及时有效的处置会减少垃圾二次污染的危险。

第三，建立废水处理系统。母港建设紧邻海岸，由于地理位置的特殊性，其废水对海洋环境的破坏力相当强。废水应经过层层处理，使各项污染物含量降到安全水平，还应对污水处理系统定期检查，彻底控制污水对水体的污染。尤其对母港周围的饭店、酒店应加大监督力度，定期对排放水体进行抽样、评测。

（2）严格管理往来船舶

随着邮轮旅游业的发展，海上往来邮轮数量将大幅增加，海洋污染问题日趋严重。此时对船舶的管理及严格控制污染源，将是邮轮可持续发展的重要途径。

首先，规定船舶所带来的污染物。我们开辟新航线的时候，一要考虑目的港对船舶所带来废物、废水的承载力，严格控制排放量在海港自净能力范围之内。也可考虑向豪华邮轮征收环保费用，如厄瓜多尔的加拉帕戈斯群岛已开始向游客收取昂贵的门票费，进入该群岛的船只也要交纳很高的费用。

其次，对船体本身也应做出相关规定。要求船上拥有垃圾处理设备，具备一定的废水、废物处理能力，并能进行垃圾的分类与回收，最大限度减少废水、废物的排放。同时可对邮轮所使用的燃料做出规定。如欧盟积极倡导停靠欧盟各港口的所有船舶使用低硫燃料，来减少硫氧化物排放。

最后，严格遵守 MARPOL（国际船舶防污染公约）。该公约 73/78 附则 V 已于 1989 年 12 月在我国生效。该附则规定，船舶上一切塑料品不得抛弃入海；厨房废弃物、生活及工作垃圾禁止在沿海三海里范围内抛弃入海；离岸 12 海里之外入海垃圾必须经过粉碎，且其颗粒度不大于 25mm。除认真执行国际公约外，我们还应积极执行国内的相关法规，严格控制船舶对海洋的污染。

（3）完善监管政策制度

首先，在制度法规方面，我国应针对邮轮海上航行的特殊性，出台一系列针对我国海洋情况的法规，进一步明确国际惯例、公约在我国的执行尺度。避免在执行国际惯例、公约时产生歧义与误解，以至于在海事事务的处理过程中发生矛盾与冲突。

其次，在环境监管方面，应建立一套属于自己的环境监督系统，这个系统应包括人、机两部分。人力部分包括陆上监督人员，其工作职能之一是监督服务设施，如候船大楼、饭店、酒店等的环保达标程度，还包括各类旅游从业人员对景区景点等的环境评价；职能之二是对岸上游客行为的监督，保护陆上环境的清洁。

（4）教育游客和从业人员

在邮轮旅游业发展的过程中，要始终贯彻环保、节能的观念，当然，落实到实际中还是要靠所有人的共同努力，只有人们环保意识增强了，我国的生态环境才能真正不受威胁。

应大力宣传环保知识，积极倡导资源节约，不论是游客、服务人员、船员还是经营商都应参与到提倡环保、节能的队伍中。在监控措施的配合下，可适当地采取一些惩罚措施，但所有的惩戒都只是一种形式，重要的还在于人们意识的提高，可通过发放传单小册子，安放宣传栏，播放生动的教育片以及定期举办环保知识有奖问答等方式对游客进行教育。

同时，还应对从业人员进行有针对性的职业道德教育和专业技能培养，通过制定激励机制，调动旅游从业人员的积极性，从而认真地参加到环保宣传工作与实践中。

综上所述，我国邮轮旅游业的发展尚处于起步阶段，邮轮旅游业的可持续发展还面临挑战，应该充分了解邮轮旅游给环境造成的压力与破坏，充分认识环境保护的重要性，使一切建设与发展都与环境相协调，避免发展的盲目性，避免造成资源的浪费和环境的污染，最终实现我国邮轮旅游经济的可持续发展。

第二节　现代世界邮轮产业布局

一、邮轮公司市场分布的基本态势

目前，嘉年华集团、皇家加勒比游轮集团、诺维真游轮集团、地中海邮轮集团、云顶邮轮集团是全球前五大邮轮运营集团。在世界邮轮市场格局方面，邮轮企业巨头掌控市场主导权，船队规模实力位居世界邮轮界前三的巨型邮轮企业占据世界邮轮市场份额的 80% 以上，船队规模宏大，除地中海邮轮集团以外均是采取多品牌战略，运营邮轮品牌多样，针对各个区域投放不同层次的邮轮品牌。2018 年全球在运营的邮轮共 342 艘，下铺客位量共计 56.9 万个，其中全球最大邮轮运营商嘉年华集团客位总量最大，市场占比达到 43%，皇家加勒比游轮集团占比 27%，诺维真游轮集团占比达到 9%，地中海邮轮集团占比达到 8%，但随着地中海邮轮集团新船的不断兴建，其国际影响力和地位将显著增强。

作为全球著名的嘉年华、皇家加勒比海、诺维真和地中海四大邮轮集团旗下共拥有18家规模不等的邮轮公司，其中嘉年华邮轮公司、皇家加勒比国际游轮公司、公主邮轮、歌诗达邮轮公司、荷美邮轮、精英邮轮公司、诺维真邮轮公司、地中海邮轮公司等在全球邮轮行业中排名前八位（嘉年华邮轮公司、公主邮轮、歌诗达邮轮公司、荷美邮轮同属于嘉年华邮轮集团公司；皇家加勒比海国际游轮公司、精英邮轮公司同属于皇家加勒比海游轮集团）。

八大邮轮公司的市场分布倾向可以从以下三个层面进行理解。

首先，从邮轮公司总部所在的城市区位看，全球邮轮旅游市场的重心无疑是在欧美。

其次，从八大邮轮公司航线分布的角度看，区域宽广，基本覆盖了全球国际邮轮市场目前可造访的全部2000个旅游目的地。

最后，从邮轮公司的客源市场配置讲，发达国家城市居民中，家庭收入高、旅游经验丰富的度假游客是主要的市场服务对象。

二、邮轮公司产业布局特点及原因

邮轮公司产业布局的特点是邮轮公司总部所在地高度集中。

从当今全球邮轮业八强公司分布看，有七家邮轮公司总部设在美国，只有丽星邮轮公司一家的总部位于亚洲地区。邮轮公司总部的集聚性分布，足以说明美国在当今国际邮轮业中所占据的重要地位。值得注意的是，在分布于美国的七家邮轮公司中，有四家邮轮公司的总部设在迈阿密，显而易见，迈阿密又是美国邮轮业的重心。国际邮轮公司总部偏爱迈阿密，是因为该地区具备了以下几个市场优势：

第一，具有良好的区位优势和交通运输网络设施。

第二，形成了围绕邮轮公司总部服务的专业化服务支撑体系。

第三，具备高效健全的法律制度和多元的文化氛围。

第四，拥有高素质的邮轮旅游经营人力资源和科研教育资源，使得邮轮公司总部能够以较低的成本进行知识密集性价值活动的创造。

第五，靠近邮轮旅游客源市场中心所在地。

邮轮码头可根据其重要性和规模分为母港码头、停靠港码头与小码头。邮轮母港是邮轮的基地，为邮轮提供全面的服务。邮轮在母港进行维护和修理，添加补给、油料、淡水与处置废品。巨头往往在邮轮母港所在地设置邮轮公司的地区总部或公司总部。邮轮母港一般由水域设施和陆域设施两部分组成，水域设施包括泊位、码头等内容，陆域设施包括候船中心以及相关配套设施。从世界主要邮轮公司母港的设置看，大都分布在北美、欧洲以及东南亚地区。

对八大邮轮公司开设的国际航线进行进一步的归纳和统计，可以得到如下的分析结果：加勒比海地区的航线占到全部航线的27%，地中海和欧洲占21%，夏威夷、美国西海岸、加拿大占18%，阿拉斯加占12%，北欧海域占7%，东南亚、大洋洲（即澳大利亚、新西兰一带）占10%，其他地区仅占5%。由此可以看出，三大旅游度假胜地的航线分布最为密集，集中了世界一半以上的邮轮航线，在国际邮轮市场中占有绝对优势。显然，八大邮轮公司航线的分布与国际旅游市场中度假游客流向的轨迹基本一致。

北美和欧洲是主要客源市场。从国际邮轮市场客源分布看，美国和欧洲地区是重点区域。据有关资料统计调查，来自美国的邮轮旅客约占全部邮轮旅客 60% 的份额；欧洲次之，占到 25%；而亚洲地区约占 10%。美国和欧洲是世界经济最发达的地区，居民生活水平高，旅游业发展历史长，且早已率先进入休闲度假旅游阶段，邮轮度假是欧美游客一种重要的旅游方式。

太平洋邮轮旅游区的航线以香港、新加坡、曼谷、马尼拉和吉隆坡等东南亚旅游城市以及澳大利亚、新西兰为主要目的地，航线环绕南中国海、泰国湾、印度洋和菲律宾海等地。

第三节　邮轮企业与邮轮产品

一、邮轮企业的概念与特征

1. 邮轮企业的基本概念

通常在描述企业时，主要是指在实际运营过程中所承担的角色，即企业经营。企业经营是指商品生产者以市场为对象，以商品生产和商品交换为手段，为了实现企业的目标，使企业的生产技术经济活动与企业的外部环境达成动态均衡的一系列有组织的活动。

可从以下三个方面对企业的经营模式进行分析：

第一，公司的盈利来源，或者公司的客户分布情况。

第二，公司获得盈利来源的能力，即公司能够向客户提供什么样的价值。

第三，公司持续不断地向客户提供价值的能力，即公司向客户提供价值的方式以及资金的流动方式。

而邮轮企业却有自己独特的特点。邮轮产业所带来的显著经济效益引起了旅游业及其他行业的关注，随之而来的是众多邮轮公司的业务领域不断延伸，使得邮轮旅游供应市场的竞争变得愈加激烈。

2. 邮轮企业的服务特征

为此，大部分邮轮公司开始在经营方面寻求创新，以巩固自身的竞争地位，主要体现在邮轮的大型化和服务项目内容的不断推陈出新。邮轮公司一般都会定期对邮轮挂靠的港口、邮轮的风格及邮轮上提供的服务等各方面进行调整，以适应不断变化的市场需求。与此同时，邮轮公司在邮轮航线服务方面也力求更适应市场，主要体现在以下两个方面：

第一，班轮化。即制定固定的船期表，及早预告，便于游客提早安排行程，也使自身实现由邮轮承运人向旅游公共经营人的转变。班轮化的邮轮航线多在欧美及加勒比海地区。这些地区经济发达，能够提供充足、稳定的邮轮客源。

第二，主题化。很多高端的邮轮没有固定的航线，没有固定的目的地，也没有固定的船期表，一切随着市场走，跟着公众的心理走，不断拟定新的题材，如某个重大历史事件的纪念日、特殊的世界性聚会、某项探索或研讨等。当确定主题后，邮轮公司就会大力宣传，以引起公众的注意，从而创造出新的邮轮客源。

旅游代理与邮轮旅游服务的实现过程密不可分。旅游代理经常被称作“邮轮市场的向导和顾问”，在邮轮的经营中非常重要，而邮轮旅游代理模式也是邮轮企业最为典型的经营模式。目前，全球邮轮中有95%的客舱是经旅行社出售的，而且，网上直销已经成为邮轮销售的新趋势。按规模大小，邮轮旅游代理的种类分为独立旅行社和连锁旅行社。独立旅行社一般为私人所有，不从属于任何大机构。独立旅行社寻求得到邮轮公司更高佣金和优惠待遇的空间非常有限，属于薄利多销型，在全部经营邮轮产品的旅行社中所占比例不到40%。在邮轮旅游发达地区，邮轮旅游的营销方式一般以连锁旅行社居多，连锁旅行社品牌集中，因而被公众所熟知，其规模和声誉更容易带来可观的经济效益。正因为具有这一优势，使得他们能够从邮轮公司得到更多的优惠条件，同时在同等条件下的服务也更为周全。

3. 邮轮企业的经营特征

不同的邮轮企业又有着其各自不同的特点以及不同的经营特性，无论是在发展的方向、品牌的定位还是目标客户的选择方面都有所区别。

（1）通过兼并合作，追求垄断地位

从世界三大邮轮公司的发展历程，我们可以发现，收购兼并是邮轮公司发展壮大的必经之路。邮轮公司通过收购兼并达到扩大规模的目的，并实行标准化管理，在采购、销售、员工培训等方面采取统一管理，以降低邮轮经营成本。

（2）注重旅行社代理销售

目前邮轮公司一般都采取以旅行社代理销售为主、自行销售为辅的经营模式。这种经营模式的好处是：一方面旅行社可以在游客选择出游目的地以及出游方式的时候推荐邮轮旅游产品；另一方面旅行社可以为邮轮公司提供游客对邮轮旅游产品的反馈意见。

（3）降低票价，提高邮轮载客率

现代国际邮轮旅游服务的对象正在向普通旅游者转移，而且有价格下降、航线行程缩短的趋势，越来越贴近大众消费水平和短期度假人群的需求。随着邮轮业的发展，邮轮大型化将成为发展趋势，这为邮轮设施的多样化提供了条件，邮轮载客率成为邮轮经营赢利的关键。通过降低票价的方式，在为邮轮公司提高邮轮载客率的同时，也为其培育邮轮市场起到了积极的促进作用。

（4）邮轮航线主题多样化

随着全球经济的发展，人们生活水平不断提高，休闲旅游意识不断增强，人们的旅游方式从初期的观光游览型，逐步转变为休闲度假型。与此同时，邮轮公司越来越注重邮轮设施的改善、开发与设计新的娱乐旅游服务项目，根据游客的需求、当地文化的特点为游客设计不同的邮轮航线主题。

二、邮轮的构造与组织结构

1. 邮轮的主要分类

（1）根据航行区域分类

国际上根据邮轮航行的区域，把邮轮分为环球邮轮（Global Cruise）、区域邮轮（Regional Cruise）和海岸线邮轮（Coastal Cruise）。在国内，一般习惯将在海上航行的客轮称为“邮轮”，而把江河中航行的客轮称为“内河游轮（River Cruise）”，小型的客轮则称为“游船”。

（2）根据载客量分类

邮轮的规模与等级，通常以排水量（吨位，GRT）与载客量（Pax Capacity）或者标准下铺床位（Lower Berth，LB）两个指标来衡量，其中以载客量为主。就船型规模而言，邮轮有迷你型、小型、中型、大型和巨型，一般以注册总吨位划分。就载客量而言，500人以下为小型邮轮，500~1200人为中型邮轮，1200~2400人为大型邮轮，2400人以上的为超大型邮轮（见表1–1）。

表1–1　邮轮船型吨级分类

分类	注册总吨位（吨）	载客量（人）
迷你型	1000~5000GRT 以下	200Pax 以下
小型	5000~25 000GRT	200~500Pax
中型	25 000~50 000GRT	500~1200Pax
大型	50 000~100 000GRT	1200~2400Pax
超大型	100 000~150 000GRT	2400~4000Pax

（3）根据豪华程度分类

根据豪华程度，可把邮轮分为3星以下的经济型邮轮（Economic）；3星或3+星的标准邮轮（Standard）；4星的豪华邮轮（Deluxe）；4+或5星的赛豪华邮轮（Deluxe+）；5+的超豪华邮轮（Super Deluxe）。

（4）根据综合因素分类

国际邮轮协会（CLIA）根据综合因素，将邮轮旅游产品分为六类：经济型（Budget）、时尚型（Contemporary）、尊贵型（Premium）、豪华型（Luxury）、探索型（Exploration）与专门型（Niche）（见表1–2）。

表 1-2 邮轮的综合分类

根据航行区域	根据载客量	根据豪华程度	CLIA 根据综合因素
环球邮轮（Global Cruise） 区域邮轮（Regional Cruise） 海岸线邮轮（Coastal Cruise） 内河游轮（River Cruise）	迷你型（200Pax 以下） 小型（200~500Pax） 中型（500~1200Pax） 大型（1200~2000Pax） 巨型（2000Pax 以上）	经济型邮轮（Economic） 标准邮轮（Standard） 豪华邮轮（Deluxe） 赛豪华邮轮（Deluxe+） 超豪华邮轮（Super Deluxe）	经济型（Budget） 时尚型（Contemporary） 尊贵型（Premium） 豪华型（Luxury） 探索型（Exploration） 专门型（Niche）

2. 邮轮的基本设施

邮轮建造的年代对邮轮的体验有着直接的影响。过去的客班轮与现代的豪华邮轮带给旅客的感觉明显不同。邮轮的设施主要由船上设施和邮轮舱房构成。

（1）船上设施

邮轮上的空间一般包括客房空间、非共用（船上员工）空间以及公共空间。供船上员工使用的空间一般位于客房甲板以下，包括船上员工客房、餐厅和娱乐设施空间。其他非共用空间包括船长驾驶室、船上厨房和机械区域等。公共空间是游客汇集的场所，常见的区域有接待区、餐厅、演出大厅、泳池区、健身区、礼品店、医疗设施、展示区、Casino（赌场），此外还设有儿童乐园、酒吧、攀岩壁、棋牌室、多功能厅、网吧、电子游戏室、图书馆、教堂，等等。现代国际邮轮与传统的客班轮在设施方面的区别见表 1-3。

表 1-3 现代国际邮轮与传统客班轮的设施差别

现代国际邮轮	客班轮
◆合成材料更为普遍 ◆公共区域大，尤其是透顶、演出大厅和赌场 ◆外观现代感强 ◆舷窗、窗户大 ◆拥有海景的舱房多 ◆行人在船上行动便捷 ◆客房带阳台的可能性更大 ◆游泳池大 ◆舱房面积“标准化”，客房空间较小 ◆导航技术与船体平衡装置先进	◆多用木材、铜及其他天然材料 ◆公共区域小 ◆外观怀旧色彩较浓 ◆舷窗、窗户小 ◆客房海景被遮挡的较多 ◆行人在船上行动不便 ◆客房阳台较为罕见 ◆泳池小 ◆客房大小不一，客房空间相对较大 ◆无船体平衡装置等

（2）邮轮舱房

邮轮上设有不同等级的舱房，主要有内舱房、外舱海景房和套间三个等级。内舱房位于邮轮的内部，通常不设窗户，价格最便宜；外舱海景房设有面向大海的宽大窗户，此类客房因拥有大窗户和海景阳台而受到游客的青睐；套间一般设有起居室、卧室和浴室，通常可供两人以上住宿，价格最为昂贵，一艘邮轮上只有少量的几个套房。

邮轮的航行宣传手册和各种广告材料上一般都附有邮轮区域分布示意图。邮轮区域分布示意图由邮轮甲板分布图和邮轮穿梭大厅布置图构成。登轮的每位游客有必要了解并熟悉邮轮区域的分布，以便于在邮轮上从事各类活动。

3. 邮轮的基本功能

邮轮具有以下基本功能：

（1）旅游交通运输功能

邮轮担负着把游客从一个地点带到另一个地点，或在目的地间往返，以完成娱乐观光和休闲度假的旅游过程的旅游交通运输功能。该功能由邮轮的驾驶部、轮机部、甲板部完成。

（2）游览、休闲、度假功能

邮轮为游客提供满足其旅游观光、休闲度假等需求的服务，包括旅游活动的组织、产品线路的设计、景点导游讲解，提供游客休闲娱乐的场所和康乐健身设施，包括阳光甲板、康乐中心、舞厅、理容中心、娱乐场所等。

（3）前台功能

邮轮必须为游客提供集散出入和作为邮轮信息中心的前厅，包括总台、行李服务、商务中心等；供游客住宿的客舱及服务；供游客餐饮娱乐的餐厅（含厨房）、多功能厅等。

（4）后台功能

为保证邮轮安全正常运行，保证游客休闲度假及旅行生活的舒适，邮轮后台部门还要提供动力、供电、供水及冷暖气等。主要包括配电房、司炉房、冷暖机房、浆洗房、泵水房等。

因此，邮轮既具有水上运输的功能，同时又具有旅游酒店、旅行社等旅游企业为游客提供旅游组织、食、住、观光、游览、娱乐、购物等旅游服务的功能。

4. 邮轮的空间划分

邮轮的空间可分为 3 类：客房空间、公共空间、非公用（船上员工）空间。

（1）客房空间

邮轮客房通常极为小巧，是“微缩的饭店客房”。当今美国一般饭店客房的面积约为 32.52~41.81 平方米，而一些邮轮客房往往只有 9.29 平方米，只有少部分超过 23.23 平方米。长江三峡邮轮通常客房的标准大小是 8~16 平方米（不包括卫生间），大多数客房面积为 10~12 平方米左右。

第一，带窗户的外侧客房（海景、江景房）。远洋邮轮的海景房位于邮轮的外侧，由于可以向外观看，海景房会感觉视觉更开阔，这对于那些担心拥挤的游客而言是再理想不过了。传统的邮轮有窗子，现代邮轮则有更大的窗户。一些客房甚至有一整面墙大小的玻璃推拉门，并通向阳台。

第二，内侧客房。内侧客房在邮轮内部，通常没有窗户，但经常运用镜子、柔和的淡色、明亮的灯光，甚至假窗帘来使空间显得更加开阔些。很多游客偏爱内侧客房，因为相对外侧客房价格更便宜。

第三，套房。豪华套房是船上最昂贵的房间。其面积比标准间大很多，房间内的设施更齐全，有电器产品、家具，甚至还有厨房，房间位置也能更好地欣赏到海景。从传统意义上来看，套房都有独立的起居室、卧房、卫生间等。

（2）公用空间

公用区域是乘客汇集的地方，主要包括以下部分：

第一，接待区。所有游轮都有类似大堂的地方，设有事务长室（前台或接待处、问询处）。事务长室旁边通常设有岸上观光服务处，乘客可在此咨询有关港口观光及活动方面的适宜，也可以进行预订。

第二，餐厅及其他就餐区域。餐厅是客人用早、午、晚餐的场所，较大的邮轮的典型特征就是拥有几个餐厅，甚至是每层都有餐厅。此外大型邮轮还有非正式的、自助类餐厅以及比萨饼店或特色主题餐厅。客人可以在室内就餐和天气好时还可以在室外（该区域被称作丽都甲板或露天餐厅）进行。

第三，演出大厅（多功能厅）。娱乐活动通常每晚都有。白天在演出大厅可进行邮轮旅游指南讲座、港口讲座、游戏、放映电影或举办其他专项活动。晚上，在演出大厅可举行各种表演（书法、武术、时装秀等）。大多数邮轮通常还设有另外的娱乐区、酒吧以及舞厅。

第四，健身俱乐部。大部分邮轮为客人提供锻炼的场地，配有增氧健身区、自行车、健身踏步器和投掷器械等。健身俱乐部通常与一个 SPA 水疗区相连，提供按摩、桑拿、芳香疗法、漩涡浴以及美容美发等服务。

第五，礼品商店。礼品商店出售各种杂物、纪念品、免税商品、T 恤衫等。纪念品通常以该邮轮为主题，一些邮轮以有许多购物之处为特色，甚至构成了一条微型商业街。

第六，医疗室。海事法规定，乘客人数超过 100 人的任何船只都要配备有内科医生，以及有护士做助手，并配备相应的医疗设施。

通常远洋邮轮还设有电影院、照片陈列室和赌场。

（3）非公用空间

非公用空间一般位于客房甲板之下，包括：邮轮员工用房、员工餐厅、员工娱乐场所和驾驶室（邮轮控制室）、邮轮厨房和邮轮机舱等空间。

5. 邮轮的组织结构

一般来说，拥有邮轮数量小于 10 艘的属于小型邮轮公司，10~20 艘属于中型邮轮公司，20 艘以上的属于大型邮轮公司。邮轮公司的组织结构可以分为岸上和海上 2 个部分。

（1）岸上业务组织结构

虽然各邮轮公司所设的岸上业务部门存在差别，但一般可以分成财务、人力资源、市场、销售、信息技术、巡航、客服等几大类。

（2）海上业务组织结构

每 3 名乘客至少会配备 1 名工作人员，高级游轮上可能会达到 2∶1，而一些豪华邮轮上则是 1.5∶1。假设一艘邮轮载客 2500 人，那么邮轮上工作人员的数量可能会达到 1000 名左右，超过了大多数中小型企业的员工数量，也就是说，可以将一艘邮轮的运营本身看作是在经营一家中小型企业。船长是船上所有业务的总负责人，他也会出席船上的许多社交场合以增加游客的好感，使游客更多地了解他们所乘坐的邮轮以及航线的安排。航行业务部门可分为甲板部、工程部、医疗部、通信部等，主要管理团队则由副船长、总工程师、首席医生、通信主任等组成。餐饮娱乐业务部门的主要管理团队由饭店经理、事务长、航游总监、岸上观光部经理、执行厨师等组成。

三、邮轮产品的形态与种类

1. 邮轮旅游产品的定义

邮轮旅游产品是非实物型生产产品，是指由邮轮专门为满足游客观光游览、休闲度假等需要而特别设计并提供的，被现有的和潜在的游客所认同的东西。它是由有形的（如邮轮、邮轮服务设施、游乐项目等）和无形的（邮轮服务、游客感受等）两部分组成。

2. 邮轮旅游产品的类型

（1）邮轮观光旅游产品

邮轮观光旅游产品是以满足旅游者乘坐游轮观赏海洋、江河、湖泊及其沿岸自然风光、城乡风光、民族风情、名胜古迹、建设成就等为主要目的的旅游产品。目前，在我国，邮轮观光旅游产品仍是构成游轮旅游产品的主要部分，各游轮旅游公司为了更好地满足市场多元化的需求而竞相开发设计新的邮轮观光旅游产品，在单纯的观光产品基础上，注入了更为丰富的文化内涵，如主题性观光、参与体验性观光。

（2）邮轮休闲度假旅游产品

邮轮休闲度假旅游产品是指旅游者利用假期乘坐邮轮进行休闲和娱乐消遣的旅游产品。世界范围内，很多地区因为拥有阳光、沙滩、海风，终年气候温暖、水域不冻，沿岸拥有丰富多彩的自然风光和文化资源，可供登岸参观的旅游地为数众多，而成了理想的邮轮活动区域。

（3）邮轮文化旅游产品

邮轮文化旅游产品是满足旅游者了解邮轮航行区域及其腹地文化需求的邮轮旅游产品。这种旅游产品要求蕴含较为深刻和丰富的文化内涵，其所吸引的对象一般具有较高的文化修养。

（4）邮轮会议旅游产品

邮轮会议旅游产品是指人们因利用邮轮举行各种会议而购买邮轮旅游产品和服务的综合消费。这种产品形式主要针对大公司、企业等，是一种比较新型的旅游产品。

未来的邮轮旅游产品必将形成一个以邮轮观光、休闲娱乐为主，集商务会议、文化交流、运动探险、水上娱乐等于一体的多样化游轮旅游产品系列。

3. 邮轮旅游产品的构成

（1）邮轮旅游产品的三个层面

第一，核心产品。核心旅游产品是旅游者购买的基本对象，是由对旅游者核心利益的满足而构成的。旅游者的核心利益即是通过购买旅游产品来满足其观光娱乐和休闲度假的需要。当然，这种利益通常是无形的，在很大程度上是与旅游者的主观愿望如气氛、过程、便利、愉悦、放松等感受联系在一起的。

第二，有形产品。邮轮有形产品是使核心产品有形化而形成的，能够满足旅游者需求的实实在在的产品，如邮轮所提供的餐饮、菜品、各种休闲娱乐项目。有形产品应具备特色、品牌、服务质量和安全等特征。

第三，扩展产品。邮轮旅游扩展产品是指游客能够在邮轮上得到的所有有形的和无形的附加服务和利益。游轮旅游扩展产品是能够解决邮轮旅客的所有问题，甚至包括游客未想到的问题的组合产品。

（2）邮轮旅游产品的构成要素

第一，基本要素。邮轮旅游产品构成的基本因素主要是指水景吸引物，包括海洋、湖泊、河流、运河及其沿岸的港口、峡谷、山峰、瀑布、温泉、气候条件等自然风景资源，文物古迹、城乡风光、民族风情、建设成就等人文旅游资源，以及具有邮轮特色和水上特色的、适合并能满足旅游者需要的邮轮休闲活动项目等，它是开展邮轮旅游活动的先决条件和吸引旅游者选择游轮的决定性因素，也是构成邮轮旅游产品的基本要素。

第二，必备要素。邮轮及邮轮设施是完成邮轮旅游活动所必须具备的物质条件。邮轮是旅游者为了娱乐和休闲度假的目的而往返旅游目的地并实现旅游的载体，邮轮设施包括供邮轮航行的设施设备、餐饮设备、住宿设施、通信设施、观光设施、游乐设施等，是邮轮经营者用于直接服务于旅游者并满足其观光娱乐和休闲度假的凭借物，是邮轮企业取得效益的基本条件，也是构成邮轮旅游产品的必备要素。

第三，核心要素。邮轮旅游产品的核心要素是邮轮服务，旅游者购买并消费邮轮旅游产品，除了消耗少量的有形物质产品如餐饮产品外，主要是对邮轮提供的各种服务的消费，包括为满足其游览、观光、休闲、度假等核心利益的服务，也包括满足游客游览过程中维持正常生活的基本服务。因此，邮轮服务是构成邮轮旅游产品的核心要素。

4. 邮轮旅游产品的特征

邮轮旅游产品的特征如下：

（1）服务内容多样性

综合性和复杂性。邮轮服务是邮轮管理者和员工借助一定的旅游资源或环境、邮轮及邮轮服务设施，通过一定的手段向游客提供的各种直接或间接的方便利益的总和。从游客需求角度看，邮轮服务包括核心服务和基本服务。从与游客的密切程度上看，邮轮服务涵盖了衣、食、住、行、游、购、娱等设施与人员服务。

（2）服务借助的设施的特殊性

与其他旅游产品不同的是，邮轮服务所借助的设施是航行的邮轮。游客想往海洋、江河、湖泊等水域观光、休闲、娱乐和度假，必须借助邮轮这一载体才能得以实现。这就是邮轮旅游产品特殊性之所在。

（3）邮轮功能的多样性与产品的整体性

邮轮既有水上运输的功能（交通的功能），又具有旅游酒店、旅行社等旅游企业为游客提供旅游组织、食、宿、观光、游览、娱乐、购物等综合服务的多种功能，邮轮能够提供满足旅游者旅游活动中全部需要的产品和服务，因而邮轮旅游产品具有整体性。

本章小结

世界邮轮旅游市场的发展主要经历了 4 个主要阶段，即过渡萌芽期、诞生引进期、成长拓展期和繁荣成熟期。目前，全球邮轮旅游业快速增长，邮轮日趋大型化和功能多样化。世界邮轮航线分布比较集中，北美是全球邮轮旅游的主要市场。邮轮旅游市场呈现高度的寡头垄断。未来，除了北美和欧洲邮轮市场，东亚将成为邮轮新兴市场，我国邮轮市场潜力巨大。

全球著名的嘉年华、皇家加勒比海和丽星三大邮轮集团旗下共拥有 17 家规模不等的邮轮公司，其中嘉年华邮轮公司、皇家加勒比海国际邮轮公司、公主邮轮、丽星邮轮集团、歌诗达邮轮公司、荷美邮轮、精英邮轮公司和挪威邮轮公司等在全球邮轮行业中排名前八位。

邮轮产业所带来的显著经济效益引起了旅游业及其他行业的关注，随之而来的是众多邮轮公司的业务领域不断延伸，使得邮轮旅游供应市场的竞争变得愈加激烈。

邮轮旅游产品是非实物型生产产品，是指由邮轮专门为满足游客观光游览、休闲度假等需要而特别设计并提供的，被现有的和潜在的游客所认同的东西。它是由有形的（如邮轮、邮轮服务设施、游乐项目等）和无形的（邮轮服务、游客感受等）两部分组成。

思考题

1. 简述邮轮产业发展的几个阶段。
2. 邮轮产业具有哪些特征？
3. 简述邮轮公司市场分布的基本态势。
4. 邮轮公司产业布局有哪些特点？形成原因是什么？
5. 邮轮企业具有哪些特征？
6. 简述邮轮的主要分类。
7. 什么是邮轮旅游产品？邮轮旅游产品有哪些类型？
8. 简述邮轮旅游产品的特征。

案例分析

天海邮轮退出在中国市场的经营

2018 年 3 月 30 日，携程和皇家加勒比游轮公司联合宣布：双方合资的天海邮轮合资公司（简称天海邮轮）将于 2018 年秋天结束营业，途易集团旗下的马雷拉邮轮（Marella Cruises）已同意购买天海邮轮的新世纪号邮轮。

在天海邮轮组建之初，皇家加勒比邮轮公司董事长兼首席执行官 Richard D. Fain 对媒体表示，“天海邮轮作为合资公司的建立是我们开拓中国市场一个重要的战略里程碑。”天海邮轮董事长兼首席执行官范敏也对外表示，“天海邮轮必将成为中国快速发展的邮轮市场中的核心力量。”

彼时，天海邮轮的组建，与当时的市场环境有很大关系——我国消费人口基数庞大，邮轮市场的渗透率不足。据国际邮轮协会的数据显示，目前北美洲和欧洲邮轮旅游市场渗透率分别为3.2%和2%，美国和澳洲分别为3.5%和3.4%，而我国邮轮旅游市场渗透率却还不到0.05%。

而近两年随着邮轮公司、OTA以及线下旅行社对邮轮的积极宣传，再加上不少国际知名邮轮公司纷纷进驻国内市场，邮轮消费才有了明显增长。

不过，需要指出的是，此前国内邮轮市场上90%的产品都是通过包船模式进行分销的，并且国内的邮轮市场目的地又太过集中，主要为日本、韩国。

包船模式在早期曾使得中国邮轮市场快速发展，但这种模式的弊端也十分明显，即距离消费者端较远，尤其是产品和价格信息不能及时反馈给消费者，这就加剧了消费者的担忧。

与此同时，包船模式因为对收客的情况并不确定，所以一旦实际市场消费情况不如预期，就加剧了包船商的销售压力。他们为了降低损失，通常会采取降价销售的方式，而这对邮轮公司的口碑以及对消费者的消费心理都有很大影响。另外，从2016年开始，由于包船航次的减少以及代理索要包船补贴，亏损风险也已经逐渐开始从包船商转移到邮轮公司。

此外，对于国内的邮轮公司来说，另一个影响比较大的原因是目的地过于集中，主要都集中在了日本和韩国。据悉，在萨德事件爆发之前，中国沿海各港口始发邮轮航线中前往日本和韩国航线产品占比超过了85%。所以，萨德事件的爆发，造成的相应损失也是不可小觑的。

与拥有批量船队的外国邮轮公司不同，天海邮轮仅有一艘邮轮——新世纪号，所以抗风险能力相对来说也较弱。加之成立时间相对较晚，在市场的知名度也要低于其他国际邮轮品牌。而目前我国的邮轮消费市场还并不成熟，市场还有待进一步培育，加之市面上的大船数量还在不断投放，所以规模较小的天海邮轮面临的压力是可想而知的。

再者，国内邮轮市场也面临着激烈的市场竞争。为了吸引国内的消费者，邮轮的票价往往会打折出售。例如，4月2日5天4晚赴日本长崎的天海邮轮，携程上的最低船票价格还不足1700元。那么，抛掉运营、宣传、人员等其他费用，留给邮轮公司的又能剩多少！

综合这几方面的原因来看，因而就有业内人士指出，天海邮轮的投资回报周期可能要长于预期，出于资本方面的考虑，或许也是携程选择终结天海邮轮的主要原因之一。

结合案例思考以下问题：

（1）根据材料分析，中国本土邮轮公司的运营面临哪些主要困难？

（2）预测未来中国本土邮轮公司的运营前景，并给出理由。

第二章

邮轮运营管理概述

本章导读

全球最大的邮轮企业美国嘉年华公司（Carnival Corporation）正扩大在华业务。不但将增加现有欧美式邮轮通航，还将和中国企业成立专门面向中国人的合资企业。在欧美邮轮市场迎来成熟期增长乏力的背景下，嘉年华希望将中国培养成牵引其发展的市场。2015年7月，嘉年华宣布将各追加1艘已在华开展业务的旗下邮轮品牌“歌诗达邮轮”和“公主邮轮”，并将于2016年通航。目前，这两个品牌合计有6艘在华常驻邮轮。游客数将同比增加58%。2015年底，嘉年华宣布已和2家中国企业达成共识，将成立专门面向中国游客的邮轮合资企业。参加合资的2家企业分别为中国国有造船巨头中国船舶工业集团（CSSC）和政府系投资资金中国投资（CIC）。

全球第二大邮轮公司皇家加勒比国际邮轮（Royal Caribbean International）也在吸引中国游客。2015年夏季，豪华邮轮“海洋量子”号开始常驻上海。2016年夏季，豪华邮轮“海洋赞礼”号也开始常驻天津。

近年来，国际邮轮产业继续保持较高的增长速度，并且发展重心开始逐渐向亚太地区转移。作为全球重要的旅游客源国和旅游目的地国，中国无疑正在成为全球邮轮市场的焦点。随着国内邮轮港口设施的不断兴建、政策法规的不断完善、邮轮消费市场的不断形成，国内邮轮企业应运而生。但是，国内现有邮轮企业数量屈指可数，并且都处于起步阶段，缺乏成型的运营模式。面对国内邮轮市场的逐步开放，外商独资邮轮企业的成立，当前思考我国邮轮企业的运营模式及发展问题显得尤为必要。

本章主要介绍邮轮企业运营的基本概念，包括邮轮运营管理的概念、作用、特点和内容，邮轮运营管理的基础理论，邮轮运营管理的基本方法。

第一节　邮轮运营管理的内涵

一、邮轮运营管理的相关概念

1. 运营管理

运营管理就是对运营过程的计划、组织、实施和控制，是与产品生产和服务创造密切相关的各项管理工作的总称。从另一个角度来讲，运营管理也可以指为对生产和提供公司主要的产品和服务的系统进行设计、运行、评价和改进。

在当今社会，不断发展的生产力使得大量生产要素转移到商业、交通运输、房地产、通讯、公共事业、保险、金融和其他服务性行业和领域，传统的有形产品生产的概念已经不能反映和概括服务业所表现出来的生产形式。

因此，随着服务业的兴起，生产的概念进一步扩展，逐步容纳了非制造的服务业领域，不仅包括了有形产品的制造，而且包括了无形服务的提供。实施有效的运营管理越来越重要。面对全球性的竞争压力，企业管理人员迫切需要对运营管理的一些基本关系和概念有深刻的了解，更重要的是，他们必须知道如何运用这一知识来最大限度地提高质量和生产率。

现代管理理论认为，企业管理按职能分工，其中最基本的也是最主要的职能是财务会计、技术、生产运营、市场营销和人力资源管理。这五项职能既是独立的又是相互依赖的，正是这种相互依赖和配合才能实现企业的经营目标。企业的经营活动是这五大职能有机联系的一个循环往复的过程，企业为了达到自身的经营目的，上述五大职能缺一不可。

2. 邮轮运营管理

邮轮企业运营管理是指邮轮企业根据自身的经营宗旨，为实现企业所确定的价值定位而采取的各种运营管理手段。具体而言，主要包括邮轮企业的市场定位、产品设计、营销渠道、盈利模式、定价方式、雇员管理等等。

从国际邮轮产业的发展周期来看，美国等西方邮轮产业发达国家已经进入成熟期，中国目前仍处于起步期到增长期的过渡阶段。目前，国外对邮轮企业经营模式的研究相对比较深入，研究方向也相对具体，主要包括品牌管理研究、供应链优化研究、雇员管理研究以及市场布局和营销策略研究、定价方式研究、投资活动研究，等等。

二、邮轮运营管理的作用与特点

1. 邮轮运营管理的作用

近几年，邮轮产业所带来的显著经济效益引起了旅游业及其他行业的关注，随之而来的是众多邮轮企业的业务领域不断延伸，使得邮轮旅游供应市场的竞争变得愈加激烈。

为此，大部分邮轮企业开始在运营方面寻求创新，以巩固自身的竞争地位，主要体现在邮轮的大型化和服务项目内容的不断推陈出新。邮轮企业一般都会定期对邮轮挂靠的港口、邮轮的风格、邮轮的航线及邮轮上提供的服务等各方面进行调整，以适应不断变化的市场需求。

2. 邮轮运营管理的特点

（1）大型化

邮轮船型大型化，是推动邮轮经济规模化，降低邮轮消费成本，获取邮轮经营利润空间的重要途径。据近 5 年的统计数据，在新订造的邮轮中，75% 以上为大型邮轮，而且邮轮吨位的上限记录不断被打破，其增速也在不断加快。比如，2016 年 6 月，皇家加勒比游轮公司推出了世界上最大的邮轮“海洋和谐”号（Harmony of the Seas），可同时乘坐 5479 人。

（2）班轮化

班轮化即制定固定的船期表，及早预告，便于游客提早安排行程，也使自身实现由邮轮承运人向旅游公共经营人的转变。班轮化的邮轮航线多在欧美及加勒比海地区。这些地区经济发达，能够提供充足、稳定的邮轮客源。

（3）题材化

很多高端的邮轮没有固定的航线，没有固定的目的地，也没有固定的船期表，一切随着市场走，跟着公众的心理走，不断拟定新的题材，如某个重大历史事件的纪念日、特殊的世界性聚会、某项探索或研讨等。当确定主题后，邮轮公司就会大力宣传，以引起公众的注意，从而创造出新的邮轮客源。我国各港多年来经常接待这类访问式的不定期邮轮，实际上是参与了邮轮公司拟定的题材活动。按照主题公园的模式与思路进行经营，已在全球邮轮公司的经营理念中表现得愈加明显。

知识链接

各大邮轮公司优缺点汇总

如果你想要坐邮轮出去玩，在地点选择之后，接下来就是擦亮眼睛选择邮轮公司了。有些热门的航线大部分邮轮公司都会走，但是不同的邮轮公司提供的服务总是不尽相同，若你孤身一人，打算找个清净的地儿散散心，却糊里糊涂登上了迪士尼邮轮，你会发现：一场灾难正在向你袭来……

（1）嘉年华邮轮公司

邮轮尺寸：大型。

消费价格：相对低廉，比较大众化。

风格标签：狂欢派对、情侣、家庭。

娱乐亮点：狂欢到天明。提供一晚 2 岁以上的小孩托管服务，方便成人尽情享受船上的狂欢。

饮食亮点：在丽都甲板上开始露天印度餐饮，最近新增可以在“Food Network’s Guy Fieri”领取免费的汉堡。

衰点：那是相当的吵啊（或许用“热闹”一词会更加友好一点），由于主打娱乐狂欢，所以学习新东西的机会不是很多。

（2）皇家加勒比邮轮公司

邮轮尺寸：超大型，谁敢比我大？！

消费价格：中等适度。

风格标签：家庭、聚会、情侣。

娱乐亮点：有攀岩场、溜冰场和拉练，新的“海洋量子号”更添加了跳伞和碰碰车项目，大人和小孩均可从中尽兴。还有大型的百老汇节目秀。

饮食亮点：非常著名的“Johnny 火箭餐厅”只需要支付 4.95 美元即可享受美味的食物和相对私密的环境。

衰点：房间相对紧俏，尤其是那些有一定年限的船只。主餐厅的食物通常会使人留下“非常深刻的印象”。

（3）公主邮轮公司

邮轮尺寸：大型。

消费价格：中等适度。

风格标签：家庭、情侣。

娱乐亮点：环绕甲板长廊的完美慢跑道和成人日光区。

饮食特点：非常棒的早、中、晚自助餐，还有池畔自助比萨和馅饼。

衰点：多层阳台的设计使得邻里间的隐私难以自持。

（4）MSC 邮轮公司

邮轮尺寸：中型、大型。

消费价格：很实惠。

风格标签：情侣、聚会、家庭。

杀马特：秒杀一切邮轮公司的超级特价，譬如有时候会推出个 7 晚 8 天巡游只需 300 多美元。另外，11 岁以下的小孩与父母同舱票价全免。这家邮轮公司的船只常年都飘荡在地中海，你可以选择人不是很多的淡季，买张“杀马特”杀上去。

饮食特点：以慢食精神的意大利餐食为主，通常可以品尝到当地最原生态的美食。

衰点：环境非常国际化，你的不适常常来源于周围不同国籍各种乘客的语言。

（5）歌诗达邮轮公司

邮轮尺寸：中型、大型。

消费价格：相对低廉。

风格标签：情侣、聚会、家庭。

娱乐亮点：国际化的乘客带来独具风味的邮轮体验。富有活力的比赛和化装舞会，使得其趣味十足。

饮食亮点：提供非常地道的意大利美食——薄皮比萨配少量的酱和奶酪，面食则和着丰富的酱汁。

衰点：广播里提供多语言的公告有时候会显得很聒噪（一遍一遍地换语种来说明同一件事），不过从另一个角度来讲也挺人性化的，是不是？

（6）精致邮轮公司

邮轮尺寸：大型。

消费价格：实惠。

风格标签：情侣、家庭、长知识。

娱乐亮点：船上有专门移植的户外草坪供野炊、温泉很大并且都是精心设计的，还提供非常前卫的主题之旅包括艺术、美食等。

饮食亮点：别致的酒吧环境，提供独具特色的气态分子鸡尾酒，装饰设计非常有创造性的 Qsine 餐厅：提供寿司泡芙，并且用 IPAD 设备点餐。

衰点：很多东西都需要额外花钱，例如温泉池和蒸汽池的海水浴疗法，以及草坪俱乐部和一些特制的课程。

（7）迪士尼邮轮公司

邮轮尺寸：大型。

消费价格：中等。

风格标签：家庭、熊孩子。

活动亮点：各种大型的孩童游玩设施让家人和孩子可以尽情地享受童趣，还有高品质的舞台剧，旗下的私人岛屿更是一个美妙的娱乐天堂。

饮食亮点：高档的法国餐厅为其赢得了大批成人美食爱好者的追随。船上就餐时间很随意，什么时候你想吃了，叫一下旁边的服务员就好。

衰点：没有赌场，入目全是小孩子的嬉闹画面。这是一个真正属于年轻人的竞技场。

（8）荷美邮轮公司

邮轮尺寸：中型。

消费价格：中等。

风格标签：家庭、情侣、长知识。

娱乐亮点：电影院的免费电影；令人印象深刻的厨艺课程；以及集阅读、咖啡、上网于一体的休闲设施。

饮食亮点：晚饭前酒吧提供免费的小吃，著名的池畔午餐（自助餐）提供贻贝和蟹腿！感觉超级物有所值！

衰点：晚饭后基本没有活动。想玩的话就找工作人员去吧，因为其他乘客早就去睡觉了。

（9）挪威邮轮公司

邮轮尺寸：大型。

消费价格：实惠。

风格标签：情侣、聚会、家庭、单身汉。

娱乐亮点：拥有十分前卫的娱乐包括即兴喜剧以及家庭喜闻乐见的蓝人秀（Blue Man Group shows），还有非常受欢迎的水上滑梯和蹦床！

饮食亮点：非常多样化的就餐选择，囊括了巴西牛排馆、中国面条吧等，明星进驻的蓝色海洋餐厅在挪威畅意号上获得如潮好评。

衰点：标准客舱是所有邮轮公司里最小的。

（来源：克鲁兹媒体中心，https://mp.weixin.qq.com/s，2015-04-09）

三、邮轮运营管理的工作内容

在运营方式上，邮轮旅游基本采用国际化运作的模式。邮轮公司通常在全球范围内开发最有潜力的航线，并部署相应的生产要素，充分挖掘各地的旅游资源，在全球范围内进行人力资源的招聘。在时间分布上，邮轮公司的经营力争终年无季节波动性。

邮轮企业运营管理工作的内容主要包括以下几个方面：

1. 品牌管理

根据国外邮轮企业在经营过程中的统计，邮轮游客的重游率非常高，因此，如何让游客对邮轮品牌从认知到产生依赖，在邮轮企业的经营过程中一直是管理者重点思考的问题之一。通过对加勒比海等几家邮轮公司宣传册内容进行研究，发现诸如公司标志和船体标识等能够给游客留下很深刻的印象，应该反映在邮轮公司的宣传册中，提高游客对邮轮品牌的认知度。

2. 价值链管理

邮轮在航行过程中需要消耗大量的生产和生活物资，因此，邮轮企业的供应链优化是其经营管理过程中非常重要的问题。邮轮企业面对全球服务供应链竞争的大挑战：在全球邮轮产业快速发展的背景下，邮轮企业如何为游客提供高质量的服务；如何组建一个精干的采购团队，实现大规模、多种类采购的最优化；如何在较短的邮轮航程中协调组织好相关活动，保证一切顺畅进行。

3. 人员管理

由于邮轮大部分时间都是在公海上航行，所以在此期间不直接接受任何一个国家的法律的约束，因此在雇员的招募方面会有很大的灵活性，可以根据季节以及市场需求模式的变化进行调整。由于邮轮上的管理人员和员工来自全球不同的国家和地区，具有不同的文化背景，因而如何将这些雇员组成一个高效的经营团队，对邮轮企业而言具有十分重要的意义。

为了提高服务水平，适应来自世界各地的旅游者的需要，邮轮企业一般倾向于从世界各地招募雇员。

4. 营销管理

市场布局和营销渠道、策略一直是国外邮轮公司经营制胜的关键因素，同时也是国外邮轮企业当前进军中国市场以及中国本土邮轮企业起步阶段关注的焦点和核心。邮轮企业需要研究邮轮市场最优细分及其相应的定价策略，为邮轮公司制定运价策略提供重要的参考依据。

知识链接

盘点：2016 邮轮旅游虏获游客芳心的各家大法

（1）皇家加勒比国际游轮。2016 年 4 月，皇家加勒比将推出“海洋赞礼号”（Ovation of the seas）。“海洋赞礼号”是“海洋量子号”的姐妹船，是专门服务中国乘客的豪华邮轮。随着“海洋赞礼号”加入“海洋量子号”“海洋水手号”“海洋航行者号”“海洋神话号”的行列，这五艘邮轮将组成中国所有邮轮品牌中的最大船队。“海洋赞礼号”预计会与其姐妹船拥有类似的常用功能，比如冲浪模拟器和索道。邮轮将配备 3 个多层滑水道、机器调酒师和小型的高尔夫球场。为了更好地服务乘客，还专门推出了名为“Royal Genies”的私人助理服务。

（2）歌诗达邮轮。2016 年 4 月，歌诗达邮轮“幸运号”将来到上海。这艘有着“海上博物馆”之称的邮轮，用大量画作、雕塑和主题装饰精心构筑出浓郁的艺术氛围，将浪漫的意式风情凝聚于一船。幸运号上的各个客舱层都以著名的港口城市命名——阳光丰沛的那不勒斯，空气宜人的布宜诺斯艾利斯，热情似火的巴塞罗那，还有风姿绰约、光影迷离的戛纳。船上美食出自意大利本土厨师之手，还为“中国胃”开设了丰富的火锅大餐。

（3）嘉年华邮轮。Fathom 是该公司推出的公益邮轮新品牌，专门提供 4 月份在多米尼加共和国和 5 月份在古巴的义工旅行项目。该公司目前正在与古巴政府协商具体的细节，但门票已经开始销售。乘客将与当地人一起工作，从学习英语到学习如何人工造林，使其完全沉浸在当地的文化氛围中。Carnival Vista 是该公司 2016 年 5 月即将推出的本公司最大的邮轮，是一艘有两个客舱、可以容纳 4980 名乘客的豪华巨轮。Vista 上有空中踏板单轨列车，游客可以蹬着距离海平面 45.72 米的横卧式脚踏车在一个 243.84 米长的跑道上欣赏海景。Vista 上还有丰富的水上游乐设施，如：邮轮上最大的水上乐园 Waterworks，135.64 米高的水上滑梯和嘉年华首个 Water Tube Ride。

（4）水晶邮轮。最近推出了“Crystal Esprit”邮轮。可乘载 62 名旅客的 Crystal Esprit 为旅客提供独一无二的海上寻幽探秘之旅。该邮轮的潜水游览项目冬季在塞舌尔群岛开展，春季和夏季在亚得里亚海岸开展。它提供二人同游的小型潜水艇，30 分钟的航程收费标准为每人 599 美元。2016 后半年，水晶邮轮将启动欧洲邮轮项目——水晶莫扎特，2017 年还会新添 4 艘邮轮。为了连接水上和陆上的交通，水晶邮轮还涉足航空业，包租了四架飞机。它还会伴随着三个新的远洋客舱的长期租赁业务推出海滨住宅，价格未定。

（5）公主邮轮。“巧克力之旅”为游客准备了温馨甜蜜的海上假期。游客可与巧克力及糕点设计大师 Norman Love 携手，共同呈现全新的海上巧克力体验，另外还能品尝到帅哥名厨 Curtis Stone 设计的菜品。“海上探索之旅”携手探索频道共同合作打造，为搭乘公主邮轮的家庭宾客量身定制互动有趣的船上体验及岸上观光项目。每天在这里都轮番上演着不同的剧目，有美轮美奂的魔术表演和搞笑音乐剧“Magic to Do”。该剧的音乐由百老汇著名作曲家 Stephen Schwartz 创作。

（6）名人邮轮。在该公司提供的加勒比和欧洲的某些邮轮上，乘客可以参加厨师发现计划，与厨师在当地市场一起购买当天船上的晚餐食材。亲自参与，让美食的味道更浓烈。

（7）迪士尼邮轮。迪士尼海上巡游线（DCL）宣布，在 2016 年上半年，迪士尼邮轮将开启西加勒比海“星系”之旅。在此期间登上迪士尼幻想号（Disney Fantasy）的游客能够亲身体验独一无二的“海上星球大战日（Star Wars Day at Sea）”活动。2016 年 6 月，迪士尼邮轮将驶向它的第一个英伦三岛的行程，即苏格兰、英格兰和爱尔兰。

（8）荷美邮轮。2016 年 4 月推出“Koningsdam”号邮轮，客舱分为家庭型和单身型两类；其中配备有两层楼高的剧院，270 度 LED 屏幕，并且有多种音乐可供选择，从 B.B. King’s Blues Club 到夜店音乐应有尽有。荷美邮轮还有名为 Utrip 的旅行规划服务合作商，乘客登录网页就可规划自己的岸上行程。

（9）挪威邮轮。旗下的最大邮轮——挪威遁逸号（Norwegian Escape）于 2015 年的秋天首次亮相。它还推出了一个名为“Free at Sea”的促销活动：酒水饮料、特色餐饮、短途旅游、Wi-Fi 上网包，这四项中可任选一项免单。

（10）丽晶七海邮轮。公司建造的“Seven Seas Explorer”号邮轮，在 2015 年 7 月推出了 10 000 美元一晚的超豪华丽晶酒店套房，其中配有私人水疗中心和三角钢琴演奏。尽管价格昂贵，但是该套房在推出的第一季就被一扫而光。

（11）世鹏邮轮。预计在五年内推出超豪华邮轮“Seabourn Encore”号，这艘新船将于 2016 年底交付，2017 年 1 月推出。该船的所有套房客舱都配有 Thomas Keller 餐厅。

（12）卡纳德邮轮。其豪华邮轮玛丽皇后二号（RMS Queen Mary 2），有专为独自一人旅游的游客设计的客舱。除此之外，该邮轮还专门增加了船上狗舍的数量，因此允许客人带宠物狗上船。该邮轮从 2016 年 5 月 27 日至 2016 年 6 月 21 日停止接待。2017 年“Queen Elizabeth”号将是航行亚马孙河最大的船舶，这也是英国丘纳德航运公司（Cunard）在这部分区域的第一次航行。

（来源：品橙旅游，http://www.pinchain.com/article/63716，2016-01-22）

第二节　邮轮运营管理的基础理论

一、泰勒的科学管理理论

弗雷德里克·泰勒（1856—1915），生于美国费城，著名发明家和古典管理学家，科学管理的创始人，被尊称为“科学管理之父”。1883 年获得新泽西州斯蒂文斯理工学院机械工程学学士学位，1884 年升任米德维尔钢铁厂总工程师，1906 年当选为美国机械工程学会（ASME）会长，同年获美国宾夕法尼亚大学名誉科学博士学位。泰勒一生致力于科学管理，主要著作有《科学管理原理》《计件工资制》《车间管理》《皮带传动》等。

1. 科学管理理论的主要内容

泰勒是公认的"科学管理之父"。他的主要观点是通过提高效率来提高生产率，并且通过科学方法的应用来增加工人的工资。他的原理强调应用科学，创造集体的协调和合作，达到最大的产出量和培养工人的能力。

提高劳动生产率是泰勒创立科学管理理论的基本出发点，是泰勒确定科学管理的原理、方法的基础；达到最高工作效率的重要手段，是用科学的管理方法代替旧的经验管理，要求管理人员和工人双方以友好合作和互相帮助代替对抗和斗争。

泰勒的原理主要包括：

第一，用科学（系统化的知识）代替凭经验的方法。对工人工作的各个组成部分进行科学的分析，以科学的操作方法代替陈旧的操作方法。制定科学的工艺规程，并用文件形式固定下来以利推广。

第二，在集体活动中取得协调一致以代替不一致。摒弃只顾自己的思想，促进工人之间的相互协作，根据科学的方法共同努力完成规定的工作任务。

第三，实现人们的彼此合作以代替混乱的个人主义。但管理人员和工人都必须对各自的工作负责。管理和劳动分离，把管理工作称为计划职能，工人的劳动称为执行职能。

第四，为最大的产出量而劳动，而不是限制产出量。在工资制度上实行差别计件制。对完成和超额完成工作定额的工人，以较高的工资率计件支付工资，对完不成定额的工人，则按较低的工资率支付工资。

第五，尽最大可能培养工人，从而使他们自己和他们的公司都取得最大的成就。科学地挑选工人，对工人进行培训教育以提高工人的技能，促进工人的进取心。对工人进行科学的选择、培训和提高。

2. 对后来管理理论的影响

科学管理的产生是管理从经验走向理论的标志，也是管理走向现代化、科学化的标志，科学管理对管理理论体系的形成和发展有着巨大的贡献：

（1）时间和动作研究

科学管理提出了时间和动作的科学研究方法。它发挥了以下几个作用：第一，促进工具和设备的改良；第二，通过标准时间和实际时间的比较来测定员工的劳动效率；第三，标准作业时间可以作为奖励工资的基础，作为估算标准劳务费和制定生产、工程计划的基础。

（2）任务管理

科学管理所提出的任务管理由科学地规定作业标准、实行标准化、实行激励工资等原理构成，对今天的企业管理依然有很大的现实意义。任务管理假定员工是"经济人"，其行为受经济因素影响最大。任务管理的基本思路是如何使员工达到已制定的科学的作业标准，从而提高生产效率。

（3）作业人员与管理者的分工协调

将管理者与生产工人的责任加以划分、相互协调。科学管理提出管理人员和作业工人的协调，实际上已经涉及企业内员工之间的人际关系协调这一内容，为以后的管理理论发展提出了问题。

（4）其他

第一，打破了百多年沿袭下来的传统的落后的经验管理办法，将科学引进了管理领域；第二，推动了生产的发展，适应了资本主义经济在这个时期的发展需要；第三，管理职能与执行职能的分离使得管理理论的创立和发展有了实践基础。

科学管理的许多思想和做法至今仍被许多国家参照采用。泰勒最强有力的主张之一就是制造业的成本会计和控制，使成本成为计划和控制的一个不可缺少的组成部分。而现在我国企业仍存在低质量、高成本、低效率、高能耗现象。曾经有人提出向管理要效益，的确，好的管理可以出效益，但在实践层次上，我国企业还很有差距，这也是强调科学管理的原因所在。

泰勒的科学管理主要有两大贡献：一是管理要走向科学；二是劳资双方的精神革命。前者是有效管理的必要条件，后者是有效管理的必要心理。古希腊哲学家柏拉图曾构筑一段故事：航行在海上的一艘船上，在部分水手的拥戴下，某年轻力壮的水手杀了有点年老且耳聋的船长。结果船失去了方向，结局只可能是 Titanic！在当今，精神革命的实质就是通过合作将蛋糕做大，否则只能在沉默中死亡。当然，科学管理存在过于重视技术、强调个别作业效率、对人的看法有偏、忽视了企业的整体功能等历史局限因素，所以，科学管理不是万能的，但没有科学管理却是万万不能的。

二、管理理论新思维

1. 以人为本的理念

（1）以人为本管理思想的渊源

在我国丰富的传统文化资源中，很早就有以人为本的说法。这种以人为本是古代哲人和圣明君主意识到民众力量的一种理论反映。具体形式有：第一，用以人为本反对“以神权为本”，如孔子曰：“未能事人，焉能事鬼？”；第二，用“以民为本”反对“以君为本”，孟子明确阐述了人民、国家、统治阶级三者的关系。他说：“民为贵，社稷次之，君为轻”；第三，人为天地万物之尊。当然，中国古代文化中的人本思想主要是从手段意义上来讲的，仅仅是把人当作实现和维护统治阶级统治的工具。古代一些圣贤和开明君主在一定意义上意识到，民众对于成就霸业和维护统治具有决定性的力量。而今天所讲“以人为本”的“人”是真正大写的人。我国古代政治统治和管理中的人本思想是宝贵的精神遗产，它映现着中华民族的人本主义精神，构成了企业以人为本管理的思想渊源。

（2）以人为本管理的含义

企业中的以人为本管理即人本管理，主要包含以下三层含义：第一，把人的因素当作企业管理的首要因素和本质；第二，通过以人为本管理活动，以尽可能少的消耗获取尽可能多的产出的实践，来锻炼人，提高和完善人的意志、品格、智力、体力等，使人获得超越生存需要的全面而自由的发展，即以人为本管理是以人为目的的管理，即以谋求人的全面自由发展为目标的管理；第三，人本管理应当考虑企业的社会责任，体现对企业外部主体的关怀。

以人的全面发展为目标的以人为本管理是对传统管理的重大突破。这意味着管理者把以往对人的投资视为“经济性投资”的立场转变为“全面发展性投资”的立场。企业在以往理论的指导下所进行的一切投资，希望得到的仅仅是效益，而在以人为本管理时代，投资不仅要产出效益，还产出“新人”——全面而自由发展的人。并且以人为本管理在处理人与企业的关系时，并不否定和排斥人的目标，相反，是把人的自我发展和自我完善作为组织目标的组成部分。

所谓以人为本，不同于“见物不见人”或把人作为工具、手段的传统管理模式，而是在深刻认识人在社会经济活动中的作用的基础上，突出人在管理中的地位，实现以人为中心的管理。具体表现为：

第一，塑造高素质的员工队伍。一支训练有素的员工队伍，对企业是至关重要的。每一个企业都应把培育人、不断提高员工的整体素质，作为经常性的任务。尤其是在急剧变化的当代，技术生命周期不断缩短，知识更新速度不断加快，每个人、每个组织都必须不断学习，以适应环境的变化并重新塑造自己。提高员工素质，也就是提高企业的生命力。人的全面发展。人的自由而全面的发展，是人类社会进步的标志，是社会经济发展的最高目标，也是所要达到的终极目标。

第二，凝聚人的合力。组织本身是一个生命体，组织中的每一个人不过是这有机生命体中的一分子。所以，管理不仅要研究每一成员的积极性、创造力和素质，还要研究整个组织的凝聚力与向心力，形成整体的强大合力。

（3）以人为本管理的基本特征

第一，以人为本管理的核心是人，它把人的全面发展看作是企业的最终目标。通常讲，一个企业有三个因素：一是物质因素；二是制度因素；三是人的因素。其中最根本的是人的因素，因为物的因素归根到底要由人去使用、改进和创造，制度的因素归根到底靠人来执行、推动和制定。

第二，以人为本管理活动的服务对象是组织内外的利益相关者。企业的经营管理活动以企业组织成员为本，促进全体企业员工的自由全面发展是人本管理的宗旨。但是以人为本管理的服务对象仅限于企业内的成员是不够的，以人为本管理还应该惠及企业的相关服务群体。企业是处于整个社会大系统中的小系统，是整个社会网络中的一个网结。企业总要同组织系统之外的相关群体发生社会联系，并受社会所制约。因此，企业组织所追求的就不应仅仅是企业自身的利益的满足，也要追求为那些与企业发生关系的相关群体、客户提供满意的产品和服务。从消费者和社会大众的利益出发，为他们竭诚服务。

第三，以人为本管理的主体是企业的全体员工。企业中人的全面发展应是企业里全体员工的全面发展，而不只是管理者的全面发展。以人为本管理是一种全员参与的管理，在实行以人为本管理的企业中，每位员工都是企业的真正主人，不只是做“该做”的事，还要做“该做”以外“应做”的事。管理人员和普通员工之间是一种合作分工关系。

第四，以人为本管理成功的标志是组织的目标与组织成员的个人目标相统一，组织的经济效益与社会效益相统一。在实行以人为本管理的企业中，全体员工都成为管理活动的主体和服务的对象，管理活动成功的标志不但要看企业组织的经济目标是否实现，还要看企业组织成员的个人目标是否实现。只有将组织目标和员工的个人目标有效地结合，才能增强企业的凝聚力，充分发挥全体员工的主动性、积极性和创造性，使企业获得长久的发展。

2. 协同管理的理念

协同管理，即协同作战，是把局部力量合理地排列、组合，来完成某项工作和项目的方法，比如协同销售。协同管理是一种基于敏捷开发模式，以虚拟企业为对象的管理理论体系。虚拟企业实质是一个由许多子系统组成的系统环境，协同管理就是通过对该系统中各个子系统进行时间、空间和功能结构的重组，产生一种具有“竞争—合作—协调”的能力，其效应远远大于各个子系统之和产生的新的时间、空间、功能结构。

协同管理理念主要体现为三大基本思想，即信息网状思想、业务关联思想和随需而应思想。

（1）信息网状思想

企业中的各种信息都是存在着联系的，例如费用报销，这笔费用是什么时间花的，为哪个项目花的，等等，这些都是与报销单相关的信息。如果这些关联的信息被封存在不同的数据库或应用平台中，审批者就只能得到简单电子化的报销单而无从获得更多的信息以支持决策。协同管理则提供了更好的解决方案，它将各种分散的、不规则存在的信息整合成一张“信息网”，每个信息节点之间依靠某种或某几种业务逻辑关系进行关联，访问者就可以完全突破信息孤岛的困扰而轻松自如地穿梭在这张信息网中并获取自己关心的信息。在协同管理平台中，审批者可以从这张报销单开始，迅速了解各种关联信息，包括费用花费的时间、地点、金额，并进而了解这笔费用花费后的项目进展情况、总体预算情况，等等。管理的一个重要方面就是对真实的、全局信息的了解，而协同管理无疑提供了这样的可能性。

（2）业务关联思想

一个形象的比喻，现代化企业就像一台不停运转着的精密机器，企业的各个业务环节就像是机器上的各个部件，任何一个部件出了问题就会对整台机器的运转造成影响。从表面上来看，企业的业务被分为各个业务环节并归属于某个部门或某个人员负责，事实上这些业务环节之间有着千丝万缕的关系，更为重要的是他们都必须为企业的共同目标而运作。例如一个客户会，会涉及客户名单（销售部业务）、市场宣传资料和方案（市场部业务）、相关物资领用或采购（行政部业务）、发票和费用（财务部业务）等。关注某个或某些业务环节的传统软件由于无法对其他的业务环节进行统筹管理，因而企业就不得不在多个应用软件之间切换以保证同步运作。而协同管理平台则可以对这些业务环节进行充分的整合并纳入统一平台进行管理，任何一个业务环节的动作都可以轻松“启动”其他关联业务的运作，并对相关信息进行及时更新，从而实现业务与业务之间的平滑链接。

（3）随需而应思想

企业的各种资源，包括人、财、物、信息和流程等组成了企业运作的基本要素。协同管理将这些资源整合在统一的平台上，并通过网状信息和关联业务的协同环境将它们紧密地联系在一起。然而要进一步实现对这些资源的协调和优化，很重要的一点就是这些资源能够随着企业的某个目标或者某项事务而被灵活地组织起来并进行协作，为这个目标或事务“各司其能”并发挥最大的价值，换言之，也即各种资源能够随企业的需要而及时地响应并突破各种障碍实现一致性协作。例如人与人之间的协作，在企业的每个角落里每天都在发生着。在协同管理平台中，人与人之间的屏障被打破，并可被随时调动起来组成跨部门、跨企业、跨地域的“虚拟团队”。比如说一个项目的进行，随着项目的建立，各个部门的有关人员都可被加入项目团队中，甚至可包括企业外聘的专家、相关客户、合作伙伴等。为统一目标而设的“虚拟团队”成员可以共享项目信息、被分配各自的任务、接受项目经理的监督、相互之间就某个问题进行探讨、参加网上的项目会议等。当然，在这样的例子中，“虚拟团队”不光包含了人，还包含了财、物等资源，例如会议室、项目资料等。而在协同管理平台中，这些资源可以突破各种障碍而被迅速找到并集合到一起，并实现它们之间通畅的沟通、协调，从而保证目标的达成。

总结而言，协同管理的本质就是打破资源（人、财、物、信息、流程等）之间的各种壁垒和边界，使它们为共同的目标而进行协调的运作，通过对各种资源最大的开发、利用和增值以充分达成共同的目标。

三、产业经济相关理论

1. 产业的含义

（1）产业是社会分工的产物

产业是社会分工的产物，它随着社会分工的产生而产生，并随着社会分工的发展而发展。第一次社会大分工发生在原始公社的新石器时代，畜牧业从农业中分离出来；第二次社会大分工发生在原始公社末期至奴隶社会初期，手工业从农业中分离出来；第三次社会大分工发生在奴隶社会初期，商业逐渐从农业、手工业中分离出来，这一时期，专门从事商品买卖的商人阶层逐渐形成，商业开始独立出来。三次社会大分工之后，实际上已形成了农业、畜牧业、手工业和商业等产业部门。

随着生产力的进一步发展，社会分工进一步深化。18 世纪 60 年代，爆发于英国的第一次产业革命使英国的各主要工业部门先后出现了从手工生产过渡到机器生产的趋势。从此，机器生产的大工业逐渐取代了农业成为社会经济发展的主导力量。接着在 20 世纪初又爆发了第二次产业革命，表现在铁路、钢铁工业的快速发展，工业的主导地位进一步巩固，社会分工也进一步向深度发展，表现为新兴产业部门不断出现和产业分工越来越细。

（2）产业是社会生产力发展的结果

生产工具的进步是生产力发展的主要标志。在石器时代之前，人类使用的生产工具是直接取自自然的天然工具，生产力水平极其低下，还没有社会分工。在石器时代，人类使用经过加工和制作的生产工具，生产力水平比以前有了很大的发展，畜牧业从农业中分离出来，形成了独立的产业部门。在青铜器和铁器时代，人类开始使用金属制成的生产工具和生活用具，大大促进了生产力的发展，金属冶炼、工具制作成了新的产业部门。随着生产力的不断提高，专门从事商品买卖的商业部门又独立出来，形成了又一新的产业部门。同时，手工业部门也出现了分工不断深化的现象，制盐、制酒、丝绸、棉纺等手工业不断发展，成为新的细分产业。在机器时代，机器取代手工工具成为人类新的生产工具。机器的使用大大提高了劳动生产率，促进了社会生产力的迅速发展，也促使新的产业部门不断发展。20 世纪初，以钢铁、铁路、石油、化学工业为代表的第二次产业革命又大大促进了社会生产力的发展，又产生了一批新的产业部门。20 世纪 50 年代信息技术的产生和发展掀起了第三次产业革命的高潮，促进了社会生产力的进一步提高。信息技术的广泛应用给农业、工业和服务业领域带来了翻天覆地的变化，促使各产业内部分工进一步细化，新的产业部门大量涌现出来。可见，社会生产力的不断提高促成了产业的产生和发展。

（3）产业的含义具有多层次性

在社会生产力发展的不同阶段，社会分工的主导形式的转换和社会分工不断向深层次的发展形成了具有多层次的产业范畴。在社会生产力水平比较低下的历史阶段，社会分工以一般分工为主导形式。这种分工形式只能将人类的生产活动分成比较简单的大类，例如农业、工业等，形成产业的第一层次。随着社会生产力水平的提高，社会分工不断深化，特殊分工成为主导形式。这种特殊的分工在第一层次分工的基础上进行细分，例如将工业细分为基础工业、制造业、建筑业等业种，这些大类下的业种构成产业的第二个层次。随着社会生产力的进一步提高，社会分工越来越细，新兴产业不断出现，特殊分工的主导形式不断复杂化。这种特殊分工在第二层次分工的基础上进一步细化，例如将制造业细分为食品、纺织、造纸、化工、制药、冶金、机械等业种，形成产业的第三层次。这样，产业还可以继续细分下去，直至不能再分为止。

（4）产业的内涵外延随着社会生产力的发展而扩展

随着社会生产力水平的不断提高，产业的内涵不断充实和丰富，外延则不断扩展。产业的含义由重农学派流行时期专指农业，扩展到资本主义工业高度发展时期主要指工业，再扩展到近代以后可以包括农业、工业、服务业三大产业及其细分各产业，到了今天，凡是具有投入产出活动的产业和部门都可以列入产业的范畴。产业不仅包括生产领域的活动，也包括流通领域的活动；不仅包括物质资料部门的生产、流通和服务活动，也包括非物质资料部门（服务、信息、知识等）的生产、流通和服务活动；不仅包括生产部门，也包括流通部门、服务部门甚至文化教育等部门。

2. 学科领域

产业经济学从产生到现在已经得到了巨大的发展，其学科体系已经比较完善。从国内外学者对产业经济的研究来看，与产业经济学研究的各个具体对象相对应，产业经济学的学科领域一般包括以下六个方面：

（1）产业组织理论

产业组织理论主要是为了解决所谓的“马歇尔冲突”的难题，即产业内企业的规模经济效应与企业之间的竞争活力的冲突。传统的产业组织理论体系主要是由张伯伦、梅森、贝恩、谢勒等建立的，即著名的市场结构、市场行为和市场绩效理论范式（又称SCP模式）。SCP模式奠定了产业组织理论体系的基础，以后各派产业组织理论的发展都是建立在对SCP模式的继承或批判基础之上的。

（2）产业结构理论

产业结构理论主要研究产业结构的演变及其对经济发展的影响。它主要从经济发展的角度研究产业间的资源占有关系、产业结构的层次演化，从而为制定产业结构的规划与优化的政策提供理论依据。产业结构理论一般包括：对影响和决定产业结构的因素的研究；对产业结构的演变规律的研究；对产业结构优化的研究；对战略产业的选择和产业结构政策的研究；对产业结构规划和产业结构调整等应用性的研究等。

（3）产业关联理论

产业关联理论又称产业联系理论，较产业结构理论而言，它更广泛细致地用精确的量化方法来研究产业之间质的联系和量的关系，属于产业经济学的“中观”部分。产业关联理论侧重于研究产业之间的中间投入和中间产出之间的关系，这些主要由里昂惕夫的投入产出方法解决。

（4）产业布局理论

产业布局理论主要研究一国或地区的产业布局对整个国民经济的影响，研究影响产业布局的因素、产业布局与经济发展的关系、产业布局的基本原则、产业布局的基本原理、产业布局的一般规律、产业布局的指向性以及产业布局政策等。

（5）产业发展理论

产业发展理论就是研究产业发展过程中的发展规律、发展周期、影响因素、产业转移、资源配置、发展政策等问题。产业发展规律主要是指一个产业的诞生、成长、扩张、衰退、淘汰的各个发展阶段需要具备一些怎样的条件和环境，从而应该采取怎样的政策措施。

（6）产业政策研究

产业政策的研究领域从纵向来看包括产业政策调查（事前经济分析）、产业政策制定、产业政策实施方法、产业政策效果评估、产业政策效果反馈和产业政策修正等内容；从横向来看包括产业发展政策、产业组织政策、产业结构政策、产业布局政策和产业技术政策等几个方面的内容；从其作用特征来看包括秩序型（或称制度型）产业政策以及过程型（或称行为型）产业政策。

四、休闲经济相关理论

休闲产业是工业化社会高度发达的产物，它发端于欧美，19 世纪中叶初露端倪，20 世纪 80 年代进入快速发展的时期。早在 20 年前，西方的未来学家们就极富预见性地指出，当人类迈向 21 世纪门槛的时候，由于我们已经进入一个以知识创造和分配信息为基础的经济社会，其社会结构、生活结构和生存方式也将发生重大的变革。令人惊叹的是，这些预见不但已经成为现实，而且现实生活甚至比预测发展得还要快。1999 年第 12 期美国《时代》杂志，封面文章描绘的就是新世纪初的社会形态，指出，随着知识经济时代的来临，将使未来社会以史无前例的速度变化着。2015 年前后，发达国家将进入“休闲时代”，休闲将成为人类生活的重要组成部分。美国权威人士曾预测，休闲、娱乐活动、旅游业将成为下一个经济大潮，并席卷世界各地。专门提供休闲的产业 2015 年将会主导劳务市场，在美国的国民生产总值中将占有一半的份额，新技术和其他一些趋势可以让人把生命中 50% 的时间用于休闲。

1. 基本概念

休闲也就是休息、消闲。休闲是人在完成社会必要劳动之外的时间所完成的消费活动，换句话说，休闲首先是一个时间概念或消费观念，同时“休闲”也是一种生产服务活动和精神观念以及行动概念。

休闲经济学是以人的休闲消费、休闲心理、休闲行为、休闲需求为考察对象，以满足人的个性、多样性、多元性发展为目的，以在“生产系统”和“生活世界”之间充当媒介为途径，研究人类休闲行为和经济现象之间互动规律的一门人文社会科学。休闲经济的表现形态，侧重人的体验、欣赏、情感表达等方式，以及由此传递出的消费需求信息，是使各类服务、市场、营销、企业策划、产品生产、社会组织的出发点都能建筑于这些方面的基础上的理论。

休闲经济的出现是社会发展的新领域，经济学发展的历史必然。

第一，休闲经济首先是建筑于一个高度发展的社会——普遍的“有闲”和“有钱”构成了它的物质基础，休闲经济必然应运而生；

第二，传统经济学在学科范围内对整个社会普遍有闲与有钱的消费行为的阐释已显得力不从心；

第三，经济学需要向“以人为本”的方向回归；

第四，休闲经济学要考察的不仅是物，更重要的是人，包括人的休闲动机、休闲心理、休闲模式、非物质形态休闲资源的科学、合理配置等。

邮轮旅游（Cruise Ship Tourism）是一种以大型豪华游船为载体，以海上巡游为主要形式，以船上活动和岸上休闲旅游为主要内容的高端旅游活动。邮轮旅游在人均 GDP 达到 6000 至 8000 美元时，将会达到快速发展阶段。1980 年以来，旅游行业整体年均复合增速 4%，邮轮行业 8.9%。据 CLIA 等机构统计，2018 年全球邮轮乘客规模达 2850 万人次，同比增长 6.7%；2019 年全球邮轮乘客规模突破 3000 万人次，同比增加 5.3%，其中，2019 年上半年，嘉年华、皇家加勒比（含银海邮轮）、诺唯真三大运营商共接待邮轮乘客 1056 万人次，同比增长 5.2%（2018 年同期计入银海邮轮）。邮轮旅游消费仍以北美和欧洲为主，但亚太地区增长迅速。其中北美的游客为 1200 万人次（占比 55%），来自欧洲的游客为 650 万人次（占比 30%），亚洲 140 万人次（占比 6.4%、2012—2014 年年均增幅 34%，预计 2020 年亚洲邮轮客流可以达到 380 万人次），中国 69.7 万人次（占比 3.2%），已成为世界第七大客源国家。

2. 本质特征

休闲是消费活动的重要条件之一。休闲消费的需求涉及每一个人，它不仅具有经济和营销意义，而且具有重要的文化和社会意义。这个新的消费需求，不仅仅是物质方面的产品，而更多的是满足休闲消费需要的文化精神产品。由此它将引起新的产业链条和新的社会文化关系的变化。

（1）参与经济创造

西方发达国家的历史表明，休闲与经济的关系密不可分，一方面，经济参与“买来”休闲，它是回报中的一部分；另一方面，休闲可以被用来娱乐、消费，来支持有效的经济参与，正是这种消费的“再创造性”使得休闲变成一种新的社会经济形式。马克思曾说：“由于生产力提高一倍，以前需要使用 100 资本的地方，现在只需要使用 50 资本，于是就有 50 资本和相应的必要劳动游离出来；因此必须为游离出来的资本和劳动创造出一个在质上不同的新的生产部门，这个生产部门会满足并引起新的需要。”以我国为例，我国现行的休假制度在推动休闲经济的形成、促进休闲产业的发展等方面的作用是巨大的，尤其为促进产业结构的调整、拉动内需、解决失业、盘活经济、繁荣市场立下了汗马功劳。

（2）带动消费，调节再分配

从经济学的角度看，休闲经济的崛起，能调节国民收入的再分配，降低贫富梯度。在西方发达国家，有闲阶层的消费，一方面，可以使货币回笼，使资本在运转过程中增殖，“一批非生产性消费者的特殊作用在于保持产品与消费的平衡，使全国人民辛勤劳动的成果获得最大的交换价值，从而促进财富的增长。”另一方面，有闲阶层的非物质消费，促进了各种服务业的发展，许多新兴产业会应运而生，为社会提供大量的就业机会，财富在二次分配中，使更多的人受益，同时，缓解了失业和再就业人员对社会的压力。

（3）追求物质与精神的统一

随着每个人生活角色的不断变化，人们可以涉猎更多的新领域，可以为表达、维系及丰富人与人之间的亲密关系，为平衡我们的物质与精神创造更多的条件。休闲，并不仅仅是我们通常理解的空闲时间多了，丰衣足食了，（需要说明的是，具有普遍意义的休闲社会当是在丰衣足食的基础上）而是人的一种精神态度和存在状态的变化。在这种生活方式中，人与人的关系、人与自然的关系、人与社会的关系变得融洽、和谐；人对物的攫取，变得理智、变得通达。人的社会责任感更加强烈，并通过创造性的生活方式来表达自己的追求与理念。

（4）注重人与自然的协调

这种经济形态，让人们开始鄙视炫耀性的消费，鄙视那种仅仅把消费当成“自由”的人生态度，鄙视暴发户心态，鄙视一掷千金的挥霍，鄙视将人与自然割裂开来。休闲并不意味着大规模的消费。大量调查表明，最满意的休闲利用方式与大量消费并没有联系，更不意味着要破坏生态，而是将对自然的索取减少到最低的程度。

（5）体现生产力的高度发展

“闲”是同“社会生产力”密切联系的事物。“生产力”是人类社会的基础。生产力的发展意味着闲暇的生产和增长。“闲”是生产力发展的根本目的之一，休闲时间的长短和人类文明的进步是并行发展的。“闲”不仅是生产力和文明发展的结果，反过来说，也是促进生产力和文明发展的要素。合理、科学、健康地利用闲暇时间对一个人的成长与成材也至关重要。比如说，你能合理地安排时间，并且内容丰富、积极向上，你就获得了比别人多的知识、技能、情感、才干、能力（认知能力、组织能力、社交能力、理解能力、欣赏能力），你就比别人的社会价值大。如果全社会的人都能积极地利用闲暇时间，那么闲暇时间就变成了财富。

（6）引导一种新的“进步观”

传统意义上的“进步”往往用物质生活水平的提高做检验的标准。时至今日，物质财富的极大满足，促使人们渴望追求充实的精神生活。“进步”的含义将越来越体现在人的自我完善和提高生命的质量方面。“进步”的定义将发生根本性的变化。传统意义上衡量人类进步的标准，似乎都显得不够完善，因为，人们所有的目标在很大程度上都忽视了对人类生存真正目标的思考。诸如这样一些目标：消除疾病、保持长寿、增加就业率、追求“必需性”消费之后的财富积累，等等，都把物质文明作为衡量人类进步的尺度。这些尺度固然重要，但它们代表的只是人类进步的某些手段，而没有涉及人类渴望进步的最终目的。

第三节　邮轮运营管理的基本方法

一、企业运营管理常规模式

1. 企业运营模式的定义

企业运营模式是指企业根据经营宗旨，为了实现其所确定的目标对资源进行整合，在为自身创造价值的过程中也为顾客创造价值，包括企业为实现价值定位所规定的业务范围、企业在产业链的位置以及为实现价值定位采用的方式和方法。

企业运营模式是一个复合型的概念，企业运营的目的是为了吸引投资者、客户及雇员，在保证盈利的前提下，向市场不断提供产品和服务。企业的运营模式就是企业为了实现不断获取利润目的的方法的集合，包括生产模式、融资模式、管理模式及销售模式。

可从以下三个方面对企业的经营模式进行分析：

第一，企业的盈利来源，或者企业的客户分布情况。

第二，企业获得盈利来源的能力，即企业能够向客户提供什么样的价值。

第三，企业持续不断地向客户提供价值的能力，即企业向客户提供价值的方式以及资金的流动方式。

2. 企业运营模式的分类

（1）根据企业的成长方式分类

第一，分工协作运营模式。分工协作运营模式即中小企业通过分工协作，为大企业提供配套服务。限于规模和实力，中小企业往往不直接与大企业竞争，而是尽可能与大企业合作，以这种方式作为走向市场的途径。

第二，特许权运营模式。特许权运营模式是指特许经营机构将自己拥有的商标、产品、技术等，以特许经营合同的形式授予被特许者使用，而被特许者按合同规定从事经营活动，并向特许机构支付专利费用。通过特许加盟的模式，企业可以实现连锁式发展、扩大市场占有率的目的。

第三，利基运营模式。作为市场补缺者，中小企业往往把经营的重心放在市场的某个细小部分，通过专门化经营来占据有利的市场位置。利基运营模式是指企业通过对市场进行细分，集中力量于某个特定的目标市场，重点经营某个产品或服务，以形成产品或服务优势。

第四，虚拟运营模式。虚拟运营指企业在组织上突破有形的界限，将其具有的设计、生产、财务、营销等功能虚拟化，借助外力对各种资源进行整合，最大效率地利用资源的运营形式。相对于传统的自给自足的生产运营模式，虚拟运营是一种全新的运营模式，是新型独特的经营模式和管理模式的融合。

（2）根据企业的业务范围分类

第一，单一化运营模式。单一化运营（专业化运营），是指企业仅仅针对某种产品或服务，进行设计、生产及销售。单一化运营模式适合业务范围比较单一的企业，这种模式使企业能够集中资源参与市场竞争。

第二，多元化运营模式。多元化运营模式指企业的经营不局限于一种产品或一个产业，而实行跨产品、跨行业的运营扩张策略。

（3）根据企业实现价值的方式分类

第一，成本领先运营模式。成本领先运营模式指企业通过标准化生产等方式，对资源进行整合，强调生产规模和出售产品的标准化，从而在行业内保持整体成本领先，在市场竞争中因成本降低而获得竞争优势。

第二，差别化运营模式。差异化运营模式指企业向顾客提供独具特色的服务，在同行业中获得领先优势，从而得到竞争优势。差异化经营可为企业的产品带来额外的加价，这种加价使得企业在市场竞争中获得优势。

第三，目标集聚运营模式。

二、邮轮运营管理主要模式

邮轮公司的运营管理模式涉及从岸上业务中邮轮产品的开发设计、市场拓展和销售、巡航运营保障一直延伸到海上业务中海上航行方面的业务及乘客服务方面的业务。其中，邮轮公司运营管理的主要模式涉及邮轮订购和航线设计两个方面。

1. 邮轮订购

现代邮轮产业的消费者群体正不断呈现多元化、大众化的趋势，邮轮公司如果能够做到更加注重邮轮市场的细分，明确自己公司的品牌定位和价值主张，提供更加个性化的产品和服务，就有更大的机会在世界邮轮市场上抢占一席之地。

邮轮公司如何定位自己的产品，选择什么样的目标市场，主要体现公司在邮轮的选择上。邮轮公司应该根据自己的品牌定位和价值主张选择合适的邮轮，才能确保其获得收益以及长期发展。

根据邮轮搭载乘客的数量和船舶吨位，可以将邮轮划分为巨型邮轮、超级邮轮、中等邮轮、小型邮轮及精品邮轮等几种。对于邮轮等级的评定，还可以国际邮轮协会（CLIA）提出的 5 种类型作为参考，分别是奢华型、现代型、高级型、专业型和经济型。根据邮轮的等级评定将现代邮轮市场相对应地细分为经济型、专业型、高级型、现代型以及豪华型，而与其相对应的船舶情况一般依次为较旧的较小型、小型、新的中（大）型、新的大（巨）型、中小精致型。

邮轮公司可以根据这些船舶、市场的指标等级以及公司战略来选择适合自己公司的邮轮。以世界上最大的嘉年华和皇家加勒比 2 家邮轮公司为例：嘉年华集团旗下拥有 10 家具有品牌特色并各有差异的子公司和多达 80 多艘的邮轮，几乎覆盖所有细分市场和各种规模等级的邮轮；皇家加勒比集团走的则是高端路线，旗下的邮轮以奢华的装潢设计以及无微不至的服务来吸引中产和富裕层次的游客，目前世界上最大的 3 艘 22.5 万吨级姊妹邮轮“海洋绿洲号”“海洋魅力号”和“海洋和悦号”均属于该公司。

大型邮轮载客数在 2000~4000 人，而中小型邮轮仅为 200 人。中国客人往往喜欢乘坐大船，但在欧美，世界顶级的中小型邮轮被人们视作一种身份和地位的象征，多位国家元首和 500 强商业领袖都是银海邮轮尊贵的客人。中小型邮轮因为吃水浅，对港口要求较低，往往能够更便利地抵达一些风景优美的世外仙境和历史文化保存完好的魅力城镇。除此以外，中小型邮轮还具备其他大型邮轮不具备的优势，如配备独立衣帽间和宽敞卫浴的超大私人空间；1∶1 的服务人员和游客比例，为贵宾提供 24 小时的管家服务，上下船不用等待或排队；船票包括餐饮、酒水和岸上行程等所有费用；餐饮是由米其林级别的厨师定制的中西佳肴和各色小点，客人可以在开放式的观景餐厅边品尝美味佳肴，边小酌各国美酒，边饱览无限风光，享受无限罗曼蒂克。

2. 航线设计

在邮轮旅游中，游客选择航线经常要比选择邮轮更加困难，5~12 天的航程一般最受欢迎。因此，如何设计一条符合公司战略的、能够吸引游客的航线，对于一个邮轮公司来说至关重要。

从外在角度考虑，应根据海洋环境、气候情况和目标旅游区域的整体发展水平及布局，设计一条安全、环保、可持续发展的航线；从内在角度考虑，应根据其本身的创新性、科学性、合理性、安全性等特点设计出一条与其他航线存在差异的、能够吸引乘客的航线。

航线设计的流程如下：

第一，明确开辟航线的基本条件，包括自然条件、地理因素、航线沿途港口状况等。

第二，航线竞争分析。主要分析在该航线上目前已经存在的同类公司及其经营能力、投放运力状况和可能的竞争力度等。

第三，可选方案的拟定。方案要细化到航线的类型、挂港、班期和配船等。

第四，方案评价。最常用的是净现值法，从经济角度对航线进行评价。

知识链接

皇家加勒比游轮公司的运营模式

（1）清晰的经营理念和品牌定位

皇家加勒比邮轮主要以奢华的邮轮设计和细致周到的管家式服务吸引高层次消费群体。公司自 1969 年成立以来，通过不断的合作收购走集团化市场垄断道路，但是，与嘉年华相比，其能一直占领国际邮轮市场第二位的角色主要取决于高端化的市场定位。旗下的精致邮轮更是一开始就明确高层次的市场定位，总共 10 艘邮轮每艘都极尽奢华，充分体现贵族风格。皇家加勒比通过在豪华邮轮基础上提供人性化的贴身服务，使游客真正得到尊贵的享受。由于公司市场定位高端，比较符合美国人的邮轮消费观念，因此，其 50% 以上的市场份额都在美国本土。金融危机后，定位高端的皇家加勒比邮轮损失惨重，公司计划将 50% 以上的市场定位于欧洲、亚洲和南半球。同时，未来几年，公司将放缓新运力投放市场的速度，保持供需之间的平衡和稳定，以获得有利的定价权。

（2）不断追求技术和服务创新

皇家加勒比对技术和服务创新的追求可谓不遗余力。1969 年成立至今，皇家加勒比在全球邮轮历史上留下了光辉灿烂的足迹，旗下多艘大型邮轮凭借史无前例的吨位、大胆创新的设计屡屡打破世界邮轮纪录。2009 年 12 月和 2010 年 12 月，公司旗下的 2 艘邮轮“海洋绿洲号”和“海洋魅力号”先后投入运营。这两艘姊妹船的排水量均为 22.5 万吨，是世界上最大、最具创意的邮轮。这两艘邮轮还引入“社区理念”，把邮轮空间划分为不同的主题区域，以满足不同游客的需求。2011 年 2 月，公司推出“阳光计划”，继续积极扩张船队规模，全力打造 2 艘新一代邮轮。凭借多年丰富的经验和独步业界的创意，公司在新一代邮轮设计中凝聚了现有邮轮中最出色的创意，并在此基础上增加了新的活动和娱乐理念。在服务方面，公司不断推出新的船上娱乐项目，为游客创造更加丰富多彩的船上活动。

（3）重视健康、安全和环保理念

皇家加勒比致力于保护游客和雇员的健康、安全，同时，通过高效地利用资源把对环境的负面影响降到最低限度。作为该目标的一部分，公司内部建立了一个统一的部门来监测全球安全，包括海事安全、医疗和公共健康以及环保安全，该部门由不同领域的致力于提高公司应急响应水平的技术专家组成。皇家加勒比在邮轮上安装了技术先进的废水处理装置，并且还在不断地投资新技术，例如在邮轮公共场所安装摄像机以及在最新的邮轮上利用太阳能等。公司开展的“拯救波浪”行动聚焦于环境影响最小化，并对“海洋绿洲号”收到的大量“绿色”赞美非常自豪。

作为全球第二大邮轮公司，近几年来，皇家加勒比一直保持着相对较好的经营绩效，营业收入整体保持上升趋势。但从2007—2011年利润率（净利润/营业收入）水平来看，皇家加勒比仅是嘉年华的1/2左右，可见公司销售成本比较高，盈利能力有待提高。同时，受金融危机影响，皇家加勒比营业收入和净利润出现大幅度下滑，其中净利润下跌超过70%，这在邮轮公司历史上较为罕见。而同期，嘉年华邮轮净利润仅下跌20%，丽星邮轮虽然自2006年以来一直处于亏损状态，但是2009年较2008年净利润亏损额反而降低。由此可见，皇家加勒比在经营过程中的风险控制能力尚待提高。尽管面对复杂的燃油价格波动，皇家加勒比已经与供应商签订了对冲合约，但是依然面临着一定的供应商违约风险。

（资料来源：殷翔宇.国外邮轮企业经营模式［J］.水运管理，2013，35（4）：16–21.）

本章小结

邮轮企业运营管理是指邮轮企业根据自身的经营宗旨，为实现企业所确定的价值定位而采取的各种运营管理。具体而言，主要包括邮轮企业的市场定位、产品设计、营销渠道、盈利模式、定价方式、雇员管理等等。邮轮企业一般都会定期对邮轮挂靠的港口、邮轮的风格、邮轮的航线及邮轮上提供的服务等各方面进行调整，以适应不断变化的市场需求。邮轮企业运营管理工作的内容主要包括品牌管理、价值链管理、人员管理和营销管理等方面。

邮轮运营管理的理论基础主要包括泰勒的科学管理理论、产业经济相关理论和休闲经济相关理论。

邮轮公司的运营管理模式涉及从岸上业务中邮轮产品的开发设计、市场拓展和销售、巡航运营保障一直延伸到海上业务中海上航行方面的业务及乘客服务方面的业务。其中，邮轮公司运营管理的主要模式涉及邮轮订购和航线设计2个方面。

思考题

1. 简述邮轮运营管理的含义。
2. 邮轮企业加强运营管理有什么作用?
3. 简述邮轮企业运营管理的主要内容。
4. 简述泰勒科学管理理论的主要观点。
5. 简述产业经济理论研究的相关学科领域。
6. 简述休闲经济的本质特征。
7. 如何对企业运营管理模式进行分类?
8. 简述邮轮企业运营管理的主要模式。

案例分析

中资邮轮运营众生态

1. 海航邮轮:再见,“海娜”号

2015 年 11 月 16 日,海航邮轮有限公司对外发布《关于正式停止在中国大陆市场运营“海娜”号邮轮的通告》,称经海航邮轮股东决议,基于公司重大业务调整的需要,自 2015 年 11 月 17 日起,停止在中国大陆市场运营“海娜”号邮轮。

2011 年底,“海娜”号邮轮由海航旅业从美国嘉年华邮轮集团引入,成为第一艘中国本土豪华邮轮,并于 2013 年 1 月在三亚首航。然而,“海娜”号在中国的运营之路并不顺利。2013 年 9 月 13 日,因海航集团旗下的大新华轮船与沙钢船务之间的法律纠纷,沙钢船务以确保债务履行为由,使“海娜”号连带船上的 1659 名游客和 650 名工作人员被韩国济州地方法院扣押,震惊全国。2015 年 4 月,因天气原因改变航程的“海娜”号再次与旅客发生大规模纠纷。

根据中国交通运输部 2012 年发布的《关于加强国际海上旅客运输市场准入管理的公告》,船龄超 30 年客船不准进出中国港口。截止到 2015 年,“海娜”号船龄满 30 年,已到强制报废年限。然而,船龄年限并非是“海娜”号停止营运的主要原因。

据悉,“海娜”号停止营运后,海航邮轮并没有购买或租入其他豪华邮轮的计划,可能将暂时退出中国邮轮市场,转而以经营豪华游艇和游艇码头业务为主。

有业内人士表示,海航邮轮经营“海娜”号快三年了,该公司一直在这上面亏钱,虽然游客一直不少,但是竞争激烈,船票价格卖不上去,而明年歌诗达和嘉年华邮轮集团还将在中国投入大量豪华邮轮,市场供需可能进一步恶化。所以鉴于对市场的悲观预期,公司可能会暂时退出邮轮市场。

2. 天海邮轮:谋求差异化竞争

2015 年 12 月 1 日,携程旗下天海邮轮宣布,自 2015 年 12 月 29 日起至 2016 年全年,“中国好声音”学员将驻唱天海邮轮。这是天海邮轮启动“邮轮+”概念的第一步。邮轮旅游竞争日益激烈，天海邮轮也在产品上力求差异化竞争，2016 年的航线将深度挖掘目的地特色。

2013 年 12 月，携程联合磐石资本等机构组建了天海邮轮，而 2014 年 9 月天海邮轮便以 2.2 亿美元从老牌邮轮企业皇家加勒比手中购得“精致世纪”号邮轮，并改名“天海新世纪”号。两个月后，皇家加勒比入股天海邮轮。直至 2015 年 5 月，天海邮轮以上海为母港首航，以高性价比为卖点，同时，在产品上不断推陈出新，敢于大胆尝试，首航以来短短半年间先后举办环球小姐、世界小姐大赛，荷尔蒙音乐节等颇具操作挑战性、话题性的主题活动。

业内人士表示，未来几年内中国邮轮市场竞争品牌将更丰富，产品差异化竞争将更激烈，用户个性化需求将更多样化，邮轮公司面临的挑战也将更大。谁的产品定位更准确、性价比更高、服务更好、更有特色，谁才能在竞争中胜出，并分享将来的“大蛋糕”。与国外邮轮公司比，以中国游客为主要销售目标的天海邮轮具有更大的优势，包括股东资源、消费习惯、开放合作、产品运作等。“邮轮 +”概念的提出和实施，无疑成为天海邮轮在邮轮竞争市场中又一华丽的亮相，抢占了激烈竞争的制高点。

3. 渤海轮渡：韩国线和邮轮是看点

作为亚洲规模最大、综合运输能力最强的客滚运输企业，渤海轮渡股份有限公司（以下简称渤海轮渡）的雄心不止于客滚运输，早将转型发展的策略转移到邮轮旅游业上。

2013 年 4 月份，渤海轮渡成功收购青岛风华假期国际旅行社有限公司 66.67% 的股权，并更名为渤海轮渡（青岛）国际旅行社有限公司。此次收购的完成，有利于发展公司的下游产品——旅游业，并且对公司未来中韩烟台—平泽客滚班轮航线的开通积累旅游业务资源和实践经验。

同时，渤海轮渡在香港注册成立了全资子公司——渤海邮轮有限公司，并从欧洲购买了一艘豪华邮轮，更名为“中华泰山”号，其于 2014 年 8 月正式投入营运。

截至 2015 年 11 月 14 日，“中华泰山”号邮轮共安全运营 89 个航次，运载游客近 6 万人次，先后开辟了烟台至韩国、日本，上海至韩国、日本，舟山至台湾，大连至韩国、日本，青岛至韩国、日本等航线，未来还计划开辟东南亚以及俄罗斯远东地区航线，并将于三至五年内投资 20 亿元自主建造两艘豪华邮轮投入国内豪华邮轮市场。

其次，渤海轮渡还将目光锁定了中韩航线，出资与烟台港集团有限公司、韩国 HANARO（株）成立合资公司，投入大型豪华客滚船舶——“Stenaegeria（思丹娜女神）”号，从事中国烟台—韩国平泽航线的国际客滚运输业务。

（资料来源：中国水运网，http://www.ccyia.com/news/xingyexinwen/2015/1207/2710.html，2015-12-07）

结合案例思考以下问题：

（1）简要分析 3 家中资邮轮企业运营方面的特点。

（2）根据材料分析，中资邮轮企业在运营中面临的主要问题有哪些?

（3）借鉴国外邮轮公司的运营经验，为中资企业改善运营现状提供建议。

第三章

邮轮运营战略管理

本章导读

从前，有一家邮轮公司，由两位经理分别负责着A、B两艘同样的普通邮轮的运营。一天，董事会突然向两位经理宣布，在接下来的一个季度里，必须完成所运营邮轮盈利超过竞争对手公司更大、更豪华邮轮盈利的2倍，否则公司将改组人力资源结构，实施统一经营。面对这完全不可能实现的董事会决议，B邮轮经理非常沮丧，当他看见A邮轮经理大张旗鼓地开展邮轮运营改革的时候，很无奈地向A邮轮经理说："嘿，你不可能超过强大对手盈利的两倍的"，而A邮轮经理则笑着回答："我可能不能够超出对手，但我努力优化运营模式，肯定能超过你，做公司人力改组后的经理"。这个故事告诉了我们邮轮运营战略管理的核心思想——追求运营模式竞争优势。

在第2章中，我们学习了邮轮运营管理的概念、作用、特点、工作内容及相关的基础理论，掌握了邮轮运营的一些基本方法。而邮轮运营战略管理的内涵是什么？其概念怎么定义？作用和目标分别是什么呢？木章我们将进一步深入学习。

第一节　邮轮运营战略管理的意义

一、邮轮运营战略管理的概念

1. 运营战略

运营（Operation）是对企业经营过程的计划、组织、实施和控制，是与产品生产和服务创造密切相关的各项管理工作的总称。

通常，运营管理（Operations Management）是对创造并交付产品或服务的资源和流程进行管理的活动，其典型的任务包括流程的设计、选择、维护，员工的工作计划、步骤、工作绩效、质量保障等。而运营战略（Operation Strategy）则跨越了单个流程，聚焦于企业的总体性的、系统性的变换过程。运营战略是一种总体决策模式，这种决策将对一个运营组织的长期运营能力以及这些能力对整体战略所做的贡献产生影响。

2. 战略管理

战略（Strategies）是企业实现长期目标的途径，是一系列计划和规划的综合。战略管理（Strategic Management）被定义为“制定、实施和评价能保证组织实现目标并超越不同职能的决策方案的艺术与科学”，因而，战略管理是一种综合性的、系统性的管理，它是通过企业的管理、营销、财务与会计、生产与运作、研发及信息管理等系统协同作用实现的。

战略管理在强调战略的制定、实施和评价的时候往往与战略规划（Strategic Planning）的内涵具有极大相似性。战略制定（Strategy Formulation）是战略管理的基础环节，它致力于公司的远景和使命选择，对公司发展的内外部条件进行 SWOT 分析，确定战略路径和方案，例如，公司的业务范围放缩、资源配置、经营改革等。战略实施（Strategy Implementation）是战略管理的行动环节，涉及企业运营中的企业文化塑造、人力组织结构、营销、预算、信息管理、绩效薪酬等环节，科学地激发人力资源潜能是战略实施的基础。战略评价（Strategy Evaluation）是动态地调整战略，保障战略科学可持续的基础，处于战略管理的中后阶段。完成战略评价，需要正确地评估企业内部、外部的现状及环境，检验战略各阶段目标的实现质量，分析战略与实践间差距的原因并探索校正措施。

3. 邮轮运营战略管理

邮轮运营战略管理（Cruise Operation Strategy Management）是针对海上休闲观光产业中邮轮这一具体业态，所开展的对邮轮通过长期运营实现总体发展目标的能力的规划、落实与评价的科学。它是通过运营管理这一具体举措实现运营战略这一宏观目标的实践过程，也是包含了战略的制定、实施和评价的管理过程。

二、邮轮运营战略管理的作用

1. 邮轮运营战略管理的经济贡献

邮轮可以看作是企业服务产品的集中供给平台，因此，邮轮公司如何根据市场条件，运用邮轮上的生产要素（劳动力、资本、技术、人力资源、承载能力等）向市场提供可保障当前及未来盈利的服务产品，需要邮轮经营团体面向未来，更加主动地去选择和创造。通过开展邮轮运营战略管理工作，在邮轮运营战略管理实践过程中不断优化发展，强化企业内部沟通，促进企业文化竞争力、企业凝聚力、企业运行效率提升等，实现运营过程中的经济效益保障，甚至比实现邮轮运营战略目标更为重要。

邮轮运营内部条件的优化是邮轮公司综合实力和利润赢取的根本保障，这些内部条件如：邮轮产品的品类、质量、销售、服务、技术水平及市场吸引力等决定了邮轮面向市场的获利能力。通过邮轮运营战略管理的开展，判明邮轮业务的发展方向，实施邮轮运营规划，优化邮轮资源配置，使邮轮业的销售、利润获取能力、服务供给能力得到提升，从而能够保障邮轮公司获得长期的、突出的财务绩效，也是邮轮运营战略管理的重要经济作用。可避免盲目跟随市场，对邮轮业务进行短视的利润攫取，而使邮轮业务陷入不可持续的利润获取，从而在邮轮业务竞争中处于劣势。

2. 邮轮运营战略管理的非经济贡献

邮轮运营战略管理的终极目标是研究在现有的条件下，如何通过合理地组织和配置邮轮人、财、物等因素，提高邮轮在当前及未来的服务供给及利润获得的水平。完成邮轮战略管理，邮轮管理者需要通过剖析邮轮产业环境，了解邮轮公司自身当前的及未来的优势和劣势，探索邮轮公司发展的目标及方向，使邮轮在船和在岸的每个成员明白邮轮公司的目标，从而完善邮轮公司的经营体系，获取更高的成功概率。

实施邮轮运营战略管理有利于邮轮公司保持战略优势。邮轮公司通过科学的设置运营战略管理目标，分解目标任务落实，适时地开展战略目标阶段总结，将对邮轮运营的技术、成本、资源、品牌、邮轮文化和形象等方面的质量提升有巨大帮助。在完善这些企业隐形资本的过程中，邮轮运营中的人力资源得到有效的质量提升，因此邮轮运营战略管理能够为邮轮公司提供重要的非经济贡献。

3. 邮轮运营战略管理的重点任务

第一，提出邮轮公司的战略愿景。对邮轮公司未来的业务范围和目标市场进行定位，使邮轮公司有一个长期的发展方向，而且让这一方向在邮轮公司内部具有最广泛的群众基础，利于邮轮公司一切行动向着目标前进。

第二，建立目标体系。将邮轮公司的宏观战略转换成阶段的、分类的战略，使邮轮公司的战略成为人力资源个体要实现的具体业绩目标，转化为期望的效果。

第三，高效、有效地实施和执行邮轮公司的战略分解任务。

第四，阶段性地评价邮轮公司的业绩，应用 SWOT 等战略分析技术，评价和调整邮轮公司的战略方向、目标体系、战略执行方式等。

三、邮轮运营战略管理的目标

邮轮运营战略管理的目标是为邮轮公司的未来进行探索和创造机会。总体目标内容包含邮轮的营业额增长、服务供给能力提升、成本控制、利润最大化、邮轮安全保障等。

邮轮运营战略管理过程中的“目标”往往需要面向邮轮公司进行分部门、分时段的分解，从而构成目标体系。例如在部门上将运营战略的目标分解至邮轮服务部门、邮轮物资供给部门、邮轮旅游产品销售部门和管理部门等。而在时段上可以分为长期目标和阶段目标。长期目标一般周期都是一年以上，往往具有一定的挑战性、可度量性、一致性、合理性及明确性，从而能够给邮轮内部协调、绩效评价、共同体形成及企业内部计划、组织、激励和管理控制带来促进甚至奠定基础。而短期目标多以一年为节点，是邮轮公司运营战略落实的积累，同样需要具有可度量性、挑战性、现实性、一致性和重点突出等特征。只有短期目标的有效落实才能保障长期战略目标的实现；只有长期战略目标的存在，才能为短期目标的制定提供方向和任务控制的节点。

为了实现长期的运营战略管理目标，邮轮公司也可能会在实践中运用目标管理（Management by Objective），以邮轮公司阶段目标为导向，以人为中心，以成果为标准，而使邮轮各部门和个人取得最佳业绩，有效保障邮轮公司的阶段目标和总体目标的落实。

第二节　邮轮运营战略的制定

一、邮轮运营战略制定的原则

管理原则是组织活动的一般规律的体现，是人们在管理活动中为达到组织的基本目标而在处理人、财、物、信息等管理基本要素及其相互关系时所遵循和依据的准绳。邮轮运营战略制定要遵循以下原则：

第一，贯彻和反映特色的邮轮文化中蕴含的经营理念、企业精神、宗旨与价值观。

第二，重视邮轮公司内在因素，发挥优势，扬长避短，并营造新的优势资源。

第三，邮轮公司运营战略应具有品牌特色，并对应到独特的实践模式中。不能盲目照搬其他邮轮公司的战略模式，而应实事求是地结合自身模式适当借鉴。

第四，保持前瞻性，对邮轮公司未来面对的社会、经济、科技、环境、人口、市场诸多方面的变化有预判、有预案、可预变。

第五，战略目标适度原则。应使邮轮公司能够在战略目标指引下，对人力资源实现有效激发，使邮轮公司效益处于边际制高点，既非空中楼阁，也非唾手可得，而是可望不可即的。

第六，总分得当，疏密结合。邮轮公司运营战略应可分解成若干具有战略控制点的分段战略，使邮轮公司渐进式地逼近终极战略目标。在该进程中，短期利益与长远利益结合，局部利益与整体利益兼顾，既积极推进又稳妥，在这些因素约束下选择相对合理的发展轨迹。

第七，广泛调研，小心论证。良好的邮轮公司发展战略应能够聚集邮轮公司全体员工的共同愿望和力量，具有科学性、经验性特征，因而需要结合广泛的调研和专家征询论证而实现。

第八，邮轮公司运营战略应具有长期性、持久性、一贯性、严肃性。避免朝令夕改，不能形成核心竞争力，危害邮轮公司的内涵积淀和业绩突破。

二、邮轮运营战略制定的方法

1. 明确邮轮公司的宏远目标和业务范围

无论是中国传统文化中的“人无远虑，必有近忧”（《论语 · 卫灵公》），还是西方智慧中的“失去了远景的人群只会原地休息”（《圣经 · 箴言录》），都在告诉我们，清晰明确的发展愿景和目标对于企业和个人的重要性。

对于邮轮公司而言，虽然业务范围明显，但明确自己在未来发展成为什么样的邮轮公司具有重要意义。邮轮公司的管理人员和执行人员，需要有共同的精神上的激励。这种精神激励不需要长篇大论，只需要寥寥数词，甚至凝聚成一句口号，赢得最广泛的员工精神呼应，成为邮轮公司在经营中、发展中的目标和激励即可。例如皇家加勒比邮轮集团中文官网上，在对自己企业的品牌故事解读中以“我们是航海家，更是梦想家”为一句口号，不但能激励企业人精于航海，还能给消费者一种实现人生价值之梦想的精神暗示，便是一种将邮轮公司的宏远目标和业务范围特色化的诠释。

明确邮轮公司的使命和业务范围，其意义还在于能够指导企业对业务优先顺序进行界定，为邮轮运营战略制订提供总纲，还能为企业具体工作的分配和责任的明确提供基础。同时，邮轮运营管理目标和业务的明确，还能够指导邮轮公司管理工作的岗位设置以及管理组织结构的科学确立。

2. 邮轮公司外部条件分析

“沉舟侧畔千帆过，病树前头万木春”，面对日益扩增且竞争不断加剧的邮轮客源市场，邮轮公司若想激流勇进，必须能够进行客观深入的外部条件分析，以“知己知彼，百战不殆”。

（1）目的

“趋利避害”是邮轮公司运营过程中开展外部条件分析的目的。由于自身发展目标和主要业务的区别，所关注的企业关键性发展有利因素也有所不同，对邮轮公司外部条件开展分析就是要梳理这些外部条件中需要企业及时关注的、能够对邮轮公司的发展做出重大有利促进的因素并进行研究和利用。邮轮公司发展的外部环境不可能全部分析到，也不可能全部是有利的，因而，邮轮公司外部条件分析过程中的另一个重点是避开邮轮公司发展的不利因素，例如邮轮航线上的地区安全因素（海盗猖獗）等。通过邮轮公司的外部条件分析能够有助于邮轮公司做出正确的企业竞争和防守策略。

（2）外部因素

邮轮公司运营中的外部因素（External Forces）可概括为：第一，政治、政府、法律方面因素；第二，经济因素；第三，环境、文化、社会和人口因素；第四，服务品牌因素；第五，竞争因素。（见图 3–1）

（3）过程

收集信息是进行邮轮运营战略管理的基础步骤，只有通过广泛全面的信息收集，将邮轮运营过程中所涉及的如图 3–1 所示的 5 个主要的外部因素进行深入的研究，将这 5 个方面的因素所包含的管理者、员工、服务品牌、竞争者、供应商、分销商、债权人、顾客、员工等要素进行逐一统计，而后才能在邮轮公司的管理者和员工中间形成广泛的认识基础。形成认识基础后，邮轮运营管理者可以不断地深入员工中获取基层智慧，增强员工的参与和邮轮归属及认同，并将基层智慧、外部竞争因素信息在经营管理人员处集中研讨、评价，最终转化为战略参考或指导信息。邮轮运营战略的外部因素考察并不能一蹴而就，为了企业更好地应对瞬息万变的邮轮产业发展状况和竞争格局，邮轮公司的外部因素调研就需要不断进行，适时地梳理出对邮轮公司发展更为关键的，并且在邮轮公司发展中普遍适用的因素，通过可统计或者可衡量的标准将信息传到战略决策中心，为邮轮运营战略管理提供依据。

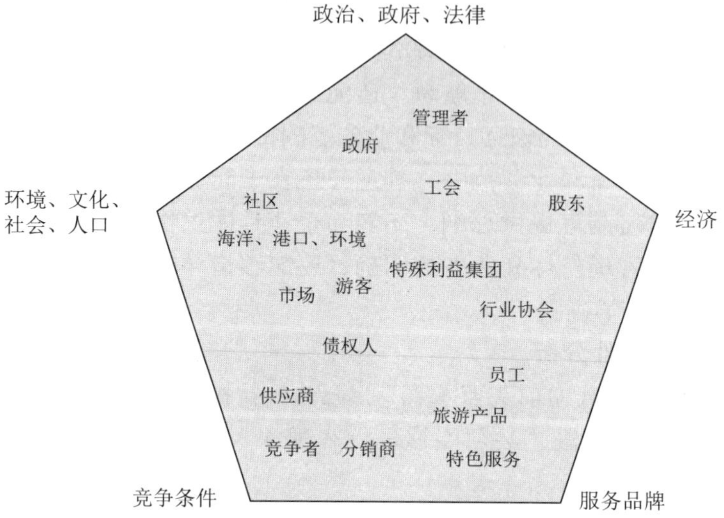

图 3–1　邮轮公司的关键外部因素概况图

3. 邮轮公司内部条件分析

邮轮公司外部、内部条件分析，如同对主体进行马克思主义哲学中事物发展的内因外因分析，遵循“事物的发展是内因和外因共同起作用的结果。内因是事物变化发展的根据，外因是事物变化发展的条件，外因通过内因起作用”的普遍规律，因此，邮轮运营战略中内因分析意义非凡。

（1）目的

《孙子·谋攻篇》中“知己知彼，百战不殆”，已于兵法哲学中强调了全面了解运营主体自身概况的重要意义，邮轮公司自身的运行要素和机制本身就是一个复杂系统，全面透彻地明确邮轮公司内部条件，对自身运营要素深刻分析，剖析邮轮公司在发展历程中的得失，有利于认识自身的优势和劣势，有助于运营战略的有效提升，放大邮轮运营中的优势，弥补运营劣势，应对发展竞争与挑战。

（2）内部因素

邮轮公司内部因素（Internal Forces）是邮轮公司内部保证战略运行并与目标实现息息相关的内部条件与内部氛围的总合。邮轮公司内部条件是邮轮公司运营战略形成的依据、基础和条件，是实现邮轮公司运营收益的战略保障。邮轮公司内部条件主要包括：邮轮公司运营中内部物质流、能量流、信息流及以人力资源为中心的这些资源的组织，表现为邮轮公司运营的资源、效益、文化、运营思想、理念及工作机制，邮轮公司能力及共同的价值体系的构建等。

（3）过程

邮轮运营内部条件分析涉及要素多，部门多，环节多，具有复杂性，本章难以详尽阐释诸如邮轮公司的组织结构、管理过程、企业文化、营销过程、财务运行、资源条件、信息化建设、价值链条等，因为这些内部板块往往包含更加复杂的次级系统，例如邮轮营销过程还可能涉及旅行社分包、广告、价格策略、服务等，使内部运营条件涉及层次更深，涉及面更广。

但与邮轮公司外部条件分析相似，需要对邮轮运营进行科学“诊断”，对运营过程中的信息进行全面收集、有效整理和科学分析与评价。邮轮运营战略的内部条件分析必须保障信息的全面性，因而邮轮运营的所有参与人员也即邮轮公司所有员工都应尽可能地参与到信息收集的工作过程中，一方面保障全面的内部信息获取和分析，另一方面也增强邮轮工作人员的归属感并促进工作热情激发。

对邮轮运营的纵向和横向两个维度进行比较分析对明确邮轮运营战略意义重大。纵向分析关注邮轮各部门职能的经时变化，即伴随时间的流逝，企业各个部门贡献程度的波动及影响，为邮轮运营发展的趋势提供预判；而横向比较分析则有一定的外部关联性，因为横向比较要将要素部门的业绩水平与行业平均水平进行比较，以判断邮轮公司的优势与劣势。这种分析对企业的经营来说更具有实际意义。

三、邮轮运营战略管理体系及内容

1. 邮轮运营战略管理体系

邮轮运营战略管理体系包含运营战略制定、运营战略实施和运营战略评估三个核心子体系。邮轮运营战略管理体系是邮轮公司依据大的邮轮经济环境，立足公司内部资源能力，调节相应的部署，以适应外部邮轮经济环境，促进竞争力提升的所有管理活动的综合。邮轮运营战略管理体系的内涵模型见图 3–2。

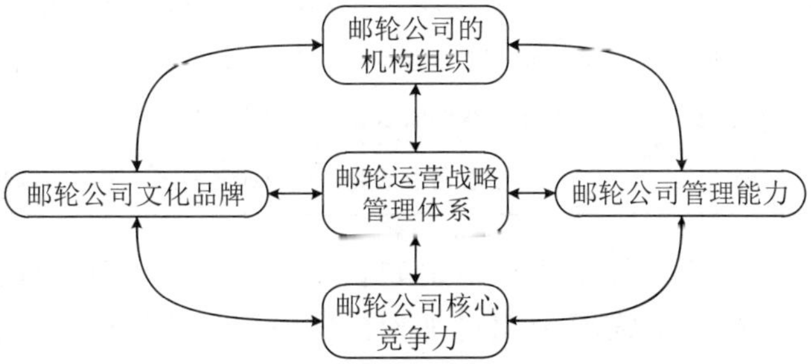

图 3–2　邮轮运营战略管理体系模型

“战略”与“经营”本质不同，邮轮运营战略管理和运营管理内涵不同。邮轮运营战略管理旨在提升邮轮公司的发展态势、保障邮轮公司持久的收益能力，促进邮轮公司适应社会环境、邮轮旅游发展需求等。邮轮运营管理则致力于邮轮公司经营中的竞争能力增强和收益基础的扩展，以促进邮轮公司在邮轮旅游市场大环境中的地位和企业自身的收益增长。邮轮运营战略体系不能像邮轮运营管理体系那样清晰和细致，而是发挥宏观的指导。实践中，邮轮运营战略管理往往由邮轮公司董事会在其参谋部门协作下完成战略研究、战略情报、战略组织、战略控制等战略管理体系的具体工作，而邮轮运营管理则由战略发展部门在董事会的指导下落实具体的经营措施。

2. 邮轮运营战略管理内容

邮轮运营战略管理对邮轮公司的成功至关重要。作为企业的一种类型，邮轮公司战略管理内容丰富，类型众多，总结如表 3–1 所示。

表 3–1　邮轮公司运营战略类型

战略名称		战略内涵
一体化战略	前向一体化	获得旅行社等邮轮旅游产品销售商的所有权或控制力
	后向一体化	获得对邮轮旅游产品供应商的所有权或控制力
	水平一体化	获取竞争对手邮轮公司的所有权或者控制力
强化战略	市场渗透	强化营销，追求邮轮旅游市场份额扩增
	市场开发	对现有的邮轮旅游产品向新区域营销，开辟新市场
	产品渗透	创新邮轮旅游产品，增强市场挖掘，提升销售额
多元化战略	同心多元化	研发新的邮轮旅游产品及周边服务
	水平多元化	研发新的周边服务或非同类产品或业务
	集中多元化	开发多元产品，形成产品丛
防御战略	收缩	在重组中收缩运营成本及资产总量，轻装上阵
	剥离	出于战略目的或收益管理出售运营业务或子企业
	清算	将邮轮公司部分或全部的资产变现
合资与并购战略	合资	与其他邮轮公司合建新公司，或合作运营新项目
	杠杆收获	邮轮公司或私人投资通过借贷资金并购其他股东股份
竞争战略	成本领先	压缩邮轮运营各环节的成本，追求高效益、低投入
	差异化	基于游客的需求提供差异化的邮轮旅游产品
	聚焦	探寻游客需求的业务空白或薄弱区，强化市场渗透开发

实践中，邮轮公司运营的战略往往不是如表 3–1 中的某一种，而是几种或一系列运营战略的组合，这些战略可能需要根据对邮轮公司发展的不同阶段、内部条件和外部环境的综合分析而确定采用，并付诸实践。

第三节　邮轮运营战略的实施

“纸上得来终觉浅，绝知此事要躬行。”邮轮运营战略从思想转变到方案，再由方案落实到行动上，才是战略目标实现的关键环节。

一、邮轮运营战略的实施策略

邮轮运营战略实施策略是保障运营战略得到实践的系统方法组合，它要求从目标到内容，从宏观到微观，从落实主体到落实时序，从方法到步骤都有得当的组织和安排。邮轮运营战略的实施策略是能否成功实施战略步骤的保障和依据，因此，实施策略的成败决定了邮轮运营战略的成败。

邮轮运营战略的实施策略只有通过自上而下的传导，才能保障战略目标的实现，其实施策略也存在动态演化的特点，如图 3–3 所示。

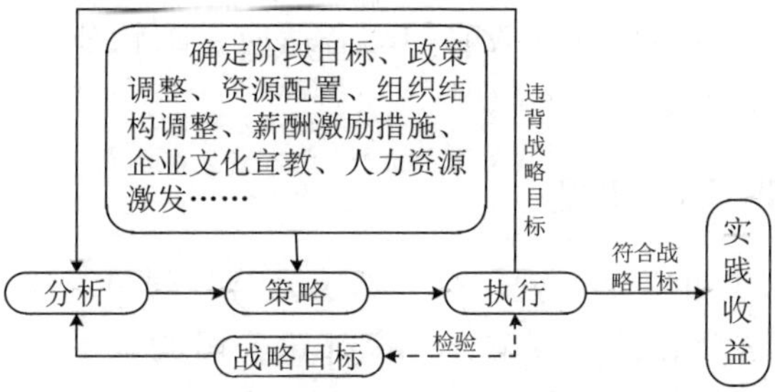

图 3–3　邮轮运营战略目标与实践收益的动态转化路径

图 3–3 所示转化过程中，邮轮公司管理者的素质和理念、邮轮公司的组织机构、邮轮公司的船文化、资源结构与分配、信息沟通、控制及激励制度等因素，将带来邮轮公司战略向制度化的工作内容的转变。

二、邮轮运营战略实施的保障

邮轮经济持续健康发展，产业规模不断壮大，邮轮公司在竞争中生存需要有效的战略实施保障，而邮轮运营战略实施的保障是一项系统任务，需要邮轮旅游产品及服务研发、实践、营销、财务、人力资源等职能部门围绕战略控制、业务运营、技术支撑三大基点构筑起保障体系（见图 3–4）。

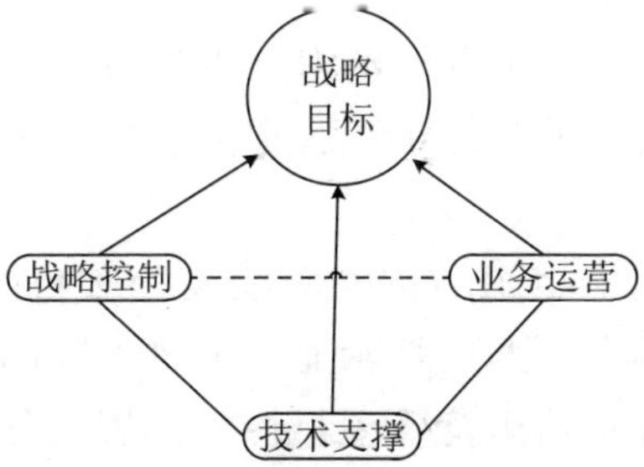

图 3–4　邮轮运营战略实施的三项保障基础

战略控制保障需要邮轮公司在管理中能够有效分解战略目标，通过有效的会议等形式疏导管理层与实践层多层信息与运营理念，在实践中对自身的经营运作得失清晰，在目标分解的基础上对分解后的任务开展有效考核，保障企业强大的执行力度。

业务运营系统则需理念与方法与时俱进，能灵活地应对市场环境变化。以业务流程、岗位描述、绩效测评为基础，使企业采购、销售、服务、产品、财务等各部门具有独立稳定性和动态调整适应性，落脚在运营稳定的核心理念上。

技术支撑需要邮轮公司拥有先进的服务运作工具和能力，能够有效地运用信息技术、智能决策平台、供应链优化技术、市场需求理论、现代行李物流、票务、移动智能终端、大数据等一系列先进技术，提升邮轮公司的核心服务竞争力，保障运营的高效与健康。

此外，邮轮公司的船舶文化、品牌内涵的导向、约束、凝聚、激励等作用对人力资源的激发，邮轮公司组织结构与发展战略的动态适应，邮轮公司内外部资源条件的优化配置都是邮轮运营战略实施的重要保障。

三、邮轮运营管理组织建设

“组织”可以是动词也可以是名词，在“邮轮运营管理组织建设”中，组织应理解为一个合作系统，而且从这个意义上理解，一家邮轮公司就是一个组织，邮轮公司的运营战略可以转换成为具体的任务或责任分配到组织中的各个部分，成为邮轮公司运营战略的实践支撑。邮轮公司“组织”自己所拥有的资源，进行科学的开发利用才能实现邮轮公司的成功运营，这里“组织”便指的是邮轮公司对内部、外部条件的有时、有序、有度的综合运用。

1. 邮轮公司的组织结构

学习邮轮运营管理组织建设，首先应了解邮轮公司的组织结构。通常，一家邮轮公司的组织结构中应包含市场部、巡航部、财务部、人事部等，具体如图 3-5（《邮轮运营与管理》龙京红，刘立娜主编，中国旅游出版社，p81，2015 年 1 月第 1 版）。

邮轮运营战略的成功必须仅仅依靠邮轮公司组织结构的科学设置。通过科学的组织结构设置和调整，才能协调外部市场和内部能力之间的矛盾，实现内外部资源的有效调度和市场服务能力的提升。

2. 邮轮船上组织管理结构

对于一艘邮轮而言，其作为一个移动的海上度假社区，其大规模的设备、设施与功能实现，需要船上所有员工构成的具体组织去保障。图 3-6 所示为一艘邮轮通常具备的管理组织结构。

通常，图 3-6 所示邮轮船上组织结构的职能又分布至甲板部、轮机部、无线电部、医疗部、娱乐部、酒店部去落实。大型邮轮上，来自不同国家和地区的数以千计的员工带着不同的文化背景，围绕着邮轮运营管理组织所部署的任务，带着邮轮公司的文化去实践塑造一条邮轮上的服务品牌。

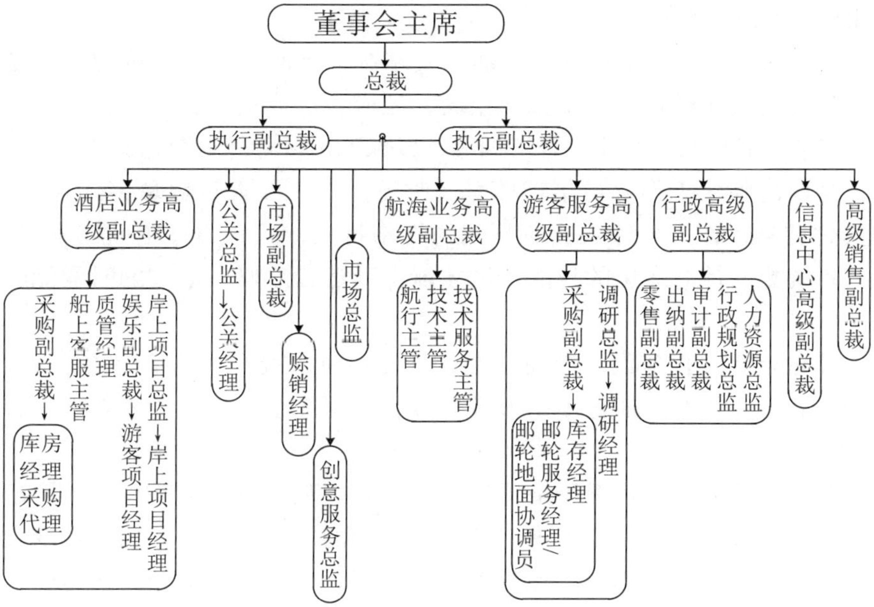

图 3–5　邮轮公司组织结构示意图

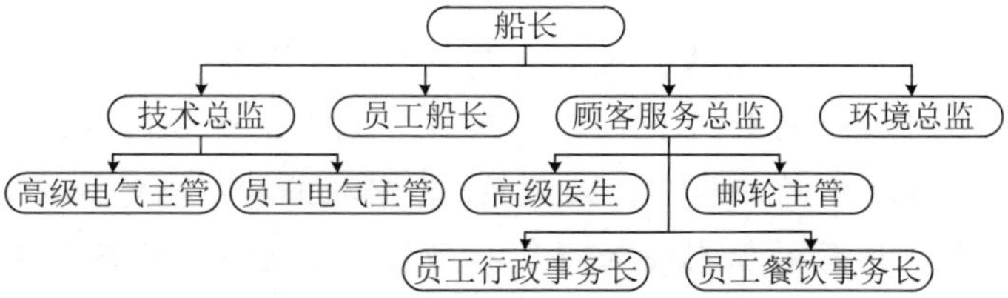

图 3–6　邮轮船上组织结构示意图

3. 邮轮运营管理组织建设策略

健康的组织建设是邮轮公司竞争力的保障，是邮轮公司健康可持续发展的重要条件。在邮轮公司运营管理组织建设中应注意以下一些方面：

第一，紧紧围绕邮轮公司的运营管理战略。邮轮公司可运用 SWOT 等分析方法掌握内外资源概况，树立邮轮公司发展目标，并规划对应的战略实践措施，凝聚运营核心思想。邮轮公司坚持以运营战略为纲的组织建设和执行文化是健康发展方向上的保障。

第二，建立合理的组织结构。合理的组织结构是邮轮公司职能保障的基础。邮轮公司运营战略的差异决定了其组织结构应对应协调，以保障战略落实。在运营战略学上，组织的类型可以分为 U 型组织、M 型组织、矩阵型组织、N 型组织等，各种组织类型具有不同的配置邮轮公司资源和服务市场需求的能力，邮轮公司可以针对性地选择或组合。

第三，制度保障。邮轮公司运营的制度是邮轮公司文化和战略的实践体现。因此，邮轮公司运营战略实践中应注意制度与战略的匹配，防止制度与战略的脱离，如出现制度与战略相左、不协调等问题。

第四，储备人才。邮轮工作和服务质量要求高，高质量的人力资源储备是运营战略实现的关键。邮轮人才储备不但要强化招聘，还应该形成利于员工成长的工作机制，如轮岗制度、交叉技能培训、职业综合培训等，以保障运营管理组织的健康。

第五，全面的邮轮工作人员培训体系。邮轮上的工作人员数量多，来自不同国家，具有不同文化背景，作为自然人有着不同的性格特点，只有通过全面体系的、专业的、模块化的、系统化的针对岗位的技能培训才能保障运营战略在落实的时候能够满足战略预期。

第六，邮轮企业文化建设。邮轮企业文化是企业文化的一种，包含价值观、信念、仪式、符号、处事方式等，邮轮工作人员拥戴和浸润在企业文化中才能上下合一，推动运营战略落实。

第七，固化管理风格。管理风格体现了管理者主观的意识形态，在不同运营组织间差异明显。或民主或集权等，组织内部都需要一定的时间去适应，也存在变化波动性强的特点。通过管理决策制度建设，保障管理风格固化，有利于邮轮公司运营效率的提升和组织的健康。

本章小结

邮轮运营主要着眼近中期实践，策略可灵活多变，然而，邮轮运营战略制定具有较强的系统性，难以先于运营环境变化而高频调整。因而，邮轮运营战略应据邮轮公司发展需要，据邮轮产业环境中的一些“因果关系”，研判趋势，为邮轮公司船舶、航线、人力资源等多种要素制定运营的长期行为准则和目标。通过本章内容学习，学习者应建立：“不断对邮轮经营、管理等各个环节深入了解，增强对邮轮运营过去、当前、内部、外部等多维条件的分析能力，着眼宏观整体，清楚微观局部，在系统地把握邮轮运营规律的基础上，实现邮轮运营战略的谋划和实践”的思想。

思考题

1. 邮轮运营战略管理的核心思想是什么，如何去实现？
2. 邮轮运营战略制定的方法过程如何？
3. 邮轮运营管理组织建设策略有哪些？

案例分析

中国首艘豪华邮轮海娜号停运　海航邮轮战略生变

央广网北京11月17日消息（记者张棉棉）据中国之声《央广新闻》报道，近日，一份来自“海娜”号运营方海航邮轮有限公司发出的《关于正式停止在中国大陆市场运营“海娜号”邮轮的通告》显示，经海航邮轮股东决议，基于公司重大业务调整的需要，自明天起，停止在中国大陆市场运营“海娜”号邮轮。

“海娜”号全长 223 米，船宽 28 米，满载排水量 5 万吨，船上设有游客客舱 740 间，满载游客 1965 名，原名是“Pacific Sun”号，建于 1986 年 1 月，建成之后一直由世界上最大的邮轮公司——嘉年华集团运营，在 2012 年年初，海航集团从嘉年华集团手中购入了 Pacific Sun 号并送往了新加坡三巴旺船厂进行了为期半年的特色改装。2012 年 11 月海航邮轮正式成立，在 2013 年的 1 月“海娜”号正式由中国投入运营，也成为首艘由中国本土邮轮公司运营的豪华邮轮，此后其实它的运营并不顺利，曾经因为中国游客韩国被扣留事件一度成了舆论焦点，现在它即将走完它的坎坷一生。

据了解，在今天上午，“海娜”号和所搭载的一千多名游客将结束前往日本福冈和长崎 5 天的行程返回上海，这个也是“海娜”号执行的最后一个航程。海航邮轮其实隶属于海航旅游集团公司，后者在 2007 年 3 月成立，是海航集团三大战略的业态之一，目前在包括途牛在内的几大旅游网站上，“海娜”号的收藏信息几乎已经全部下架，而上海港国际客运中心码头也表示，“海娜”号将结束以上海为母港的日韩航线。

“海娜”号的所有者海航邮轮表示，在“海娜”号邮轮停止在中国大陆市场的运营之后，海航邮轮将继续投身于中国游轮产业，但是据知情人士透露，“海娜”号停止运营主要是因为已经达到了 30 年船龄的一个使用期限，或将强制报废。

根据中国交通运输部在 2012 年发布的《关于加强国际海上旅客运输市场准入管理的公告》，至 2015 年 11 月，“海娜”号邮轮经营满 30 周年，停止运营。由于海航集团的邮轮业务计划中没有购入或租入其他豪华邮轮的安排，因此海航邮轮公司正式退出中国邮轮市场，转而以豪华游艇和游艇码头业务为主。实际上，“海娜”号邮轮在国内运营的三年中，由于市场竞争激烈，船票价格一直处于低价位，公司始终处于亏损状态。同时，嘉年华邮轮公司和歌诗达邮轮公司都有陆续在中国市场投入更大的新造豪华邮轮的计划，国内市场竞争更加激烈，海航邮轮公司最终决定退出中国邮轮市场。

一位邮轮业内人士也表示，目前所有在中国市场的邮轮公司几乎都是亏钱的，很多中资邮轮运营企业都是购买欧美的二手邮轮，船小、设备差、航线短，船票价格也难以提升，而国际邮轮巨头则将中国市场纳入了整体的全球航线计划之中，除中国游客之外，还有日韩和欧美游客等等，这样其实更容易来平抑成本，所以中资邮轮运营企业应该很难在竞争中占优。

（资料来源：http://china.cnr.cn/ygxw/20151117/t20151117_520524342.shtml，2015-11-17）

结合案例思考以下问题：

（1）分析指出材料中提到了哪些海航集团战略举措。

（2）海娜号停止在中国大陆市场运营的主要原因，是内部还是外部条件决定的？

第四章

邮轮运营计划与决策管理

本章导读

美国迈阿密码头一直享有“世界邮轮之都”的美誉，海岛旅游资源丰富，是美国乃至世界海港城市的翘楚。迈阿密邮轮码头能够成功运营的一部分原因得益于其与邮轮公司运营目标之间在服务游客上的默契，能实施主动式、全方位的推广和营销活动，这些措施提高了迈阿密邮轮码头的活力和市场知名度。迈阿密码头会不定期或定期地策划不同的主题活动以吸引世界各地不同爱好、不同层次的游客。例如，一月的装饰艺术周末、迈阿密国际游艇展；二月的南海滩美食美酒节；三月的充满迈阿密拉丁风情的“迈阿密狂欢节”等。迈阿密邮轮码头成功的决策与计划成为它发展成功的重要原因。

本章我们将学习：第一，邮轮运营管理决策的概念、类型、制定的程序以及方法；第二，邮轮运营计划的编制，包括内容、程序和方法等；第三，邮轮运营计划的执行步骤以及如何调整。

第一节　邮轮运营决策的管理

决策即决定的策略或者方法，是管理的本质，是通过分析、比较，在若干可供选择的方案中选择最优方案的过程。邮轮运营管理的计划、组织等过程都离不开决策。邮轮运营决策的重要性体现在：

第一，决策是邮轮企业管理的基础。决策是从多个备选方案中选择最优方案，作为未来行为的指南，而在决策之前，企业需要对计划工作进行研究和分析。没有决策就没有合理的行动，决策是工作计划的核心，而工作计划是组织、人员配置、指导、领导、控制等工作的基础，因此，从这种意义上来说，决策是管理的基础。

第二，决策是各级、各类别主管人员的首要工作。英国著名管理学家西蒙说：“管理就是决策。”上至邮轮企业最高领导，下至基层的班组长，均要做出重要程度和影响范围不同的决策。在实际管理工作中，决策是主管人员的首要任务。决策是行为的选择，行为是决策的执行，正确的行为来源于正确的决策。不同层次的决策，可以有不同的影响，小则影响管理工作的效率或企业的成败，大则关系到每一位员工的生存，或给社会造成恶劣影响。改进管理决策、提高决策水平，应当成为各级主管人员经常注意的重要问题之一。而且，对每个主管人员来说，不仅面临是否需要做出决策的问题，更重要的是如何使决策做得更好、更合理、更有效。

一、邮轮运营决策的概念与类型

决策（Decision-making）是指人们为了达到一定的目标，在掌握充分的信息和在对有关情况进行深刻分析的基础上，用科学的方法拟定并评估各种方案，从中选出合理方案的过程。

邮轮运营决策（Cruise Operation Decesion）就是邮轮组织为了实现某种目标，对未来一段时期有关邮轮运营活动、内容和方式的选择或调整过程。

邮轮运营决策遵循的是满意原则，而不是最优原则。邮轮运营决策中不能获得与决策有关的全部信息；对于收集到的有限信息，决策者的利用能力有限，只能制定有限的可供选择方案；任何方案都在未来实施，人们对未来的认识都是不全面的，决策预测的未来状况与实际未来状况往往有出入。

邮轮运营管理者在决策时是离不开有效信息的，信息的数量和质量会直接影响决策水平。对信息进行筛选，决定收集什么样的信息、收集多少信息以及从哪里收集，通常要通过成本收益分析论证。

1. 邮轮运营决策的类型

邮轮运营管理者在日常工作中需要做出不同类型的决策，有些属于程序化决策（Programmed Decisions），即借鉴过去经验得到的现成可用的方法来解决结构化问题（Structured Problems），解决问题的信息需求是常见的、清楚的、简单的。程序化决策所遇到的问题是常规的，这些决策可用事先安排与规划，一旦需要马上可以应用。以邮轮运营管理的财务管理为例，公司在资金不足或者周转出现问题时，有远见的管理者会预先计划好如何处理这类问题。

管理者也必须处理一些突发状况或者非常规的局面的非结构性问题（Unstructured Problems），问题通常是不寻常的且无参照可循的，这些问题面临的决策就是非程序化决策（Nonprogramed Decisions），即根据具体情况量身定制符合要求的全新解决方案。如邮轮在航运过程中出现自然灾害如海啸这种情况，邮轮管理者又该如何决策呢？

邮轮运营决策包括个人决策和集体决策，在决策过程中选择集体决策还是个人决策是决策面临的重要问题。优秀的邮轮运营管理者和团队领导者不会单单局限于一种方式，他们会依据具体情况，在个人决策和集体决策中运用自如，选择与问题最匹配的决策方式。

邮轮运营决策可以根据不同因素进行分类，具体见表 4–1。

表 4-1 依据不同标准对决策类别进行划分

时间长短	层级角度	环境因素的可控程度	决策主体	决策重复程度
长期决策	战略决策	不确定型决策	个人决策	程序化决策
短期决策	战术决策	确定型决策	集体决策	非程序化决策
	业务决策	风险型决策		

（1）依据时间长短分类

依据时间长短可以划分为：长期决策和短期决策。

第一，长期决策，又称邮轮长期战略决策，是指邮轮组织未来发展的长远性、全局性的重大决策，比如邮轮运营活动经营方向的选择、经营规模的确定等。

第二，短期决策，为实现长期战略目标采取的短期策略方式，也叫作短期战术决策，如邮轮产品营销和生产资源优化配置等。

（2）根据层级角度分类

根据层级角度可以划分为：战略决策、战术决策和业务决策。

第一，战略决策，对邮轮组织尤为重要，一般包括组织目标、方针政策、组织机构的调整、邮轮产品的更新换代、技术改造等，这些决策涉及组织的里外，具有长远性、全局性和方向性。

第二，战术决策，是邮轮组织贯彻的决策，是战略决策执行过程中的具体决策。战术决策的目的是促使邮轮组织各环节的协调和资源充分合理使用，比如制订邮轮生产计划和销售计划、新产品的开发、设备的维修更新等都属于战术决策范畴。

第三，业务决策，是邮轮日常工作中为提高生产效率、工作效率而进行的决策，涉及范围比较小，对邮轮组织某些局部产生影响。工作任务的分配、检查、监督；岗位责任制的制定和贯彻执行、食品原料的采购等都属于业务决策范畴。

（3）从环境可控程度分类

从环境因素的可控程度看，邮轮运营决策包括：不确定型决策、确定型决策和风险型决策。

第一，不确定型决策，指在不稳定条件下进行的决策。邮轮管理者在制定决策时，不知道会出现多少种情况，即使知道，也不能知道每种情况可能发生的概率。

第二，确定型决策，指在稳定可控情况下制定的决策。邮轮运营管理决策者知道每个决策方案的结果，最终选择哪个方案取决于方案结果的比较。

第三，风险型决策，也叫作随机决策。在这类决策中，决策者不能知道哪种情况会发生，也不清楚有多少种情况和每种情况出现的概率。

2. 邮轮运营决策的特点

（1）目标性

邮轮运营目标决策体现着邮轮公司想要获得的结果，是目标确定之后，方案的拟定、对比、筛选以及实施等邮轮标准和依据。

（2）可行性

如果缺乏必备的人力、物力、财力资源，即使是非常完善的方案也是纸上谈兵、空中楼阁。因此，邮轮运营决策者在决策时，要深入考虑决策是否可行，是否有实施条件的限制。

（3）动态性

决策不仅仅是一个过程，更是一个不断循环往复的过程。邮轮组织的内部和外部环境处在不断变化中，这就需要决策者密切关注环境变化，从中找到机会或发现问题，及时调整组织运营活动，实现环境与组织协调平衡。

二、邮轮运营决策制定的程序

决策制定是一个过程，即决策过程（Decision-making Process）是从识别问题开始，接着做出决策，最后以评估结果结束的一系列活动。邮轮运营决策程序包括：发现并界定决策问题、开发并评估备选方案、选择较优方案、执行方案和评估决策结果（见图 4–1）。

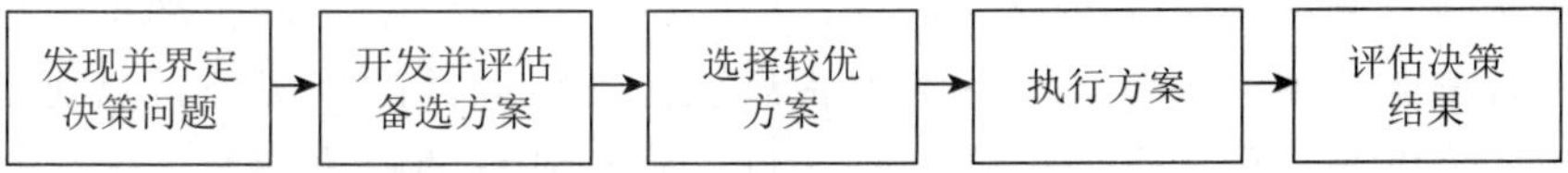

图 4–1 邮轮运营决策的程序

1. 发现并界定决策问题

邮轮运营决策的第一步是找到邮轮运营管理中存在的问题，并对问题进行界定。这是一个需要搜集、处理并仔细分析信息的步骤。在这一步中，识别应做出的决策来明确目标极其重要。邮轮运营管理的目标越明确，决策实施后的结果越容易评估。然而重要的是，对问题的最初界定将在很大程度上影响其最终决策的方法。

在邮轮运营管理问题界定上容易出现三种常见的误区：

误区一：对存在的问题界定的太宽泛或者过于狭隘，例如在邮轮服务营销上，要明白是营销模式出现问题还是在某些细节存在不妥之处。

误区二：只注重表象而不重原因。表象问题可能存在，但不能当作问题本身。管理者应具备识别问题现象的能力（邮轮员工懒散不努力工作），但不能单单处理现象（监督员工积极工作），而要找出根本原因（对员工进行物质奖励和精神激励）。

误区三：选错了需要解决的问题。邮轮运营管理者在处理问题时要分清轻重缓急，首先解决迫在眉睫的问题，对那些暂时不会影响企业运转的问题可以先放一放。

2. 开发并评估备选方案

一旦问题确定下来，就应该收集有利于解决问题的信息和相关数据，在这一步，准确把握已知信息和所需信息是非常重要的。在收集大量信息的过程中，必须明确可能的行动方案及预期结果，进行相关利益分析将有助于评估备选方案。我们必须确认问题的关键利益相关者，也需要考虑各种可能的行动方案对他们的影响。成本收益分析（Cost-benefit Analysis）即将邮轮运营管理选择的方案所花费的成本与预期的利润进行比较，至少要保证其收益是大于成本的，这样这个方案才不算失败。在诸多方案中进行横向和纵向的比较，得出最满意的方案而不是最优的方案。

3. 选出方案并作道德复审

评估备选方案的典型标准：利益，即采用该方案能为邮轮运营管理带来怎样的绩效和收益；成本，执行该方案需要投入多少人力、物力、财力资源以及所花费的时间；可接受度，方案能在多大程度上得到参与者的接受和支持。

确定行动的首选方案，决定如何去做以及在各种情形下应该由谁来做。管理学理论分为经典决策模型和行为决策模型。经典决策模型（Classical Decision Model）认为邮轮运营管理者在一确定的环境下理想地行动，在这种情况下，管理者面对的问题得到清晰的界定，确定的环境，完整的信息，管理者了解所有的备选方案和实施效果。因此，管理者能够做出最优决策（Optimizing Decision），使问题得到最好的解决。

然而在邮轮实际运营管理过程中可能会遇到非常规问题，不确定的环境，获取的信息也是不完整的，管理者认知能力也是存在局限的，认知局限使得管理者很难收集足够信息，并做出完全理性的决策。因而管理者只能在有限理性的情况下，只能了解关于各行动方案及其效果的部分信息，选择一个让自己感到满意的解决方案，也就是满意决策（Satisfaction Decision），即当人们在不确定的条件下，对模糊的问题做出决策。

4. 执行方案

选择了合适的方案，就必须采取相应的行动来执行方案。只有通过具体的行动切实解决了问题，事情才会出现新的进展。邮轮决策者不仅要有做出决策的决心和创造力，而且要有执行方案的意愿和能力。这一阶段的困难通常是由于不能充分参与导致的，特别是那些对决策的顺利实施起到至关重要作用的人员参与不够。有效的邮轮运营管理者要清楚地明白这个道理、从一开始就让这些人参与到决策制定和问题解决过程中，以使方案得到顺利、快速的执行，并且尽量使每个人都感到满意。决策阶段的广泛参与不仅能让每个人更多地了解问题本身，而且能够让人们建立起执行决策所需的责任感。

5. 评估决策结果

没有对方案的实施结果进行评估，决策过程就不能视为全部完成。如果预期的结果没有达到，或者出现了不希望看到的负面效应，就必须采取相应的矫正行动。评估是管理控制的一种形式，它需要搜集数据以衡量目标的执行效果，不管是正面还是负面效应，都必须检查。在评估过程中，如果发现前期所选择的方案不合适，就需要重新评估并返回到前面的步骤中，这样解决问题就变成了管理过程中动态、持续的活动。

知识链接

上海港建设邮轮母港之决策历程

近年来，抵达中国港口的国际邮轮数量不断攀升，众多国际邮轮公司为开拓新兴市场，纷纷将焦点转向中国，邮轮这个产业在中国也慢慢升温。

邮轮经济的发展前景引起众多港口城市的重视，纷纷规划建设当地的邮轮码头，从而试图在邮轮产业带来的经济利益上分一杯羹。有研究表明，邮轮母港的经济收益是停靠港的10~14倍，所以，各大港口邮轮码头的规划都在向邮轮母港的目标靠近。

早在2006年7月，上海邮轮码头试营运之际就希望成为美国嘉年华旗下歌诗达邮轮公司在亚洲的第一个母港。在未来的发展中，上海港不仅要为停靠的邮轮和游客做好服务工作，还应该多多争取与国际大港接触，进一步推动上海邮轮产业发展壮大。

关于建设上海邮轮母港这一决策，首先要对上海进行SWOT分析：上海港有自己独特的区位优势，位于长江入海口，贯通长江流域，对外连接世界各地，邮轮可以在48小时内到达日本、韩国、中国台湾和中国香港等国家或地区；此外上海有基础设施和港口建设的优势，除了港口项目本身，上海的航空、铁路、公路等交通网也四通八达；上海是中国的经济、金融中心，国际化大都市，享有极高的国际知名度；上海中产阶层人数较多，过去10多年，已开始萌发旅游休闲消费的需求和习惯。然而在考虑建设上海母港时，还要考虑其不足和局限，上海即使是世界大港却还不具备接待巨型邮轮的能力，邮轮产业是新兴产业，我国缺乏相应的口岸管理条例和出入关程序，相关政策亟须完善；码头服务功能也需要更上一个台阶。

面对上海港口的优势和劣势，相关专家及政府人员认真分析，做出一个相对比较满意的决策，对上海建设邮轮母港这个决策进行评估，最后执行这一决策，试图在码头设施服务、邮轮航线以及岸上旅游等方面形成上海港的特色，与周边港口城市进行差异化竞争，形成自己的核心优势。

（资料来源：张黎.上海港建设邮轮母港的SWOT分析及竞争战略［J］.航海技术，2008（S2）：66–69.）

三、邮轮运营决策的基本方法

现代决策方法可划分为“软、硬”两种方法，决策硬方法即定量决策方法，决策软方法即定性决策方法（见表4–2）。定量决策方法常用于数量化决策，应用数学模型和公式来解决一些决策问题，即是运用数学工具建立反映各种因素及其关系的数学模型，并通过对这种数学模型的计算和求解，选择出最佳的决策方案。对决策问题进行定量分析，可以提高常规决策的时效性和决策的准确性。运用定量决策方法进行决策也是决策方法科学化的重要标志。计算机模拟和决策模拟演练也是可选的邮轮运营决策方法。

表4–2　依据不同标准划分决策方法

定量决策方法	定性决策方法	其他
风险型：未来无法预知，运用概率决策，常用决策树法	集体决策：包括头脑风暴、名义技术小组、德尔菲法	计算机模拟决策方法：通过输入参数模拟决策，预计可能出现的情况

续表

定量决策方法	定性决策方法	其他
确定型：以科学方法决策，方法有数学模型、盈亏平衡分析法等	活动方向：经营单位分析、政策指导矩阵	决策模拟演练：用计算机模拟邮轮运营环境，供决策者决策练习
非确定型：决策问题不确定，估计可能发生的情况		

1. 定量决策的方法

定量决策的方法主要包括风险型决策、确定型决策和非确定型决策三种。

（1）风险型决策

风险型决策方法是指决策者在对可能发生的情况无法做出肯定判断的情况下，通过预测各种情况发生，根据不同概率来进行决策的方法。风险型决策的方法很多，最常用的是决策树法。

决策树法是把每一决策方案各种状态的相互关系用树形图表示出来，并且注明对应的概率及其报酬值，从而选择出最优决策方案。

（2）确定型决策

确定型决策问题，即只存在一种确定的自然状态，决策者可依科学的方法做出决策。确定型决策的方法有以下几类：

第一，线性规划、库存论、排队论、网络技术等数学模型法。

第二，微分极值法。

第三，盈亏平衡分析法。

（3）非确定型决策

第一，非确定型决策方法的含义：非确定型决策方法是指决策者在对决策问题不能确定的情况下，通过对决策问题变化的各种因素分析，估计其中可能发生的自然状态，并计算各个方案在各种自然状态下的损益值，然后按照一定的原则进行选择的方法。

第二，非确定型决策方法的准则：由于非确定性决策各种自然状态出现的概率难以估计出来，因而现代决策理论根据非确定型决策问题的特点，总结出一套方便可行的方法，即先假定一些准则，根据这些准则求出方案的期望值，然后再确定每一决策问题的最优值。非确定型决策方案的准则主要有：乐观准则、悲观准则、等概率准则、决策系数准则、遗憾准则。

定量决策方法的优点有：可以提高决策的准确性、最优性、可靠性；可以使决策者从常规决策中解脱出来，把注意力集中在关键性、全局性的重大战略决策方面，这帮助了领导者提高重大战略决策的正确性和可靠性。

定量决策方法也有其局限性，比如有些变量难以定量，数学手段本身深奥难懂，花钱多，不适合一般决策问题。

2. 定性决策的方法

（1）集体决策

第一，头脑风暴法。头脑风暴法的创始人是英国心理学家奥斯本。该决策方法的四项原则是：各自发表自己的意见，对别人的建议不做评论；建议不必深思熟虑，越多越好；鼓励独立思考、奇思妙想；可以补充完善已有的建议。头脑风暴法的特点是：针对邮轮运营需要解决的问题，相关专家或人员聚在一起，在宽松的氛围中，敞开思路，畅所欲言，寻求多种决策思路，倡导创新思维。时间一般在1~2小时，参加者以5~6人为宜。

第二，名义小组技术。在集体决策中，如果大家对问题性质的了解程度有很大差异，或彼此的意见有较大分歧，直接开会讨论效果并不好，可能争执不下，也可能权威人士发言后大家随声附和。这时，可以采取“名义小组技术”。邮轮运营管理者先选择一些对要解决的问题有研究或有经验的人作为小组成员，并向他们提供与决策问题相关的信息。小组成员各自先不通气，独立地思考，提出决策建议，并尽可能详细地将自己提出的备选方案写成文字资料。然后召集会议，让小组成员陈述自己的方案。在此基础上，小组成员对全部备选方案投票，产生大家最赞同的方案，并形成对其他方案的意见，提交管理者作为决策参考。

第三，德尔菲技术。德尔菲技术是兰德公司提出的，用于听取专家对某一问题的意见。运用这一方法的步骤是：根据问题的特点，选择和邀请做过相关研究或有相关经验的专家。将与问题有关的信息分别提供给专家，请他们各自独立发表自己的意见，并写成书面材料。管理者收集并综合专家们的意见后，将综合意见反馈给各位专家，请他们再次发表意见。如果分歧很大，可以开会集中讨论；否则，管理者分头与专家联络。如此反复多次，最后形成代表专家组意见的方案。

（2）活动方向

管理者有时需要对企业或企业的某部门的经营活动方向进行选择，可以采用下列的经营单位组合分析法和政策指导矩阵法。

第一，经营单位组合分析法。这是由波士顿咨询公司提出来的。该方法认为，在确定某个单位经营活动方向时，应该考虑它的相对竞争地位和业务增长率两个维度。相对竞争地位经常体现在市场占有率上，决定了企业的销售量、销售额和赢利能力；而业务增长率反映业务增长的速度，影响投资的回收期限。

第二，政策指导矩阵。这是荷兰皇家壳牌公司创立的。该方法从市场前景和相对竞争能力两个维度分析企业经营单位的现状和特征，用一个 3×3 的类似矩阵的形式表示。

3. 其他决策方法

主要是计算机模拟决策方法，所用的模拟系统是利用计算机程序或软件实现的。因为 Excel 里提供的函数足够一般模拟之用。通过输入基本参数，模拟第一次决策和多次决策，利用模拟运算表进行分析，为该风险决策问题提供更多决策信息。

第二节 邮轮运营计划的编制

哈罗德·孔茨说："计划工作是一座桥梁，它把我们所处的这岸和我们要去的对岸连接起来，以克服这一天堑。"计划是为了实现决策制定的目标，预先进行的行动安排。

决策与计划既相互联系又相互区别：决策是计划的前提，计划是决策的逻辑延续。决策为计划的任务安排提供了依据，计划为决策所选择的目标活动的实施提供了组织保障。在邮轮运营管理实际工作中，计划与决策有些时候是不可分散地交织在一起的，相互渗透的；决策是对邮轮组织活动方向、内容和方式的选择，计划则是邮轮公司内部不同部门和不同成员在一定的时期运营活动的具体内容和要求。

计划职能是管理的重要职能，"凡事预则立，不预则废"，说的就是计划的重要性。邮轮运营如果没有长远整体规划和具体可行的计划，则意味着没有发展方向，邮轮运营管理活动无法正常有序进行，提邮轮公司目标也无法说起。

知识链接

日本邮船计划运营南太平洋航线

据报道，日本邮船计划运营一条衔接远东和南太平洋岛屿的太平洋航线，计划由日邮散货和项目船公司于2014年1月运营。该航线将由多用途半集装箱船运营，航程总计72天，每18天一班。运输货物包括整车、集装箱以及杂货，挂靠港口包括高雄、釜山、神户、名古屋、横滨、基里巴斯、所罗门群岛、瓦努阿图、新喀里多尼亚、斐济、萨摩亚、美属萨摩亚、帕皮提和汤加。日邮表示挂港顺序和航线数还没有最终确定。

（资料来源：中国行业研究网，http://www.chinairn.com，2013-12-25）

一、邮轮运营计划的基本概念

1. 邮轮运营计划的含义

邮轮运营计划是指立足现实，着眼未来，对邮轮的各种经营活动进行统筹规划，确定邮轮运营目标，制定实现目标的具体方法和途径，对邮轮的各种资源进行合理配置，安排好邮轮运营的活动，最终实现邮轮运营的目标。简而言之，邮轮运营计划是邮轮运营的行动纲领，制定了邮轮在短时期内的行动方案，为邮轮运营活动和管理活动提供依据。

2. 邮轮运营计划的意义

邮轮运营计划对邮轮经营有指导、规范、控制的作用，科学的邮轮运营计划是使邮轮实现科学管理不可缺少的条件。

（1）邮轮运营计划为邮轮运营管理提供指导依据

邮轮的经营活动是在计划的指导下进行的，计划是管理者考虑邮轮实际经营情况以及未来发展蓝图制定的工作纲领，计划中包含邮轮运营目标和实现目标的途径等，所有运营活动都要围绕该目标进行。如果没有计划作为邮轮运营的指导，那么邮轮各部门将处于混乱状态，各自为政。

（2）邮轮运营计划可以协调邮轮各部门工作

邮轮部门多，分工细，服务项目种类多，各部门工作性质、内容不同，因此，需要制订一个全面考虑的计划来组织、指导、协调各部门的工作。邮轮通过计划管理，可以明确邮轮在某个时间段的工作目标和主要工作内容，再将整体目标细分为各部门的小目标，并付诸实践，这样邮轮总体计划就可以与部门目标协调，能避免部门只重视各自利益而忽视邮轮长远整体利益的现象。

（3）邮轮运营计划有利于提高邮轮运营经济收入

邮轮运营计划确定了邮轮未来一定时期要实现的经济效益各项指标和实现经济效益的方法和措施。在计划具体实施过程中，应充分挖掘和利用邮轮资源，提高利用效率，将浪费和损失降到最低。利用邮轮运营计划能降低劳动消耗，减少支出，增加收入，使邮轮经济效益在计划控制下得到提高。

（4）邮轮运营计划有利于促进邮轮资源优化配置

邮轮运营需要投入人力、物力、财力资源，可是资源不是取之不尽、用之不竭的；与此同时，邮轮内部资源存在相互制约、相互依存的关系。通过邮轮运营计划管理能对邮轮各个部门统筹规划，使人、财、物实现优化配置，保证各方面平衡，充分调动工作人员和管理人员工作积极性，为邮轮带来最优经济收入和社会效益。

（5）邮轮运营计划可发挥监督、检查、控制的作用

计划在实施过程中，可能会由于内外环境变化等因素的影响发生偏差，脱离原计划，影响组织目标实现。计划管理可以及时发现实施过程中的意外和偏差，并及时调整纠正，保证邮轮目标的实现。

二、邮轮运营计划的主要内容

依据不同的划分标准，邮轮运营计划可以分为不同类型。

1. 依据运营计划时间的长短划分

依据计划期长短，可以划分为长期计划和短期计划。

（1）长期计划

长期计划也称战略计划，是邮轮组织在较长时期（通常在五年以上）的发展方向和方针政策，制定了邮轮各个部门在未来较长时期内要达到的目标，绘制了邮轮组织长期发展的蓝图。邮轮长期计划是一个远景规划设想，内容没有具体计划翔实，主要有以下几个方面：

第一，邮轮目标和发展方向。在市场调查和预测的基础上，确定客源市场，确定经营范围。通过合理科学评估，确定邮轮运营发展方向和未来需要实现的目标，包括邮轮等级、服务水平、经济收入等。

第二，邮轮建设、投资计划。这些计划有邮轮在计划期的基本建设计划、设备设施改造更新计划等。

第三，邮轮运营管理计划。指邮轮运营在计划期要达到的管理水平，比如管理方法手段的改变、组织机构调整、规章制度的建立与完善等。

第四，人力资源计划。指邮轮工作人员队伍总体规模、员工素质、员工来源以及员工培训与建设计划等。

长期计划因年限跨度比较大，会面临诸多不确定因素，所以邮轮高层管理者在制订长期计划时要留意内外部环境变化，保证信息畅通，从而能依据环境等因素变化来及时调整。

（2）短期计划

短期计划通常小于一年，具体规定了邮轮组织各部门从现在到未来较短时间段，应该从事何种活动，达到什么样的要求，从而为工作人员短期工作提供指南。从内容上可以化为综合计划和邮轮各部门计划。

第一，综合计划。依据长期计划对短时期市场需求和要求的变化，确定短期的任务和目标，如客源数量、销售量、经济收入目标等。

第二，部门计划。从职能部门和各业务来细分短期计划，包括市场营销计划、客舱计划、餐饮部计划、设备更新与维修计划、财务计划。

一是市场营销计划。对邮轮市场进行充分调查和客观全面分析，预测市场变化可能带来的利弊，以长期计划为基础，从市场角度出发确定邮轮经营定位、档次、产品结构，规划客源结构和客流量，确定市场占有份额，制定具体市场营销策略。

二是客舱计划。在长期计划基础上，评估客舱接待能力，预测客舱接待总人数以及这些指标在淡季旺季的分配。在制订合理客舱计划的基础上，进行合理人员安排和设备设施购买添置等。

三是餐饮部计划。确定本部门的营业总额以及宴会、散客、集体餐、酒吧、咖啡馆等不同种类占总营业收入的比例。制定食品原料采购以及餐厅装修、菜品开发研究、工作人员配备等安排。

四是设备更新与维修计划。该计划包括邮轮正常运营所需设备设施建设、保养以及维修工作。

五是财务计划。是指如何从资本的提供和使用上促进邮轮运营活动的有效顺利进行，财务计划包括营运资金计划、固定资产计划、财务收支计划、成本计划等。

2. 依据范围时间的综合程度划分

根据涉及范围广狭与时间长短的综合性程度将计划分为战略计划和战术计划（见表4–3）。

表 4–3　对邮轮运营计划的划分

划分标准	类型 1	类型 2
范围与时间综合程度	战略计划：应用于邮轮整体，设立组织整体目标	战术计划：邮轮组织具体计划
计划明确与否	具体计划：明确目标、具体实施步骤	指导计划：行动原则和方针政策
程序化程度	程序化计划：针对重复出现的问题或工作制订的计划	非程序化计划：应对非常规、不经常出现的问题的计划

（1）战略计划

战略计划是指应用于邮轮整体组织，为组织未来较长时期设立总体目标和寻求在环境有利地位的计划。邮轮运营战略计划有长期性和整体性两个特点，长期性是指战略计划设计未来相当长时期，整体性是指计划基于邮轮组织整体制定，突出组织整体协调与平衡。

（2）战术计划

战术计划规定总体目标如何实现细化具体的计划，其重点是邮轮组织的具体部门或者岗位在未来较短时间段内的行动方案。

战略计划是战术计划的前提和依据，战术计划是在战略计划的指导下，细化的战略计划，是战略计划的贯彻落实。

3. 依据运营计划的明确与否划分

根据邮轮运营计划的明确与否，可以将计划分为具体计划和指导性计划。

（1）具体计划

具体计划有明确规定的目标和具体实施步骤等，比如邮轮在未来一季度客舱部门经济收入比上一季度增长 5%，制定的程序、预算方案和具体进度表等。

（2）指导性计划

指导性计划只泛泛规定一般的行动原则和方针政策，赋予计划实施者自由权。

二者相比，具体计划更容易执行操作和考核控制，但是缺少灵活性。

4. 依据工作的程序化程度来划分

依据程序化程度，将计划划分为程序化计划和非程序化计划。

（1）程序化计划

一些重复出现的工作如餐饮部门食品原料的采购、客舱设施设备的添置等属于例行活动，往往这类工作或问题的出现，具有一定的结构，可以利用既定的程序来解决，不需要重新研究，制订解决这样工作或者问题的计划就是程序化计划。

（2）非程序化计划

非例行活动，不重复出现，如邮轮旅游产品的开发或者在海上航行遇到的特殊问题等，这些问题在过去没有发生过，没有参照，或者性质和结构比较复杂。为了解决这些问题制订的计划就是非程序化计划。

三、邮轮运营计划的编制方法

邮轮运营计划编制的方法有多种，这里着重叙述滚动计划法和网络计划技术。

1. 滚动计划法

滚动计划法是一种定期修订未来计划的方法，其基本思想是：依据邮轮运营计划的执行情况和环境变化情况定期修订未来计划，并向前推移，使短期计划、中期计划、长期计划有机地结合起来。

因为在计划工作中准确预测影响邮轮经营的变化因素如政治、经济、文化、技术、产业、顾客等是很困难的，并且随着计划期限延长，不确定性就越来越高，所以滚动计划法可以尽可能避免邮轮运营不确定性导致的不良后果。

滚动计划法虽然会使得邮轮运营计划编制和贯彻落实工作量加大，但其有自己独特的优点：

第一，邮轮运营计划更加切合实际，使战略计划的落实也更加切合实际。因为邮轮管理者不能对未来邮轮运营环境做出准确的评估和判断，所以计划期限越长，则风险越大，实施难度系数也会越高。滚动计划法相对缩短了计划期限，增加了计划的可操作性和准确性。

第二，滚动计划法使短期计划、中期计划和长期计划有机结合起来，使短期计划内部各阶段相互衔接，有利于在环境发生变化时，在邮轮运营出现偏差时能及时调节，使各期计划保持基本一致。

滚动计划法增加了邮轮运营计划的弹性，可以极大提高邮轮组织的应变能力。

2. 网络计划技术

网络计划技术是以网络为基础制订计划的方法，基本原理是把邮轮运营的一项工作或者一个项目分解成各种作业，然后依据作业顺序进行排列，通过网络图对整个工作或项目进行统筹规划和控制，达到使用最少的人力、物力、财力资源，最快速度完成工作的目的。

网络计划技术虽然烦琐，但有自己一系列的好处：

第一，该技术能把整个工程的各个项目的时间顺序和相互关系清楚表明，指出完成任务的关键环节和路线。邮轮运营管理者在制订计划时可以统筹兼顾，全面考虑，又不会遗漏重点。在计划实施过程中，管理者可以对工作重点进行管理。

第二，网络技术可以促使工程的时间进度和资源使用情况优化，在邮轮运营计划贯彻实施过程中，管理者可以调动非关键路线上的人力、物力和财力去从事关键作业，这不仅能加快进度又可以节省资源。

第三，该技术可以事先评价达到邮轮运营目标的可能性，指出计划实施过程中也许会出现的瓶颈和困难之处，以及这些瓶颈对整个计划、任务的影响，准备好应急措施，减少不能顺利完成任务的可能性。

第四，有利于邮轮组织和控制。邮轮运营管理者可以将工程，尤其是复杂的大项目，分解成诸多支持系统来分别组织实施与控制，这种化整为零又聚零为整的管理方法，可以使邮轮运营局部与整体协调一致。

四、邮轮运营计划的编制程序

计划编制是邮轮运营计划管理的前提，尽管计划不同，但是计划编制的程序必须科学可行，只有计划编制科学合理，才能为邮轮运营提供正确的指导。

1. 计划编制的影响因素

编制邮轮运营计划之前，首先要充分考虑影响邮轮运营计划编制的因素，对影响因素分析越深刻越到位，计划编制才会越符合邮轮运营实际，对邮轮经营活动起到真正的指导作用。影响邮轮运营计划编制的因素有如下几个方面：

（1）市场状况

邮轮运营因市场需求而存在，换句话说，没有市场就没有邮轮这个产业。因此，在编制计划之前必须对邮轮市场做一个深入透彻的调查，这样才能编制出符合市场需求的计划。可以通过市场调查方式了解市场状况。市场调查包括：邮轮内部环境调查，即邮轮接待能力、财力、邮轮产品价格和特色以及邮轮在同行中地位等级等情况；邮轮外部环境调查，就是对国内外的政治、经济、竞争对手以及国际关系等情况的调查；客源情况调查，包括客流量、客源消费水平、客源结构和客源需求等。市场调查对邮轮运营计划的决策和制订能发挥不可替代的作用，所以，邮轮管理活动要对市场调查给予足够重视，将这项工作持续有效开展下去。

（2）签订的经济合同

有些时候为了达到双赢的目的，邮轮选择与相关企业签订经济合同。经济合同的签订使邮轮与发生业务关系的单位之间有了法律约束，所以，经济合同中的相关规定也是编制邮轮运营计划需要考虑的因素。

（3）邮轮的综合接待能力

邮轮各部门能接待顾客、容纳市场和获得经济效益的能力总和就是邮轮综合接待能力。邮轮综合接待能力以客舱数量为中心，其他部门相应形成接待能力。从综合接待能力的组合分析来看，各部门的接待能力会因为时间不同而不同。邮轮只有考虑各部门的实际情况和邮轮运营的历史数据，确定邮轮的计划接待能力，这样邮轮运营计划才会科学合理。

（4）邮轮的管理水平与技术水平

邮轮的技术水平是邮轮运营计划能够顺利实施的硬件条件，邮轮管理水平是使邮轮计划得以实现的基本保障。技术水平包括邮轮各岗位的操作水平、服务技术和制作技术等；管理水平则是指邮轮组织机构是否合理、管理人员的素质高低、管理制度健全与否、管理人员的积极性和创造性等。

2. 计划编制的基本程序

计划编制本身也是一个过程，为了保证邮轮运营计划编制合理，计划编制必须采用科学方法（见图 4–2）。

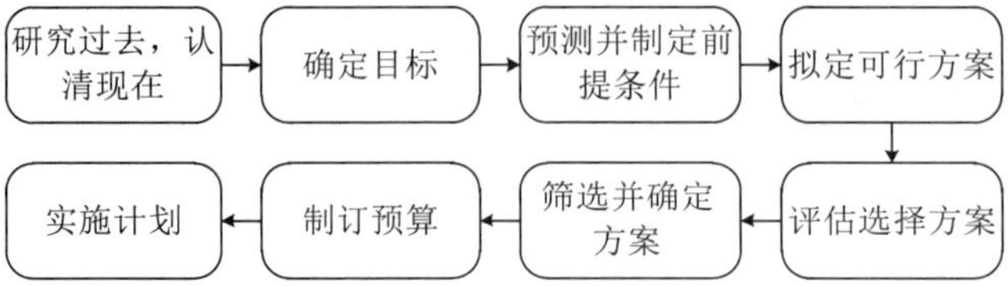

图 4–2　计划编制的程序

（1）研究过去、认清现在

研究过去不仅是从过去发生的事件上得到启示和借鉴，最主要的是研究过去通往现在的若干规律。演绎法和归纳法都是探求邮轮运营规律的方法。认清现在的目的是寻找实现目标的途径和方法，这既需要动态的精神，考察研究环境、竞争对手以及邮轮组织自身随时间变化而出现的动态反应，还需要开放思想，将邮轮组织、各部门放置于更宽广的系统。将组织自身与对手、环境等进行比较研究，研究环境带来的机会、威胁，明确与对手相比自身的缺点和不足都是必不可少的。对邮轮市场调查、收集情报、分析是计划编制的起点，该工作为计划编制提供有效依据。

（2）确定目标

目标为邮轮组织整体各部门和工作人员指明了方向，描述了组织未来状况，目标也是衡量实际绩效的标准。计划工作则是将邮轮运营目标进行分解，细化到每个部门、各个活动环节甚至个人。目标是邮轮各部门和工作人员的行动纲领，所以必须是可理解和可行的。目标制定要合理、科学且富有挑战性，不然，目标太低会影响员工的积极性和动力，过高又会打击工作人员的信心。

（3）预测并有效拟定计划的前提条件

邮轮运营计划进行时的猜想或者假设就是前提条件，也是对计划实施环境的预测。计划的前提条件主要依赖预测，预测内容比较多，有市场、销售情况、客源、价格等，邮轮所处的内部和外部环境比较复杂，受影响因素也较多。前提条件依据可控程度分为三种：可控、部分可控和不可控。内部前提大多是可控的，如人员调整、新产品开发等；通常，外部条件如政府政策、经济发展状况主要是不可控的和部分可控的。越是前提条件不可控程度高，不确定性高，就越是需要通过预测来判定影响系数高低。常见的预测前提条件方法有德尔菲法。

（4）拟定可行方案

拟定计划时，要对计划目标的指标进行细致、科学的分析，明白指标和目标之间的内在联系和制约联系，制订计划实施的步骤和阶段，形成初步方案。在计划制订过程中，我们不能只考虑一种方案，当然也不是计划越多越好，方案太多会使管理者工作量增加，决策效率低下，影响整个计划编制。方案的制定需要管理者大胆创新、集思广益，此外邀请专业人士讨论评估也会增加方案的科学性。

（5）评估可供选择方案

上一环节制定可行方案后，就需要依照目标和前提来衡量各种因素，对可行方案分析。在这一步骤中，我们要找出各个方案的局限和制约因素或者存在的隐患；此外，我们要用全局观念来权衡每个方案，有些方案对自己某个或某些部门有利，但未必对邮轮组织整体有利。当然，评估方案可能带来的危害或者损失也是需要考虑的。

（6）筛选和确定方案

筛选方案就是在制定的备选方案中比较，选择出最适合方案。在筛选方案时，经验往往发挥很重要的作用，但是仅仅依赖经验是远远不够的，还要研究分析，仔细论证，这样才能做出正确选择。

方案确定后，要调整与实际情况不符的部分，考虑在实施过程中可能出现的偏差，特别在制订长期计划时，要留有灵活变动范围，以应付未来可能出现的不确定因素，提高计划的稳妥性。

（7）制订预算

确定计划后需要把计划转换成预算，使计划数字化，在财务角度上，对计划执行活动即将产生的收入和投入进行评估。编制预算不仅可使邮轮运营计划体系更加明确，还有利于促进邮轮组织对计划实施进行有效控制，从时间和数量上明确计划进度标准，对相关资源优化配置以及对设备设施进行调整和平衡。预算能够促使计划方案优化，也可以成为衡量计划完成进度与控制的重要标准。

（8）实施计划

制订计划的目的是为了实施，达到邮轮运营目标。实施计划就是计划贯彻落实的过程，为了保证计划的顺利实施，应将计划总目标分解，具体落实到每个部门和每个工作人员，在计划实施过程中应加强监督。

知识链接

重庆航交所召开《长江邮轮旅游交易平台运营服务商业计划书》评审会

2016年1月14日，重庆航运交易所在两路寸滩保税港区水港综合服务大楼412会议室组织召开了《长江邮轮旅游交易平台运营服务商业计划书》专家评审会。会议邀请了来自重庆市旅游局、重庆科技学院、中航信重庆凯亚信息技术有限公司等单位的专家出席会议，邀请了黄金游轮、新世纪游轮、东江等六家市内游轮企业相关负责同志参加会议。

与会专家听取了商业计划书介绍，分别从电商平台建设和运营、旅游市场发展与管理、“互联网＋航运”等方面提出了意见和建议，并一致认为该商业计划方案设计合理，内容全面，总体可行，同意通过商业计划书评审。各邮轮企业充分肯定了商业计划书，均表示积极支持并参与长江邮轮旅游交易平台的运营，共同促进长江邮轮旅游市场的发展。

（资料来源：市商网，http://www.otcbeta.com/news/416791.html，2016-01-20）

第三节　邮轮运营计划的执行

邮轮运营计划管理除了计划编制外，还应有计划执行这一关键部分。计划编制的目的在于指导邮轮运营活动，而作用的发挥则要依赖于计划的实施。

一、邮轮运营计划的执行步骤

1. 分解计划目标

邮轮组织是提供综合服务产品的企业，部门多且部门工作多样，如果计划指标宽泛地落实到某个部门或者岗位，就会导致计划无法得到真正的贯彻和落实。分解计划目标就是将最终目标细化，层层分解，具体到岗位和个人头上。当然，计划的分解要彼此连接和协调。邮轮是一个有机整体，各部门，各环节的各阶段都应相互衔接，彼此协调。

2. 建立计划保障体系

光分解目标是不够的，软弱无力的指挥系统不可能保障计划落实，所以，邮轮应该建立一个强有力的计划保障体系，建立一套健全、系统、完善的管理方法和制度。这个指挥系统不仅要严格督促各个部门、岗位和个人执行计划，还要留意计划执行过程中可能会出现的各种阻力和问题，如突遇自然灾害、部门不能协调等，管理者要设法解决这些可能出现的问题，做好统筹兼顾工作。

3. 树立经济责任制

在计划实施过程中实施经济责任制，有利于明确执行计划的责任、权利和义务，体现执行的实际效果。应将经济责任制与计划执行具体情况挂钩，当计划发生偏差时，能及时发现问题所在并准确追究相关人员的责任，确保计划正常执行。

4. 调动工作积极性

计划实施需要全体员工来完成，员工的积极性和主动性是计划顺利完成的保证。在下达计划指标和具体任务时，要充分调动员工的积极性，要向员工解释计划的目的，执行的具体方案、措施和注意事项，使员工在计划执行中发挥自己的聪明才智。要做好员工的思想动员工作，加强员工培训与教育，增强员工的全局观念，使全体员工意识到计划贯彻落实的重要性，把企业计划的落实变成员工的自觉行为，为计划的落实打下坚实基础。

二、邮轮运营计划的调整

邮轮运营计划确定方向并配置资源，组织将人力资源和物质资源有机结合于工作之中，领导者激励员工最大限度地利用这些资源，而控制环节则确保正确的事情在合适的时间以合适的方式推进。控制有助于个人和邮轮组织的行为与计划相一致。

邮轮运营计划的调整离不开控制这一职能，控制的过程包括四个步骤：

1. 建立目标和标准

在计划中设定绩效目标和标准时，控制过程就开始了，如果没有这些目标和标准，控制过程就无法进行下去。绩效目标反映管理者想要实现的关键结果。

2. 衡量实际绩效

投入标准是取得工作绩效所付出的努力，产出标准是指诸如邮轮数量、质量、成本以及完成工作的时间。衡量绩效实际就是准确找出绩效结果和绩效努力的差距，测量必须足够精准，以找出实际绩效和最初计划之间的显著差异。如果没有绩效测评，邮轮运营管理有效的控制是不可能实现的。

3. 比较结果与目标和标准

邮轮运营需要调整的行动 = 理想绩效 – 实际绩效。调整可能采取历史比较法，即以过去的绩效作为参考标准来评价当前绩效。相关比较法是利用其他人或者其他工作部门、组织所取得的绩效作为评价的参考基点。

4. 采取纠偏行动

控制过程的最后一步就是采取任何必要的调整行动来改正错误或作出改进。例外管理是指对最需要采取行动的情况优先关注，在邮轮运营过程中肯定会出现这样的情况，对某些方面给予高度重视。当把注意力集中于邮轮运营重点工作时，可以节约宝贵的时间、精力和其他资源。邮轮运营计划调整要注意两种情况：第一种是实际绩效在标准之下的问题情形，此时管理者必须了解出现这种情形的原因，这样才能让绩效恢复到理想水平。第二种是实际绩效超出预期目标的情形，这种原因也要明白，以便在以后的计划实施中继续保持高水平的绩效。

邮轮计划的调整依据不同的划分方式有不同的类型（见表 4–4）。

表 4–4　对邮轮运营计划调整的种类划分

划分标准	类型 1	类型 2	类型 3
调整的时间段	前馈调整：计划实施之前，起预防作用	并行调整：计划实施过程中出现问题，及时解决	反馈调整：事后调整，改善未来工作
调整的空间范围	内部调整：邮轮组织自身约束	外部调整：邮轮组织管理者进行管理	

（1）根据调整的时间段可以分为前馈调整、并行调整和反馈调整，每种调整都与邮轮运营活动的“投入—生产—产出”循环的不同阶段有关，都为采取行动提高绩效提供了机会。

第一，前馈调整（Feed Forward Adjustment）。也称初始调整，它发生于计划实施工作开始之前，前馈调整的作用是确保目标是明确的，设定的方向是合适的以及实现这些目标的资源是可获得的。前馈调整是预防作用，在问题发生之前予以解决，前馈调整通过提前思考和主动反应的方法来调整，防患于未然。

第二，并行调整（Concurrent Adjustment）。主要解决在邮轮运营计划执行过程中出现的问题，有时又称操纵调整。并行调整的目的是确保工作按计划进行，在问题发生时予以解决，恰到好处。可能在邮轮运营管理中，值班经理扮演的就是这样的角色，值班经理通过现场直接监督来实施并行调整，他们在工作中不断观察出现的问题。值班经理往往训练有素，能够在计划出错或者偏差时迅速干预并现场纠正调整。

第三，反馈调整（Feedback Adjustment）。也称事后调整，发生于计划工作完成之后，反馈调整关注最终结果的质量而不是工作的投入和活动，其目标是在问题发生之后予以解决，并预防发生类似的问题。可在顾客体验完这种服务时，进行问卷调查，以搜集邮轮运营的优点和不足之处。这些反馈调整对邮轮运营管理的未来工作改善是非常有用的。

（2）调整也可以分为内部调整和外部调整。

第一，内部调整（Internal Adjustment）。依靠邮轮组织员工自身约束自己的行为，允许富有积极性的员工或组织在工作期望的过程中增强自律性。

第二，外部调整（External Adjustment）。就是邮轮运营管理者采取措施直接控制员工的行为，主要通过管理者的亲自监督以及使用管理系统来实现。

典型的有效控制通常会将这两种调整方法结合，邮轮组织现在发展的趋势是强调员工参与以及对员工授权，这使得对内部调整的依赖性逐渐增强。

本章小结

本章我们首先明确了“决策”的内涵和作用，为深入理解邮轮运营决策所指，理解邮轮运营决策在不同时间长短、层级角度、环境因素的可控程度、决策主体及决策重复程度等情况所对应的决策类型奠定了基础。基于邮轮产业的特点，邮轮企业运营决策中需充分关注其目标性、可行性、动态性等方面的特点，在邮轮运营决策过程中，需要依据客观具体的实践条件，遵循一定的程序，应用定量的、定性的或其他数理知识方法来合理确定优选方案。

邮轮是“海上移动度假设施”，复杂的邮轮运营管理系统较陆地酒店、度假村等要求运营计划更精准，可调整性更高，计划执行更严苛。本章在介绍邮轮运营计划的含义与意义的基础上，讲述了邮轮运营计划时长、综合度、可调整性及程序化程度方面的基本要求，介绍了滚动计划法和网络计划技术及其实施中需要考虑到的影响因素与程序。对邮轮运营计划的执行步骤及调整也进行了系统介绍。

目前，多家世界著名邮轮公司均有不同的历史，不同的公司在运营决策与计划管理中形成了不同的特点，在具体的环节上可能有较大的差异。如岗位设置与运营决策分工不同，面临来自天气、机械、游客等多方面的变化时如何进行计划调整等，同学们可在实践中不断观察总结，不断丰富邮轮运营决策与计划管理方面的认识。

思考题

1. 如何理解邮轮运营计划与决策的重要性？

2. 如何进行邮轮运营的计划？

3. 邮轮运营决策的方法有哪些？

案例分析

途风联手世界前三大邮轮集团打造多样化邮轮旅游

洛杉矶2014年6月20日电／美通社／近年来全球邮轮旅游人数以年均8.2%的速度增长，邮轮旅游已经成为世界范围内炙手可热的休闲旅游方式。专注海外目的地旅游的途风网（http://www.toursforfun.com）顺应这一发展趋势，重磅推出了美洲邮轮旅游产品。

近日，途风和世界知名邮轮集团达成合作，代理其在美洲的邮轮旅游产品。最主要合作伙伴是世界前三大邮轮集团，包括全世界最大的嘉年华邮轮集团（旗下有嘉年华邮轮、歌诗达邮轮、荷美邮轮、公主邮轮等）、皇家加勒比国际邮轮公司（旗下有皇家加勒比游轮、精致邮轮、精钻邮轮等邮轮品牌）以及丽星邮轮集团（其中包括NCL挪威邮轮等知名邮轮公司）。

航线覆盖美洲主要港口

途风目前的邮轮航线覆盖美洲最主要的几大港口，其中包括各大邮轮公司总部所在地迈阿密，以及纽约、波士顿、西雅图、洛杉矶、旧金山和夏威夷檀香山等港口。目的地包括加勒比海、巴哈马、美东新英格兰、百慕大、阿拉斯加、墨西哥蔚蓝海岸及夏威夷环岛等美洲航线。此外，游客也可以根据个人的喜好预订从北美出发前往欧洲、地中海、大溪地、新西兰、澳洲、南美洲、巴拿马运河及亚洲等地的各条航线。

长线与短线、传统线与创新线一应俱全

途风新推出的邮轮团大多以传统的8天7晚为主，兼顾3~4天短线及长线10~15天的行程。除了传统意义上的邮轮旅游产品，还特别推出20~180天的全世界环游航线。游客可以从波士顿出发经美东到加拿大去感受秋天的童话；也可以从西雅图出发去观赏阿拉斯加冰河湾流动的冰河奇观；还可以从洛杉矶出发来一段难忘的墨西哥蔚蓝海岸欢乐之旅。

途风邮轮产品经理Aliza表示，从大众化的邮轮品牌到高端奢华的邮轮品牌，从经济实惠的短期航线到顶级享受的世界环游航线，对不同层次的客人需求他们都能提供相应产品来满足。

力求做美洲旅游的“沃尔玛”

途风邮轮产品经理Aliza说，途风力求做美洲旅游的“沃尔玛”，其中包含三层含义，一是从产品丰富度和全面度上说，途风希望全面满足中国游客的美洲出游需求；二是自由选择、任意组合：途风做过同类产品对比，携程、途牛一般出售的欧美邮轮产品以package为主，而途风坚持做目的地旅游，出售邮轮单品，游客可以根据自己兴趣将邮轮产品与陆地产品组合搭配，自由度高；三是价格上，邮轮产品价格和机票一样波动大，不确定因素多，但是就同一时段的邮轮单品价格看，途风比同行平均低20%左右，力求将美洲本土琳琅满目的邮轮产品以朴实的大众化形象全面地介绍给中国游客，拉近中国游客和邮轮旅游的距离，让中国游客了解邮轮旅游并不一定要和“高端”或“奢华”画上等号。

途风美国总部坐落在洛杉矶，通过强大的资源整合力，可以将邮轮产品和不计其数的陆地产品有机整合，包括各式各样的票务及接送服务，带给游客的不仅是单一的邮轮产品，更是一种全新的美洲旅游概念！

（资料来源：美通社洛杉矶，http://www.prnasia.com/story/99432-1.shtml，2014-6-20）

结合案例思考以下问题：

（1）途风网为什么选择开发邮轮旅游产品?

（2）途风网选择与邮轮公司合作的原因又是什么?

（3）途风网在开发邮轮旅游产品方面有哪些举措?

第五章

邮轮运营服务质量管理

本章导读

近几年随着国内邮轮旅游的兴起，海外豪华邮轮品牌日渐为国人所知晓。不同的邮轮公司来自不同的国家，各有其特色，而让美国人引以为傲的皇家加勒比游轮，船上欢乐的氛围、精彩的演出、丰富的运动设施、惊奇的创新体验，则处处体现着美国人爱闹爱轰趴的特性。其中，颇具代表性的要数只在加勒比海和地中海航行的"绿洲系列"邮轮。自皇家加勒比游轮在2009年、2010年成功连续建造了22.5万吨级的"海洋绿洲"号和"海洋魅丽"号后，"世界大型豪华邮轮"这一称号便牢牢掌握在皇家加勒比手中，无人能出其右。

2015年，皇家加勒比游轮又发布消息，其旗下的"绿洲系列"邮轮将再添一位新成员——"海洋和悦"号（Harmony of Theseas）。该邮轮于2016年5月于英国南安普敦开启它的处女航，之后会一路驶向地中海，于6月7日抵达西班牙巴塞罗那，开始地中海首航巡旅。"海洋和悦"号以22.7万吨的排水量，6410名乘客的满载量，一举拿下新一代"世界大型豪华邮轮"的桂冠。在内部的设施上，"海洋和悦"号将在原有的基础上融入跨时代的高新技术，让每一位登船的游客为之惊艳。

豪华邮轮上精致的美食，地道的风味，一直是众多游客趋之若鹜的重要因素之一。而这对于拥有千年饮食文化的国人来说，则更为重要。"海洋和悦"号将为游客提供近20种不同的用餐选择，跨越3层甲板的主餐厅、风帆自助餐厅、创意餐厅仙境坊、Chops Grille西餐厅、Sabor Modern Mexican restaurant、Izumi Hibachi & Sushi……各种不同风味、来自世界各国的美食盛宴，让味蕾得到充分的绽放。

远离纷繁的尘世，眺望蔚蓝的海面，心境也会特别平和。在"海洋和悦"号上的每一天都将无比精彩。不论是全方位体验海上SPA、前往健身中心练瑜伽打太极，还是在中央公园的星空下聆听现场音乐演奏、血拼购物、在百达汇欢乐城乘坐旋转木马找回童心，抑或是到皇家大道与跟着节拍跳舞的机器人调酒师拍照留影、盛装游行，观看百老汇曲目——每个人都可以找到属于自己的悠闲假期。

"海洋和悦"号除了为大家带来欢乐外，也带来了丰富的探索和运动。清晨你可以在慢跑道上和迎面而来的人互道早安，而午后的顶层甲板总是人气最旺的地方。作为皇家加勒比历史上第一个跨越三层甲板的水上滑道，刺激和欢笑不绝于耳。喜欢挑战的朋友也可以尝试在邮轮上冲浪和攀岩的感觉。

邮轮运营服务的质量直接影响到邮轮乘客的旅游体验。本章主要介绍邮轮总台服务质量管理、邮轮客舱服务质量管理、邮轮餐饮服务质量管理、邮轮娱乐服务质量管理、邮轮购物服务质量管理和邮轮航线服务质量管理等内容。

第一节　邮轮运营服务质量管理概述

一、邮轮运营服务质量概念

1. 服务质量的含义

（1）服务的含义

服务是社会经济发展到一定程度的产物。《当代汉语词典》对服务的解释是“为集体（或他人）利益或为某种事业而工作”。在这里把服务定义为：服务是一系列或多或少具有无形活动所构成的一种过程，这种过程是在消费者与服务人员、有形资源的互动中进行的，这些有形资源是提供给消费者的解决问题方案。

服务与有形商品有所区别，它有自己独有的特征，体现于无形性、不可储存性、差异性、服务与消费的同时性等 4 个基本特征。

关于服务的分类，服务管理的专家学者已经做了大量工作，提出了诸多分类方法，典型代表有：萧斯塔克分类法、洛夫洛克分类法、蔡斯分类法等。

萧斯塔克从实体和服务相结合的角度将服务划分为 4 类：一是纯粹不附带明显服务的实体物品；二是附带服务的实体物品；三是伴有产品的服务；四是纯粹的服务。

洛夫洛克依据服务对象和服务活动的有形性和无形性分类，分为针对人体的服务、针对商品或其他实体物品的服务、针对消费者思想的服务和针对无形资产的服务。

经济学家布朗尼和辛格曼从服务功能的角度出发，将服务划分为流通服务、生产者服务、社会服务和个人服务 4 类。

（2）质量的含义

在《质量管理和质量保证术语》中，质量的定义为：产品或者服务满足规定或潜在需求的调整和特性的总和。狭义上，服务质量分为：技术质量和功能质量。技术质量与服务的产出有关，是在生产过程和交易过程中消费者得到的客观结果；功能质量是指在生产过程中，通过买卖双方的接触，消费者经历和感受到的东西。服务的技术质量有利于顾客的客观评价，而功能质量却有主观色彩，很难客观公正地评定。

质量特性是指与产品、过程或者体系要求有关的固有属性，质量特性包括真正质量特性和代用质量特性。真正质量特性是指直接反映用户需求的质量特性。大多数情况下，真正质量特性表现产品的整体质量特性，不能完全体现制造规范，因此就需要一些参数和数据来间接反映真正质量特性，这就是代用质量特性。

（3）服务质量的含义

格鲁努斯认为，服务质量本质上是消费者的一种主观感知，其把服务质量定义为：顾客对服务的期望（Expectation）与实际服务绩效（Perceived Performance）之间的比较，如果服务绩效大于服务期望，则顾客感知服务质量是良好的，反之就是不好的。

邮轮企业的生存和发展依赖于市场，要想赢得游客，提高市场竞争力，就必须摆脱传统质量观的束缚，正确认识和理解质量的内涵和特性。从邮轮消费者角度看待，质量意味着产品或者服务达到或者超过游客期望的程度。

服务产品属于行为表现，通常是在消费者面前提供的。因此，服务质量在很大程度上是一种体验的主观感受，而不是对实物产品的客观检验。服务质量是由消费者确定的，服务质量意味着顾客得到与所支付的对等的价值，是一种“符合期望”的质量。

综合各种观点，本书认为服务质量是顾客的主观感受，它取决于服务期望与服务绩效的对比。从组织角度看，服务质量是指满足或超过顾客需要的能力。

（4）服务质量的特征

考察服务质量可从服务质量的特性着手。服务质量的特性如下：一是服务质量是一种主观质量；二是服务质量具有极强的差异性；三是服务质量是一种互动质量；四是服务过程质量在服务质量构成中占有重要地位；五是对服务质量的计量无法采用制造业所采用的方法。

2. 服务质量的构成

服务质量是顾客期望与感知的对比，由技术质量、职能质量、形象质量和真实瞬间表现构成。

（1）技术质量

技术质量也称产出质量，是指服务的结果，即顾客从服务过程中最终得到的东西。例如，邮轮为游客提供轮船舱位、餐饮服务、娱乐服务、航线服务等。对于技术质量，消费者比较容易感知，也便于评价，如舱位是否舒适宽敞，餐饮的菜肴是否可口等。

（2）职能质量

职能质量也称过程质量，是指服务传递过程中顾客所感受到的服务人员在履行职责时的行为、态度、穿着和仪表等给顾客带来的利益和享受。职能质量完全取决于顾客的主观感受，难以进行客观的统一评价。在邮轮总台服务的前台接待人员必须要仪态端庄，对顾客充满友好热情，这样才能让顾客感受到良好的职能质量。

（3）形象质量

形象质量是指邮轮企业在社会公众中的总体印象。它包括企业的整体形象和企业在所在地区的形象两个层次。顾客通过视觉识别系统、理念识别系统和行为识别系统从多角度认识企业形象。例如，皇家加勒比国际游轮公司成立于 1969 年，服务于邮轮高端市场，拥有 29 艘超级豪华邮轮。该公司船队航线可到达世界 160 多个国家和地区的众多引人入胜的著名景点，全年 365 天都有精心设计的旅游产品供游客选择。

（4）真实瞬间表现

真实瞬间是服务过程中顾客与企业进行服务接触的过程。这个过程发生在特定的时间和地点，这个时刻是企业向顾客展示自己服务质量的良机。同时真实瞬间也是服务质量展示的有限时机。消费者光顾像邮轮产业这样的服务组织，必然会经历一系列的真实瞬间。例如，乘坐邮轮班次，从登上邮轮直到离开，服务生产和传送过程应计划周密，执行有序，防止棘手麻烦的事件发生。

二、邮轮运营服务质量管理

将邮轮作为一个实体组织，邮轮运营服务质量管理包括服务的设计、服务质量的评价、服务质量的诊断和改进、游客投诉和补救性服务 4 个方面。

如前所述，顾客购买的并不是产品或服务本身，而是产品或服务所带来的利益和价值。消费者购买产品或服务是为了满足自己的需求，获取利益。因此邮轮企业只有通过为游客提供解决方案，满足游客需求，才能实现自己的价值。

1. 服务设计与质量管理的过程

服务设计与质量管理的全过程，包括确定服务理念、设计服务系统、监控服务过程、评价服务质量、诊断服务问题以及补救服务差错 6 个步骤。

（1）确定服务理念

服务理念是邮轮企业管理人员依据目标市场顾客的需要为服务工作确定的一系列指导原则，包括邮轮的服务愿景和服务概念。服务愿景也称作邮轮企业使命，企业使命是邮轮服务设计和管理工作的指南。服务概念是企业以何种方式、何种理念来完成其特定的服务愿景。邮轮企业可以依据不同的细分市场分别界定服务理念，企业的服务理念可以不止一个，但都必须与企业愿景息息相关。

（2）设计服务系统

服务理念是服务设计的前提和指导，服务设计又可划分为服务组合设计、服务体系设计、服务环境设计、服务流程设计。

（3）监控服务过程

邮轮服务设计完成并投入实际邮轮运营中之后，邮轮企业必须随时对服务过程进行监控，监控的目的在于及时发现服务运营过程中出现的问题，迅速做出诊断和补救。

（4）评价服务质量

根据不同的服务质量评价方法，了解邮轮企业当前的服务质量水平，明确本企业服务系统的优点和弱点，找出邮轮运营服务出现的问题。

（5）诊断服务问题

对于服务监控和服务评价中出现的问题，邮轮管理人员要高度重视，调查、分析问题的根本原因，发现邮轮运营服务系统出现的不足，以便采取措施和方法进行完善或者再设计。

（6）补救服务差错

当出现服务差错时，邮轮企业要主动采取补救措施，恢复游客对企业的服务信心。

2. 邮轮服务质量管理的评价要素

根据前人的研究成果，可以按照对顾客相对重要性的高低来评价服务质量的 5 个特性：可靠性、敏感性、保证性、移情性、有形性。

（1）可靠性

可靠性是指邮轮企业可靠、准确地履行服务承诺的能力。可靠的服务是顾客所期盼的，它代表着服务准确、无差错、准时地完成。许多优质企业都以可靠的服务来建立自己的良好信誉。比如像肯德基这样的西方快餐企业，不论在欧美还是中国，你都能得到同一质量水平的鸡肉。可靠性要求邮轮企业在服务过程中尽量避免出错，因为这种服务差错不仅给企业带来直接的经济损失，还可能会使企业信誉受损，失去更多潜在顾客。

（2）敏感性

敏感性也叫快速响应性，是指能够帮助游客迅速实现获得服务的愿望，是游客感觉到邮轮企业的服务态度，即要求企业随时准备为消费者提供有效、快速的服务。要把游客的利益放在首位，对游客的要求，企业要及时满足。服务传递的效率反映了邮轮企业的服务质量。诸多研究表明，让游客等候，不论是有原因还是无缘无故的等待，都会对游客感知产生不必要的消极影响。在不能及时提供服务时，迅速解决问题会扭转局面，给质量感知带来积极影响。在延误的邮轮航班上提供娱乐等其他服务的安排，会让游客潜在的不好感受转化为美好印象。

（3）保证性

保证性是指员工所具有的知识、礼仪以及语言表达沟通能力、解决问题的能力。服务人员的友好态度和胜任工作的能力，能够增强游客对企业服务质量的信心和安全感。服务缺乏友善态度自然会让游客感到不满，服务人员不能给予专业的回答会让消费者感到失望。所以，这就要求邮轮企业人事部在招聘新员工时要严格挑选，一旦录用要进行专业培训和考核。企业员工代表企业的门面，他们的言行举止也是企业形象的表现。

（4）移情性

移情性也就是感同身受，换位思考，设身处地为游客着想，把游客的事情当成自己的事一样负责任，使整个服务过程充满人性化。

（5）有形性

虽然服务是无形产品，消费者看不见摸不着，具有不可感知的特性，但是服务可以借助实体设施、设备、环境、人员以及服务过程中与顾客的实体接触等形成有形证据。顾客在很大程度上通过这些与服务密不可分的有形设施、环境美化与卫生、工作人员的仪容仪表等来度量服务质量的好坏、从而做出自己的判断与评估。比如，游客乘坐某邮轮公司的邮轮，清洁、温馨的船舱和美丽、热情的服务人员显示出该邮轮公司的服务质量。

邮轮运营服务质量管理包括邮轮总台服务质量管理、邮轮客舱服务质量管理、邮轮餐饮服务质量管理、邮轮娱乐服务质量管理、邮轮购物服务质量管理以及邮轮航线服务质量管理 6 大部分。

第二节　邮轮总台服务质量管理

一、总台概述

总台位于邮轮门厅处，负责招徕和接待客人，负责销售邮轮的主要产品——客舱，是联络和协调邮轮各部门的对客服务，为游客提供总台服务的综合性部门。总台是邮轮的重要组成部分，总台的工作对邮轮的市场形象、服务质量乃至管理水平以及经济效益有至关重要的作用。总台是邮轮指挥、信息交互、协调与联络中心，是与游客建立良好关系的桥梁。

就邮轮组织机构的设置而言，邮轮总台的岗位都有明确的分工，工作人员在不同的岗位完成不同的任务，以确保总台正常运转。总台主要包括客舱预订处、总台经理、接待处、礼宾处、问询处、收银处、商务中心以及电话总机等。

二、总台任务

总台在邮轮上承担着诸多重要工作，具体任务如下：

1. 销售客舱产品

客舱产品的销售是总台的中心工作，其他一切工作都是围绕这个重点进行的。客舱是邮轮最主要的产品，是邮轮企业经济收入的重要来源，客舱具有价值补偿的易逝性的特点，受时间、空间和数量的限制。因此，总台能否做好客舱的销售工作，将会对邮轮整体的盈利产生长远影响。

2. 掌握客舱动态

客舱状态的正确显示，是邮轮服务质量与管理水平的体现。总台的客舱状况包括客舱预订系统、客舱现状显示系统。只有做好客舱状况的实时显示，正确掌握客舱动态，才能更好地开展对客服务。

3. 协调对客服务

总台所掌握的客源市场预测、客舱预订、到客情况以及游客的需求应及时上报给其他相关部门，使各部门能相互协调配合，有计划地完成自己部门应该完成的工作及任务。总台应通过对客售后服务及时将游客的意见反馈给相关部门，进而做出相应的措施来改善邮轮运营服务质量。

4. 提供各类服务

总台直接为游客提供各种服务，包括游客办理入住手续、接送行李、委托代办业务以及记账结账等。

5. 提供客账管理

邮轮为了方便游客，促进消费，往往向游客提供统一结账服务。游客提供必要的信用证明，可在邮轮签单消费，客人的账单可以在办理入住手续时建立。总台要区别不同消费者的消费情况，建立正确的客账，保证邮轮的良好声誉和经营收入。

6. 建立客史档案

由于总台为游客提供办理入住和离开的手续，自然就形成邮轮对客服务的资料档案中心和调度中心。邮轮应为散客建立客史档案，记录邮轮接待客人的主要资料，从而使邮轮为游客提供个性化服务提供依据，有利于邮轮寻找客源，开拓新的消费市场。

三、总台基本业务管理

1. 客舱业务管理

游客在未到达邮轮之前会提出使用客舱的具体要求，也就是预订。进行客舱预订，一方面可使游客在邮轮旅游中的住宿得到预先的保证，另一方面使邮轮对客服务质量得到保证。邮轮总台一般设立预订处，提供预订服务，其主要工作有：接受游客以电话、网络、邮件、口头等形式的预订；负责与旅行社、有关公司等提供客源的单位建立业务联系；密切与总台接待处的联系，及时向邮轮负责人提供有关客舱预订的实时情况。

2. 总台接待管理

游客经总台接待处办理入住手续，安排进入客舱。接待前的准备工作有：掌握客舱动态，预先分配客舱，预先登记。总台在接待时可能会遇到问题，应力求妥善处理，尽量避免影响邮轮服务质量，影响邮轮公司的声誉。

3. 总台客账管理

总台客账管理的好坏，直接关系邮轮的经济效益和邮轮运营活动的状况，也从侧面反映了邮轮的服务质量水平和运营管理效率。位于总台的收银处，每天负责核算和整理业务部门送来的游客消费账单，为游客离开时办理结账收款事宜做好准备，还编制各种会计报表，及时反映邮轮运营活动的状况。

4. 总台信息管理

信息也是邮轮运营管理的要素之一，总台是邮轮的信息集散中心。充分收集、利用信息不仅能为游客服务增色，也能为邮轮管理者提供决策依据。信息分为内部信息和外部信息，内部信息包括游客和邮轮的信息。游客第一手信息的掌握，是邮轮为游客提供服务的基础；隐藏的游客信息能创造惊喜，增加附加服务，争取回头客。外部信息主要有邮轮关注的市场信息和游客关心的服务信息。前者为邮轮产业发展与竞争提供参考数据。总台信息的传递以口头和书面为主，进入信息化时代，计算机互联网成为邮轮总台传递信息的主要手段，在信息统计的精确性、处理的高效性、传递的及时性上不可替代。

5. 总台其他服务

总台除了上述的主要服务外还有其他一些服务，如礼宾服务、问讯邮件服务、总机服务、商务中心服务和处理客人的投诉，等等。

第三节　邮轮客舱服务质量管理

邮轮客舱是邮轮的基础设施和向游客提供住宿的物质承担者。客舱是游客在邮轮“临时的家”，是游客活动的主要场所。客舱服务人员的服务态度和服务水准如何，直接关系到邮轮的形象。客舱服务质量是邮轮服务质量的重要标志之一。客舱服务人员须提供与众不同的优质服务，确保客舱环境整洁卫生、舒适惬意，营造一种宾至如归的感觉，给游客带来美好的享受和尊贵与舒适的邮轮体验，为邮轮赢得更多的回头客。

一、客舱服务质量的概念

1. 客舱业务的地位

第一，客舱是邮轮的基本设施和邮轮存在的基础。客舱向游客提供住宿、餐饮、娱乐等邮轮的基本功能，是游客邮轮旅游住宿的物质承担者，是游客购买的最大、最主要的产品。因此客舱是邮轮存在的基础，没有客舱，邮轮也就名不副实。

第二，客舱收入是邮轮运营收入的主要来源。客舱是邮轮至关重要的商品，是邮轮的主要创利来源，销售收入十分可观。客舱即使前期投入成本大，但使用时间长久，纯利高。对客舱的有效管理及其他部门的有效支持，能增强邮轮运营活力，提高邮轮收入。与此同时，通过客舱的销售、游客的入住，也给邮轮运营的其他部门带来盈利的机会。

第三，客舱的服务质量管理水平是提高邮轮声誉、形象与客舱使用率的重要保证。游客在邮轮旅游时，客舱是其旅游期间的住所。客舱的设施等级以及客舱的服务质量管理水平往往成为游客评价邮轮的主要因素，代表着整个邮轮的服务质量水平。

第四，客舱是邮轮降低物资消耗、节约成本的重要组成部分。客舱成本在整个邮轮运营成本中占据较大比重，例如能源消耗和低值易耗品使用等。客舱重视开源节流，加强成本管理，建立物资部门责任制和原始考核制度，有利于邮轮运营降低成本消耗、增加收益。

第五，客舱担任管理邮轮固定资产的责任。在邮轮上，固定资产在总资产上占据重要比重，比如设施设备、家具、物品配备等，其中客舱管辖范围内又占了大部分。客舱的责任就是管理好这些资产，进行维修保养，或者增强责任感，督促或协助相关部门进行维修，尽可能延长资产的保值期。

第六，客舱承担着整个邮轮公共卫生以及布件洗涤发放的重任。客舱扮演邮轮管家的角色，不仅负责邮轮公共部分的卫生清洁和绿化工作，还担负着邮轮布件的洗涤、熨烫、保管和发放的重任，对其他部门的正常运转提供不可或缺的支持。

2. 客舱业务的特点

（1）以时间为单位出售客舱使用权

客舱的销售属于以无形时间为单位的商品销售形态，只出售使用权，客舱的所有权不发生变化。客舱服务人员不仅要尊重游客对客舱的使用权，向游客提供服务，还要保护邮轮对客舱的所有权，承担设施设备、物质用品的保管和维护工作。

因为客舱是以时间为单位出售的，如果在某个时间段价值实现的机会丧失，就没有弥补的机会。因此，客舱部门应该确定科学的客舱清理顺序，加速客舱的周转，为总台销售提供合格的商品。

（2）客舱业务的差异性和随机性

因为游客的生活习惯、文化修养、个人爱好、身份地位会有所不同，所以游客对客舱的需求也是多样的，因而客舱业务具有极强的差异性和随机性。

除了游客的需求具有随机性，客舱业务本身也有随机性。客舱管辖范围较广，客舱的卫生与服务工作比较烦琐，既包括客舱的整理，也有查房、补充物品、设施设备的日常维修保养，这些也具有随机性。

（3）要求高度安全性和私密性

客舱是游客在邮轮的私人领域，游客对客舱私密性和安全性要求极高。服务人员只有在客人有需要时才能进入客舱，平时不能打扰游客；服务人员在整理客舱时不能随意移动翻看游客的私人物品，做到尊重客人的隐私。

安全是游客旅游的前提条件和保障，是最基本的需求。邮轮应该确保客舱安全，为游客提供安全私密的住宿环境。

3. 客舱的主要类型

邮轮客舱一般有 3 种类型：单人间（Single Room）、双人间（Double Room）和套房（Suite）。此外一些邮轮还设有三人间（Triple）和灵活方便的多功能房（Studio Room）

第一，单人间。单人间包括单人床、大床和沙发床等 3 种形式。

第二，双人间。双人间包括 2 种形式：一是大床，也称作“夫妻间”或“鸳鸯房”；二是两张床，也称作“标间”。

第三，套房。套房包括 4 种形式：一是普通套间，将同一层的两三间客舱串通，分别做卧室、会客室；二是豪华套间，与普通套间相似，但是比普通套间大，设施设备更先进；三是复式套间，是一种两层套间，楼上为卧室，楼下是会客室；四是总统套间，通常由五个客舱组成，总统和夫人的卧室分开，里面设有帝王床和皇后床，卫生间分用。此外，总统套间里还设有客厅、会议室、书房、餐厅、厨房等。

第四，多功能舱。多功能舱又称为连通房，是一种可依据用途变换的客舱，可通过连接门转换成单人间、双人间、套房等，以满足游客的不同用房需求，提高客舱利用率。

4. 客舱服务的形式

第一，楼层服务台。邮轮在客舱区域每个楼层设置服务台，设有 24 小时服务值班人员，为游客提供服务。

第二，客舱服务中心。与客舱办公室连接的客舱服务中心负责统一协调，满足游客的需求。服务中心实行 24 小时值班制，设有两部以上的电话，值班人员负责接听游客电话，通过邮轮内部的呼叫系统通知游客所在楼层服务人员上门为游客服务。这种服务形式不仅能为游客创建一个自由舒适的入住环境，还可降低劳动力成本，提高工作效率。

5. 客舱服务的内容

邮轮客舱服务项目的设置，必须以游客的需求为出发点，此外还要考虑邮轮运营的档次，要遵循“适度”与“合适”原则。适度原则就是在设立客舱服务项目时，应考虑邮轮的档次，突出邮轮的特色，体现物有所值的经营理念。邮轮档次不一样，客舱价格不同，提供的服务项目也会有所不同，服务规格也有高低之分。

（1）免费服务项目

一是客舱楼面接待服务，主要由楼层服务人员负责。包括：迎接服务的准备、游客到舱的迎接服务和送宾服务。

二是访客接待，服务人员对待访客要像对待入住游客一样热情周到，在查看访客名单及征得入住客人的同意后，将来访者引入客舱。在接待来访者时，既要热情主动，又要保持警惕。

三是借用物品服务。客舱配备的物品可能满足不了游客的全部需求，所以客舱部应配备游客可能需要的物品，并在服务指南中标注，以体现邮轮周到服务。借用物品时，游客要进行登记，此外，对借用时间也应有所限制。

四是拾遗处理，游客在入住期间或者离开时，难免会发生物品丢失的情况。为了帮助游客找回物品，邮轮应有拾遗处理的规章制度。客舱部应建立游客遗失物品日志，记录拾到物品的时间、地点、名称等，并妥善保管。在游客找寻丢失物品时，应要求出示有关证件，经仔细核实后方能归还，并请失主在物品认领单上签字。

（2）收费服务项目

一是小酒吧服务。一些邮轮在客舱设立小酒吧，存放一定的饮料、酒水，以供游客有偿享用。服务人员在日常客舱清理时，要清点冰箱内饮料的耗用量，及时补充。补充酒水时，一定要检查酒水的质量和有效保质期。

二是洗衣服务，洗衣服务分为水洗、干洗、熨烫三种。邮轮客舱写字台的抽屉或者衣柜通常会有洗衣单和洗衣袋等，供客人使用。可提示游客在洗衣单上注明送洗衣物的洗涤种类和要求，并检查衣物有无破损。游客有特殊要求或者衣物有所破损，应事先在洗衣单上注明。

三是管家服务，在豪华邮轮上存在管家这种服务，从客人登上邮轮开始，客人所有的生活琐事、外出交通、商务活动等均由管家一手操办。管家从接到指派任务时，就要开始筹划、联络、准备、实施，一直到游客离开邮轮，期间应随叫随到，处理各种突发事件。

二、客舱服务质量的管理

1. 客舱服务质量控制

客舱服务质量控制分为事前控制、事中控制和反馈控制三个环节。这三个环节，不论任何环节出现问题，都会影响邮轮客舱服务质量管理水平，使服务工作不能正常进行，所造成的损失又常常难以弥补。

（1）事前控制

第一，制定程序和标准。制定程序和标准是客舱服务质量管理的基本建设，是管理的前提，是服务质量控制的依据。邮轮管理人员不仅要对客舱服务质量控制的程序和标准给予高度重视，还应根据实际情况的变化，不断对程序和标准改进和完善。

第二，强化培训。加强对工作人员的培训是提高客舱服务质量的重要方式。在进行统一规范培训的基础上，要因材施教，进行充满个性化的培训，提高员工对客服务的变通性和灵活性。

第三，预测问题并积极采取有效的防范措施。在管理上，要做到未雨绸缪，客舱部管理人员最好能预测到在客舱服务中可能出现的问题。可以查阅历史资料，找出近期可能出现的问题，但是，预测的问题也不宜太多。如果客舱管理人员能坚持预测，肯定会有事半功倍的效果，提高客舱服务质量管理水平。

第四，加强协调和沟通。应建立良好的信息沟通系统，促进沟通。客舱部所设计的工作程序要有利于信息的传递和反馈，确保对客服务信息的畅通，使个人的需要得到满足。

第五，建立客舱内部检查体系。客舱内部应实行逐级检查制度，管理人员不仅要重视客舱卫生工作，还要对客舱服务的质量进行检查。

（2）事中控制

在这一环节中，管理人员需要实行走动式管理，只有管理人员多走动，亲临现场，才能及时发现对客服务中的问题并迅速采取补救措施。此外，管理人员要注重收集游客反馈意见，以了解游客需求，发现问题。拜访游客，邀请游客参加邮轮专门组织的活动，可以获得对客服务宝贵的第一手资料。

（3）反馈控制

这一环节又称为事后控制。俗话说："亡羊补牢，为时不晚"，反馈控制也是客舱服务质量管理的有效途径之一。

第一，定期分析游客意见。应对游客意见进行分类，抓住游客反映的主要问题，分析原因，提出解决措施。客舱服务质量管理水平就是在不断发现问题、解决问题中得到提高的。

第二，定期召开部门服务质量分析会。管理人员负责组织该会议，与会人员要有所准备。这样的会议不仅能找出客舱服务存在的问题，提出解决对策，还可以增强全部门的服务质量意识。

第三，及时进行整改。要依据游客需求变化，对服务程序和标准进行修改、调整。

2. 客舱清洁卫生管理

邮轮组织的市场研究表明，在邮轮旅游评价因素中，清洁卫生居于第一位。因此，客舱的清洁卫生是客舱服务质量管理最基础的工作内容。

（1）确定科学的清洁工作规范和程序

第一，客舱清洁顺序规定。服务人员在每天开始清洁客舱前，应依据游客的入住情况、开房的先后或总台的指示决定客舱的清洁顺序。通常情况下，客舱的清洁顺序为：挂有 MUR（Make Up-Room）牌子的客舱；总台指定打扫的客舱；走客舱；普通住客舱。

第二，客舱清洁的准备工作。服务人员清洁的顺序为：签领客舱钥匙、了解当天客舱动态、决定清洁顺序、准备房务工作车、清洁用品以及器具与各类客舱用品等。

第三，走客舱清洁的注意事项。接到通知，迅速来到客舱；检查游客有无遗留物品，客舱的设备设施、物品有无损坏或丢失，如存在上述情况，应立即通知领班，并进行登记；对客舱各个部位清扫消毒；清洁合格后，立即通知总台，以便供游客使用。

第四，住客舱的清扫注意事项。游客在客舱时，应经游客同意再进入客舱打扫；不得翻阅游客物品和文件；不得接听游客私人电话；清洁完毕，不得无故逗留。

（2）制定客舱日常清洁检查的程序和标准

第一，客舱清洁标准。分为视觉标准和生化标准。视觉标准是指游客、服务人员以及管理人员凭借视觉或者嗅觉能感受到的标准，这个标准只是表面而已。生化标准是由专业人员使用专业仪器采样与检测的标准，有空气质量标准、洗涤消毒标准、环境噪声允许值标准、采光质量标准等。生化标准是客舱更高层次清洁卫生质量的衡量标准。

第二，客舱清洁检查制度。包括服务人员自我检查、领班检查、管理人员抽查、总经理抽查、突击检查等形式。客舱有时候可能会设置游客意见表，拜访住宿游客或者邀请专家来检查。不同的人员由于检查角度不同，能发觉邮轮自身不易发现的问题，有助于提高邮轮运营服务质量管理水平。

（3）执行客舱清洁计划并安排清洁用品

客舱清洁计划是在日常客舱清洁的基础上，制定周期性清洁计划，采取周期循环的方式，清洁客舱平时不易完成或者不能彻底清理干净的部分，如地毯清灰、家具除尘、地板打蜡、卫生间消毒等。

第一，制订每日清洁计划，在完成日常整理清洁工作外，每日都有机会对客舱某个领域或部位进行彻底清洁。制定季节性和年度性清洁计划也是有必要的，季节性和年度性计划清洁范围广、内容多，不仅包括设备设施和床上用品，还有客舱家具等。由于工程量大、时间长，一般都选择在邮轮旅游淡季进行，并且与总台和工程部紧密合作，对某一层进行封房，也便于维修人员进行设备检查。

第二，落实计划和检查事务。客舱计划拟定之后，就应将计划贯彻落实，并安排清洁用品。一般由领班督促服务人员完成当天应该完成的卫生计划任务，并进行检查。

3. 客舱服务安全管理

客舱部管理面积大，接待客人多，工作相对复杂，容易出安全问题。客舱安全是指游客在客舱范围内的人身、财产及正当权益应该得到保护，不被侵犯。

（1）客舱的安全

客舱是游客的住所和财务存放处，因此客舱安全是重中之重。客舱门必须是能双锁的且有广角窥镜和安全链。引领客人入住时，应向客人介绍安全装置的使用方法；清扫客舱时，注意钥匙的保管，并检查客舱安全装置；总台问询处也要保护住客的隐私。

（2）走道的安全

客舱走道要有正常照明，地毯要平整。邮轮工作人员应对走道进行巡视，注意有无外来陌生人员进入；服务人员发现异常应及时向安保部汇报；闭路监视系统有利于客舱走道的安全监视和控制。

（3）客人的救助

邮轮应配备各种急救的设备器材和药品，有能对伤病游客进行紧急处理的员工或者专业医护人员。在任何场所发现伤病游客，应及时报告，总台也注意留意伤病游客的求助电话。对不同状况的醉酒客人，要区别处理。

（4）火灾的防范

邮轮要有严密的防火安全计划，成立有防火安全委员会，制定检查方法和措施。应制订火警紧急疏散计划；配备、维修、保养防火灭火设备和器材，员工培训应掌握防火知识和灭火技能，定期举行消防演习；加强住客的防火知识宣传等。

4. 客舱设备用品管理

邮轮设备与制造企业设备相比，有自己的特殊性，客舱设备在邮轮设备中占据较大比重，特点表现为：一是种类多，功能各异；二是安装隐蔽，技术先进；三是前期投资大，维护费用高；四是直接构成客舱产品。

客舱设备用品的管理包括以下内容：

（1）编制客舱设备与物品采购计划

客舱部应根据实际工作需要，做好增加设备与物品的计划，报邮轮采购部门，采购客舱所需要的设备和物品，以保障邮轮运营活动的正常进行。客舱设备选择应遵循以下原则：协调性、实用性、安全性和经济性。

（2）做好设备的检查、领用和登记工作

设施设备购进以后，管理人员要仔细检查。同时要有物品与设备设施的保管员，负责分配、领用和保管工作。

（3）做好客舱设备的日常保管和使用

在设备使用过程中，管理人员要定期与保管人员核对，发现问题，及时解决。此外，要特别注意严格遵守维修保养制度。使用过程中，要尽量避免事故发生，发生事故要及时上报维修部门维修，恢复其使用价值。

（4）做好设备设施的补充和更新工作

邮轮消费属于高端消费，游客对设备不仅要求卫生干净，还要时常更新，因此客舱设备具有折旧快、周期短的特点。客舱管理者应事先做好计划，根据物品的规格、型号、质量和使用周期，检查设备的性能和使用效果，提出设备更新计划，经邮轮管理方批准，及时做好物品的补充和更新工作。

第四节　邮轮餐饮服务质量管理

一、餐饮部的地位和特点

1. 餐饮部的地位

对邮轮而言，餐饮部的地位和作用主要表现在以下几个方面：

第一，餐饮收入是邮轮收入的重要来源。餐饮部是邮轮获得经济效益的部门之一，有些邮轮，餐饮收入已经超过客舱收入，使得餐饮部成为邮轮收益的主要部门。

第二，餐饮部经营活动是饭店营销活动的重要组成部分。在日趋激烈的邮轮市场竞争中，餐饮部有极其重要的地位，一直充当邮轮营销的先锋。与邮轮其他部门相比，餐饮部具有灵活性、可塑性、多变性的特点。餐饮部可以为游客提供良好的就餐环境和社交场所。

第三，餐饮部是邮轮用工多、管理系数大的部门。餐饮管理任务涉及餐饮产品的供产销多个环节，员工素质参差不齐，使得餐饮管理成为邮轮运营管理的重点。

第四，餐饮服务质量管理水平直接影响邮轮声誉和形象。餐饮服务质量水平，是游客能真真切切感受到的，餐饮服务管理水平决定服务水平高低。餐饮的有形产品能从色、香、味、形等方面满足游客生理需求，游客在舒适优雅的环境中就餐，并受到热情款待和周到服务，可以获得精神上的满足和享受。

2. 餐饮部的特点

餐饮部门管理有自己的特点，可以归纳为以下几个方面：

第一，生产、销售、服务一体化。餐饮先销后产，服务贯穿始终，当客人开始点菜，就进入销售环节，点菜完毕就向厨房下单，厨房即时烹饪迅速上桌，保证菜品让游客满意。

第二，随销随产，对服务效率要求高。客人就餐时间短，即使在人多时候，在有限的时间范围下也要及时具备生产客人所需菜品的能力，不然会影响游客的消费满意度，因此要求餐饮部管理人员促使厨房生产效率提高。

第三，经营方式灵活，收入弹性大。餐饮管理具有灵活特点，餐饮部门可以根据市场的变化研究、开发并推出新的菜品，以吸引游客增加客源和收入。

第四，成本构成复杂，不易控制。餐饮经营成本包括食品原材料成本和流通费用。在餐饮管理过程中，实物材料要经历采购、储藏、领料、发料、加工、切配和炉灶过程，容易发生腐烂、变质、损耗、丢失等情形。因此，餐饮管理必须加强成本控制，建立成本考核制度，做好成本核算和分析，切实降低成本，提高经济效益。

餐饮服务的内容提供了全面可感知的服务质量，餐饮服务内容包括：一是食品质量，是餐饮服务的基础；二是设施设备，应注意设备设施的维修保养，保证为客人提供服务的设备运转正常，让游客有一个方便、舒适的就餐环境；三是整洁卫生，餐饮卫生包括服务人员衣着与个人卫生、菜品卫生和环境卫生等；四是交流能力，服务人员能熟练向游客介绍菜肴、服务内容及费用标准；五是服务态度，服务人员要热情主动、服务要周到、细致、耐心，理解消费者的需求并能提供个性化服务。

二、餐饮材料的采购管理

及时筹集、供给各类合格原料，是从事正常餐饮生产、提供优质服务的前提和基础。

1. 餐饮材料的采购

（1）原料采购组织

确定食品采购是餐饮管理中重要的工作。不同规模、等级、管理模式的邮轮餐饮部门，采购的组织内容与方式也是不同的。

第一，采购工作由邮轮餐饮部门或餐厅管理。这种采购方式有利于采购员、保管员和厨师之间的沟通。此外，餐饮部工作人员参与比较熟悉的食品原料购买，可以大幅度节约采购成本和采购费用。

第二，采购工作由餐饮部和财务部双重管理。食品采购由餐饮部负责，财务部门管理。这种方法有助于对邮轮餐饮部门成本的监督和控制。

（2）原料采购控制

第一，采购人员的选择。采购是指以合理的价格购买符合要求的质量最好的原料。采购专员在采购过程中扮演着决策者、谈判者、执行者、监督者、管理者等多重角色，采购的合理与否关系着餐饮成本的高低。

第二，供应商的选择。供应商在供应链管理中发挥越来越重要的作用，许多邮轮餐饮部门需要大批量优质稳定的原料，这就需要与供应商建立战略合作伙伴关系，达到双赢局面。

第三，原料质量控制。要想保证邮轮餐饮部门产品质量始终如一，就有必要对餐饮产品进行质量控制。餐饮采购可采用采购规格书形式，规定各种原料的质量要求，明确质量标准。

第四，采购数量控制。原料采购数量直接关系采购成本、仓储费用和人工费用。应根据菜品的销售量、食品原料的特点、储藏条件和市场供应情况确定采购数量。

2. 餐饮材料的验收

如果仅对采购进行控制，不重视验收，会导致各种采购控制前功尽弃，因此原料验收也是餐饮管理和成本控制不可或缺的环节。

（1）验收人员及场地

验收就是对原料的品种、数量、质量、规格、价格等进行检查核实。验收有利于保证原料质量和控制食品原料成本。对于验收人员，必须要有专门培训。理想的验收区域有验收办公室、临时储藏场所的专门验收场地，还要有检查测试装置。

（2）验收的程序

核对采购计划，首先核对供货单位名称，以避免错收货或接受未采购的货物，其次核对原料的价格；检查原料的质量，根据采购标准和请购单，对原料认真检查，发现规格不符的情况，应该拒收，此外，应注意各类原料的生产日期和保质期；核实原料的数量，根据订购单，通过点数、过称等方法，对所有原料进行核对；送货分发，验收合格的原料一部分送至厨房，其余部分送至仓库储藏，分发和入库必须有领用和入库手续，并贴上标签；填写有关报表，验收完毕后，验收员要填写验收日报表和其他报表，并将验收记录上交有关部门。

3. 食品仓库的管理

验收原料之后，需要将货物正确存放在储藏室。餐饮部门应该重视仓库的管理，仓库位置、容量、卫生条件、安全措施、温度、通风状况等都是仓储管理应该注意的地方。

（1）食品仓库管理要点

不同食品原料，有不同储存方法。保持原料的质量不变，维持原料的新鲜程度，延长原料的保存时间是仓储的三大目的。干货库存储米面、调味品以及各种干货等，这些原料只需在干净、阴凉、干燥处储藏即可；新鲜的海鲜、肉、蔬菜水果等则在冷藏库储存；此外，冷冻库储存各种冷冻肉类、水产品等；酒水饮料一般放置在比较阴凉的地方，没有阳光直射和辐射，储藏温度 15 度最为适宜。

（2）食品原料的发放

有效控制厨房的用料数量，正确记录厨房用料成本是食品原料发放管理的目标。

第一，定时发放。在规定时间发放原料，而不是全天开放。定时发放有利于仓管人员有充足时间检查整理仓库，培养厨房管理人员计划意识。

第二，凭单发放。领料单是厨房领料和仓管人员发放原料的凭证和依据，必须填写准确，手续齐全，符合规定。

第三，先进先出。原料入库要注明入库日期，做到先入库的食品原料先发放，注意原料保质期，保证原料在有效期前使用。

三、餐饮厨房的业务管理

厨房是餐饮部门最重要的生产部门。厨房业务管理是指对菜肴品种的研究开发，对菜肴质量以及食品成本等相关因素计划、组织、控制的过程。

1. 厨房的设计与布局

厨房总体和各部分的大小和相互连接，安排厨房各部门的位置和厨房设施设备的布局就是厨房的设计与布局。合理的设计与布局有助于提高厨房的生产效率和提高餐饮服务质量水平。

（1）保证物流畅通，避免交叉碰撞

菜品的生产从食品原料的采购开始到制作是一个连续不断、循序渐进的过程。厨房设计必须按进货、验收、加工、切配、烹饪、出菜等流程对厨房设备设施科学布局，保证有一条连贯、便捷、畅通的物流线，避免物质在运输传递过程中发生不必要的交叉回流，防止各部分的交叉碰撞。保证餐车的自由出入也是需要考虑的。

（2）缩短工作距离，避免劳动的无端消耗

为了减少厨房的劳动强度，提高生产效率，保证出菜速度和菜品质量，厨房的设计与布局必须要力求各部门紧凑，尽可能靠近餐厅，尽可能缩短各操作单元的距离和服务距离。

（3）突出中心餐厅，充分利用资源

邮轮餐饮部门可能不只有一种餐厅类型，如宴会厅、多功能餐厅、特殊餐厅、自助餐厅等。为了有效利用设施和资源，并给予游客方便，应尽量将餐饮区域设计在同一层面或相邻层面。此外，配套厨房应该靠近中心餐饮区的中心厨房，达到减少设备投资建设，节约厨房面积和劳动力的目的。

（4）符合安全卫生要求，创造有利于生产的工作环境

厨房的设计布局需要符合国家卫生防疫条例和消防管理法规的要求，比如具备有效的通风设施、良好的密封条件、科学的垃圾处理系统等。与此同时，要使厨房保持温度适宜、空气流通和照明充分，配备现代化的设施设备，创造厨房工作人员的良好工作环境。

2. 厨房生产效率管理

厨房生产效率是将食品原料变成饮食食品的能力，生产效率包括生产量和生产速度两方面。

（1）影响厨房生产效率的内在因素

厨房工作人员的生产效率主要与心理因素有关，包括人的动机、情绪、与同事的关系和与上司的关系等。

（2）影响厨房生产效率的外在因素

第一，餐饮消费的不确定性。餐饮的销售变化大，从而使厨房工作量忽大忽小。厨房在生产过程中，虽然投入了一定的人力、物力、财力，但由于销售量的不稳定，会使厨房生产量忽高忽低，从而影响生产效率。

第二，生产工序不合理。传统的生产方式是各厨房都按生产工序设加工组、切配组、炉灶组、点心组、冷菜组等。如果每个厨房都设加工组、切配组等，这样的生产方式，不仅工作效率低，各班组之间工作量不均衡，而且对生产成本不易控制。

第三，厨房生产的特殊性。一般产品是先生产后销售，而餐饮产品的生产是先销售后生产，并且生产时间内忙闲不均；生产的产品品种多，并且单个生产，提高生产效率

难度系数高。

第四，硬件条件的不足。厨房工作人员的技术力量不足，厨房设备不能满足厨房生产的需要。

（3）提高厨房生产效率的方法

第一，改变厨房的生产方式。传统的厨房生产方式工作效率低、工作量不均衡且生产成本不易控制。因此，改变厨房的生产方式可以大大提高生产效率。在一些邮轮餐饮厨房中，食品原料的加工工作集中在中心厨房进行。中心厨房负责将原料加工成半成品，其他厨房可凭单来领取。这种方法减少了厨房占据面积，节约劳动力，减少原料浪费，而且统一厨房生产的标准，降低了食品的成本，一举多得。

第二，购买和使用高效率的厨房设备设施。先进的机械化厨房设备，既可以节约大量的人力，还可以保证食品原料的加工质量，提高生产效率。

第三，合理安排工作人员班次。厨房工作时间长，工作量大，如果工作人员的休息安排不当，不仅会降低生产效率，还会影响员工的工作积极性、主动性，导致消极怠工。

3. 厨房菜品质量管理

菜品质量包括两个方面：生产食品的工作质量，即食品生产过程中技术水平、原料、设备、加工方法以及环境对食品质量的影响；餐饮产品的质量。菜品质量管理就是对其生产过程及产品管理控制，使其符合生产要求。

（1）厨房菜品质量管理的基本方法

第一，制定菜品的生产操作规范和质量标准。在制定生产操作规程和质量标准时，要依据具体邮轮、不同厨房的现状及生产特点，保证厨房生产的菜品质量，不粗制滥造。

第二，提高厨房工作人员的技术水平。提高菜品质量的关键是提高厨房工作人员的业务水平和知识水平。进行多类型、多层次、多途径的员工培训，有利于提高餐饮产品的质量。

第三，建立餐饮产品质量检查制度。质量检查是生产优质餐饮产品的重要保障，为了确保餐饮质量符合标准，必须制定餐饮产品质量检查制度，建立质量检查小组，设立专职质量检查人员。

第四，强化设施设备管理。厨房生产，设备是必须的，先进优良的厨房设备设施不仅能保证厨房生产质量，还能减轻员工工作量，提高工作效率，改善工作条件。为了使设备处于良好的工作状态，有效的设备管理是必不可少的。

（2）餐饮菜品质量管理的具体方法

第一，游客监督法。注意来自餐厅和消费者对菜品质量的反馈信息，正确处理客人投诉，仔细分析客人投诉，有针对性地改进工作。餐饮管理人员应该主动出击，向消费者征求意见，对反馈的信息及时处理，以便提高餐饮服务质量水平。

第二，质量检查法。采用质量检查法检查餐饮产品的质量，与规定的标准对比，判断合格或不合格。严格执行各工序之间的检查，每个环节依据质量标准层层把关。

第三，记录分析法。将餐饮食品生产或销售过程出现的质量问题逐一记录，分析具体原因，找出解决问题的方法策略。可定期进行规律性分析，制定具体方法，以预防和减少产品质量问题的发生。

总而言之，餐饮服务质量水平关系邮轮运营整体服务质量水平。优质的餐饮产品是最好的促销方式。要树立餐饮产品质量意识，将产品质量看作餐饮服务质量管理的重点，树立品牌意识，打造优质邮轮餐饮。

4. 厨房卫生安全管理

厨房的安全与卫生是餐饮服务质量管理的一部分，厨房的卫生是否符合标准，直接关系到邮轮运营的声誉和经济效益。厨房卫生管理是保证菜品质量、预防疾病、防止污染的重要措施。厨房安全管理是保证员工人身安全和财产安全的重要举措。

（1）厨房卫生管理

厨房卫生管理就是食品在选择、生产、销售过程中，确保其处于安全状态。为了保证食品安全，食品原料必须是不受污染且没有致病菌的；食品需在卫生许可条件下储藏；厨房环境与设施设备要清洁，厨房工作人员要身体健康，没有传染病。

（2）厨房安全管理

第一，安全目标。在生产和销售过程中，工作人员要树立安全意识，执行安全制度，尽量避免安全事故的发生。要遵循安全操作规章制度，承担维护安全的义务。

第二，安全管理的任务。贯彻落实安全监督和检查机制，通过监督和检查，使厨房工作人员养成安全操作的良好习惯。厨房发生安全事故有两方面原因：一个是主观上，工作人员麻痹大意，没有树立安全意识，违背安全操作规章制度；另一个是客观原因，厨房工作环境混乱，设备器具摆放杂乱无章，从而导致埋下安全隐患。

第三，安全管理的方法。加强安全管理可以从以下几个方面入手：一是加强对工作人员的安全知识教育和培训，培养安全意识；二是建立健全各项安全制度，使安全措施制度化、程序化，特别要建立消防防火安全制度，建立责任追究制；三是保持厨房工作区域的环境卫生，对各种厨房设备采用定位管理等科学方法，保证工作程序的规范化、科学化；四是加强安全监督与检查工作，及时发现安全隐患，及时解决。

第五节　邮轮娱乐服务质量管理

一、邮轮娱乐服务概述

随着邮轮旅客对娱乐活动的需求增加，邮轮里的娱乐设施设备与项目日益增加。娱乐部门在邮轮运营中发挥了越来越重要的作用，收入比重越来越高。大多数豪华邮轮都设有娱乐部门。

1. 项目设置的作用

（1）娱乐项目扩大邮轮旅游的服务范围

邮轮旅游包括食、住、行、游、购、娱六大部分，作为其中之一的娱乐，是邮轮旅游发展的必然产物，也是邮轮旅游的新兴行业。娱乐业丰富了邮轮旅游，满足了广大游客的娱乐需求，有利于提高邮轮旅游的竞争力。

（2）满足游客健身和娱乐需求

随着社会的不断进步，人们对娱乐活动的需求也越来越丰富。邮轮娱乐部门配备相应的项目和设施，如网球馆、健身房、保龄球馆等，可以满足不同游客的不同需求。

（3）娱乐项目是吸引客源的重要手段

旅游业竞争日益激烈，各邮轮企业应量体裁衣设计独特的娱乐活动，增加娱乐项目，改进娱乐设施，以满足日益增长的娱乐市场需求。

（4）娱乐项目是邮轮等级衡量的重要标志

许多邮轮企业在娱乐设施上都超前了一步，使邮轮等级得到提高。

（5）娱乐服务是增加邮轮收入的重要渠道

娱乐项目为邮轮旅游业收入的增加发挥越来越重要的作用。娱乐设施即使前期投资建设成本高，但设备使用时间长，变动成本小；由于消费档次相对较高，可以提供各种娱乐服务，因而可以获得可观的经济收入。

2. 娱乐服务的特点

随着现代人越来越追求精神享受，娱乐项目肯定会成为邮轮运营开发项目的首选，又因娱乐种类繁多、文化性强等特点，容易形成特色经营和带来利润倍增的效应。然而邮轮运营娱乐服务又有自己的特点。

（1）娱乐服务管理的灵活性

娱乐设施种类多，适用范围不同，使用价值不同，游客需求又不尽相同，所以要想实现经营有道、管理有方，就必须合理安排、灵活多样，满足不同游客的娱乐需求。

（2）服务时间差异性

游客娱乐锻炼时间选择也会不同，对此，要依据项目的具体内容和游客的消费习惯、消费时间来科学设计营业时间，从而满足游客的不同需要，进而取得良好经济效益。

（3）服务对象随机性

娱乐服务是一种高档精神文化享受，具有较强的替代性和随机性。游客消费的随机性会受消费者的兴趣爱好、年龄、受教育程度、身体状况、经济收入水平等因素的影响。倡导新的消费观念，开展有目的性的娱乐活动，提供充满特色和个性化的服务会为邮轮运营娱乐服务增加亮点。

二、娱乐服务质量管理

1. 娱乐服务质量管理的内容

娱乐服务质量是由较多因素构成的综合概念，其中包括娱乐设施设备的质量、劳务质量、邮轮整体质量。

（1）设施设备的质量

为满足娱乐经营需要而建造的建筑物及相关系统、为娱乐经营而购置的成套器材就是设施设备。

（2）劳务质量

劳务是指提供劳动的形式和满足游客某种需要的活动，是服务人员为游客提供劳务时的行为表现。服务的服务效率和应变能力，包括服务人员在单位时间内所能提供的劳务数量和这些劳务的效果，以及当服务对象、时间、地点等条件发生变化时表现出来的随机应变能力。

（3）邮轮整体质量

构成整体质量的因素很多，如邮轮的等级、规模、所处的环境、各部门之间协调配合的默契程度、娱乐项目的数量等。

2. 提高娱乐服务质量的方法

（1）建立规范化的服务程序

制定规范化的服务程序首先要确定服务的环节和工作任务，其次要确定服务时的先后顺序。规范化的服务程序使一些无固定的服务工作达到相对一致，便于管理人员对服务工作的检查、评定，有利于保证服务质量的稳定。

（2）制定量化的服务标准

为了使服务质量具有衡量性，要制定符合实际的服务标准，并且将相应服务尽可能量化。标准应该包括服务人员的动作、形态、语言规范以及时间限制等。

（3）建立严格的服务质量管理制度

服务质量是邮轮运营管理水平的集中体现，服务质量的好坏对邮轮运营好坏直接产生影响。为了保证高质量的娱乐服务，建立服务质量管理制度是不可缺少的，以便依据服务质量标准及时监督、检查、衡量、评估服务质量水平，对不符合标准的服务质量提出整改要求，制定解决措施。

（4）建设游客意见反馈渠道

游客反馈信息，有利于改进服务工作，提高服务质量。

三、娱乐服务安全管理

在游客追求精神享受时，不能忽视游客的人身安全和财产安全，对此可以采用以下措施：

1. 加强对娱乐设施设备的保养

邮轮娱乐部门有许多供游客使用的娱乐设施设备，加强对这些娱乐设施设备的维修保养，是做好娱乐安全工作的首要任务。

2. 增强对游客娱乐活动的指导

不是所有的人都很熟悉邮轮娱乐项目，熟练掌握设备设施的使用方法和使用技巧，所以，娱乐服务人员有义务给予游客正确的指导，避免发生安全事故。有些娱乐活动可能需要事先做好准备工作，要提前热身，否则很有可能出现身体不适。比如保龄球运动、网球运动等如果事先没有做好准备工作，很容易出现拉伤和扭伤情况。

第六节　邮轮购物服务质量管理

邮轮上提供的服务可能是交叉的，购物服务是邮轮旅游服务的又一个重要组成部分，是邮轮吸引游客的另一个重要原因。

然而在邮轮购物市场中，游客满意度低的现象比比皆是，除了购物商品缺乏吸引力之外，销售人员的现场服务质量水平低也是关键原因。

一、邮轮购物服务过程中的问题

在实际的邮轮旅游购物行为中，游客可能会受到购物诱导等现场刺激因素的影响，正面效应是激发购物的欲望从而产生购买行为，而消极影响则是心理阻止购物行为。曾经有人做过关于邮轮旅游购物销售人员教育程度的调查发现，邮轮旅游商品销售人员门槛低，没有严格的素质和资历要求，从业人员素质参差不齐，大部分没有受过正规的销售培训，服务意识欠缺，服务技能有待提高。

1. 服务态度欠佳

很多销售从业人员缺乏服务意识，服务态度有问题，在服务过程中出现以下现象：吹嘘邮轮旅游产品，哄抬价格，有意欺瞒消费者；缺乏礼貌礼节，不尊重游客的风俗习惯，言谈举止不文明；服务态度冷热不均，厚此薄彼，有色眼镜看人，对没有购买商品的游客充满不满，恶语相加甚至出手伤人。

2. 服务技能缺乏

销售人员服务技能缺乏主要表现在三个方面：一是语言能力差，与游客交流存在困难，特别是与国外游客沟通时语言障碍更加突显；二是对邮轮停靠港或者目的地的历史文化和商品缺乏必要的了解，因此不能客观准确地介绍商品的特色、功能、适用范围和使用方法等；三是对游客的消费特点习惯不能准确把握，不能投其所好地成功推销商品。

3. 难以发挥桥梁作用

许多游客一到陌生有趣的地方，都会产生购买欲望，但对于旅游目的地的历史文化、所购买商品的质量好坏、价格高低都是一片空白的，对购买商品犹豫不决。如果销售人员能做游客和旅游商品之间的媒介与桥梁，知道游客的需求并为其推荐合适需要的商品，就能促进购买行为的发生。然而现实中，能做好桥梁的销售人员实在少之又少，游客并不信任推销人员，推销人员的称谓带有贬义色彩。

二、邮轮购物服务质量提升策略

销售从业人员的职业精神、服务态度、服务技能、受教育水平等是影响服务质量提升的主要因素。应从销售人员的激励、培训、监督三管齐下提高销售人员的服务质量，提高游客对销售人员的满意度，促成消费行为的形成。

1. 加强对销售人员激励

一般来说，销售从业人员缺乏自主销售和提高服务质量的积极性和主动性，因此很有必要加强对销售人员的激励。激励分为物质激励和精神激励，物质激励是最基本的，也是不可替代的激励手段，对销售人员提高服务质量、促进销售发挥不可低估的作用。当物质收入达到较高水平后，物质手段的激励作用越来越弱，而精神激励则会发挥越来越强的作用。要尽力让销售人员有一个相对稳定的工作环境，树立销售人员家的归属感，以此最大限度地挖掘、释放他们的能量，让员工感受到被尊重和爱护，从而改善工作质量。

2. 为销售人员提供培训

加强对销售人员的培训是提高服务质量的最基本保障。加强对邮轮旅游购物从业人员的培训可以从培训方式、培训内容两个方面进行。

（1）培训方式

培训应由旅游行政管理部门主办，以保证其权威性。培训时间可以选择在淡季进行，也可以不受时间限制，实行轮流培训制。针对不同的培训内容，可以采取强制和自愿两种方式。例如开办邮轮商品销售论坛，邀请相关专家学者做主题报告。

（2）培训内容

一是情感培训。树立服务意识和诚信理念。销售人员服务意识是提供优质服务的基础，诚信为先是提高服务质量的前提条件。培训中应把游客就是上帝，服务至上的理念灌输到销售人员脑中，成为销售人员的价值理念。

二是基本素质培训。销售人员得体的言谈举止，亲切热情的服务态度，会展现良好的基本素质和职业道德水平。具体培训内容包括礼貌礼仪、语言、历史文化知识、风俗习惯等。

三是专业知识培训。通过专业知识培训，促使销售人员了解销售商品的产地、特点、性能等方面知识，以便更好地为游客进行商品知识普及讲解，做好参谋和导购工作。

四是服务技巧培训。邮轮旅游购物销售人员必须要具备扎实的服务技能，尽量避免心有余而力不足的尴尬现象。

通过业务培训等方式，培养销售人员良好的语言组织能力和沟通能力、细致的观察力、敏捷的反应能力以及较强的自我控制能力，了解游客的购物习惯、消费心理、消费特点，形成投游客所好的技巧。

3. 实施外部控制的监督

对从业人员的监督是提高服务质量、促进销售的强制手段，可以选择三个方面的监督：邮轮旅游商店监督、游客监督、舆论大众媒体监督。目前游客对销售人员的满意度低，负面评价多，但是这些意见没有得到及时反馈，因此如何构建游客信息反馈渠道是实施监督的关键。可以发放游客意见表，由旅游局相关人员定期检查总结，发现问题，进行整改处理。

第七节 邮轮航线服务质量管理

一、邮轮航线的概述

根据国际邮轮协会（CLIA）统计，2019 年全球邮轮游客量达到 3000 万人次，全球邮轮市场主要集聚在加勒比海、亚太地区、地中海、北欧和西欧、澳大利亚、阿拉斯加等区域，这六大区域占据 85% 的份额。加勒比海依然是全球邮轮市场最集聚的区域，游客量占据全球近 40% 的市场份额，2018 年达到 38.4%。亚太地区经济发展水平不断提升，为邮轮旅游在亚太地区的发展提供了很好的客源基础，具备较大的增长空间，游客量占据全球邮轮市场的份额从 2013 年的 8% 增长到 2018 年的 15.1%，成为全球仅次于加勒比海的第二大邮轮市场。

从地理区域分布来看，全球邮轮的航线主要分布在加勒比海、地中海、亚洲和太平洋区域。其中，加勒比海域是目前全世界邮轮航线最多的地区，其所对应的美国以及欧洲市场也成为全球邮轮游客最多发展最为成熟的市场；其次是地中海地区，该区邮轮航线占全球邮轮航线的 19%。由此可以看出，欧洲、北美集中了世界近一半的邮轮航线，是邮轮旅游行业的主要市场。能在邮轮旅游中独占鳌头的邮轮企业大多集中在北美和欧洲地区。过去十几年，新增的邮轮船队主要补充到定期航线，而这些航线已经由少数几个公司所掌握。邮轮市场的格局将通过主要定期航线经营的公司兼并收购而加速变化，最终由少数几个公司垄断控制，定期航线上的大部分小型公司将逐渐退出邮轮运营领域。

邮轮航线的目的地不同，因此航行时间也会有所不同。依据航行时间长短可以划分为：短期邮轮航线，通常天数在 2~5 天；中期邮轮航线，时间是 6~8 天；长期邮轮航线，航程集中在 9 天及以上。

目前国际著名的皇家加勒比游轮公司和嘉年华邮轮等公司总部都在美国，开辟的航线主要位于地中海、加勒比海、夏威夷等地区，服务人群也以欧美人为主，随着全球邮轮运力不断东移和北美欧洲邮轮目标的市场趋于饱和状态，邮轮市场也将不断向亚太市场转移。

邮轮航线运营模式是否与时俱进和紧密贴合市场，是邮轮航线运营成功与否的关键标准。每个国家的邮轮运营方式会因为本国的国情、地理环境而有所差异，其中，欧洲和北美地区的邮轮航线方式最为高效和先进。

在全球邮轮旅游目标市场中，三大著名邮轮企业——嘉年华、皇家加勒比、丽星占领了全球的主要运力，高达 80% 市场份额，余下的 20% 则被迪士尼邮轮和地中海邮轮所控制。

二、邮轮航线的规划

由上面的数据可知，邮轮航线分布是极其不平衡的，具体表现为东西不平衡、南北不平衡、发达地区与欠发达地区不平衡。因此在邮轮运营航线管理中，促使航线均衡发展是很有必要的。为此，就需要沿海国家或者发展邮轮产业的国家通力合作，共同开发邮轮航线，促使航线多元化、全方位发展。当然开发邮轮航线并不是一件容易的事，这需要时间、金钱、人力、物力投入，并且工程量浩大。

1. 邮轮航线规划的理论

（1）邮轮航线合理配船

在规划邮轮航线时，邮轮航线合理配船能促使资源优化配置。对于特定邮轮航线，具有一定市场份额，邮轮游客数量也具有一定保障趋势，应依据具体游客数量配备有相应承载能力的合适邮轮，这样有利于邮轮运力得到最大化利用。

（2）航线规划成本最小化和利润最大化

成本最小化和利润最大化是邮轮母港和邮轮企业的最终目标。从邮轮企业来说，邮轮运营的宗旨就是成本最小化和利润最大化，邮轮航线开发始终没有脱离这一原则。邮轮企业要开辟能够满足市场需求、创造最大利益的邮轮航线。对于邮轮母港而言，邮轮挂靠船次的增加能带来很大收益，合理引入邮轮能减少成本和增加收入。

（3）邮轮公司与航线协调优化

邮轮航线的开发既要迎合市场消费者需求和能够促使母港发展，还要与邮轮企业发展目标相协调。邮轮企业航线设计规划一定要从全局出发，考虑航线可能会涉及的相关部门的利益，邮轮航线开发要以邮轮企业利益为出发点和落脚点。简言之，就是航线优化需要与邮轮企业协调，要将邮轮企业的战略目标结合邮轮航线运营模式进行深入考虑。

（4）挂靠邮轮港的安全性

航线上的挂靠港是重要组成部分，所以挂靠港的安全不容忽视，是评价检验邮轮航线质量的核心内容。挂靠邮轮港的安全性就是必须遵循邮轮港口和港口所在城市的相关安全保护规定，不可接近保密区域和军事领域。邮轮旅游不是区域间旅游，而是全球航行，邮轮的挂靠港往往涉及港口城市和邮轮隶属国家的政治和平等问题。如果存在不和谐，则可能会对邮轮正常航行以及游客人身安全构成威胁。邮轮挂靠港的安全是邮轮运营顺利的前提和保障。

（5）依托目的地港口城市和周边旅游资源

游客选择邮轮航线会着重考虑邮轮旅游目的地港口城市和周边旅游资源。目的地港口的阳光沙滩风景线、充满人文情怀的景点以及清新绿化景观都是吸引游客选择航线的因素，所以港口城市和周边资源是邮轮航线规划时考虑的重要因素。

2. 邮轮航线设计的原则

（1）安全保障与经济原则

航线的经济与安全是邮轮航线服务质量评价的关键。航线的经济原则是在确保游客安全和获得良好游客体验前提下，将邮轮航线的费用降到最低。安全性就是遵循相关安全规章制度，不进入保密领域和军事区域。

（2）多元化原则

邮轮航线设计中，不能忽视多元化原则，每个细节都不能忽略。比如邮轮旅游目的地岸上项目的选择，有自然景观、免税购物、主题公园、博物馆等，不同游客有不同的消费需求，在设计航线之前要对游客的需求进行调查，设计出满足消费需求多元化的航线。

（3）精确定位原则

有些游客偏爱体验未知领域和获得新奇体验，具有准确目标定位的邮轮航线肯定能迎合游客个性化需求，占领市场份额以及开拓新的市场。邮轮航线的精确定位原则以当地特色、历史文化为根基，对目标市场进行细分，通过精确定位，可以将邮轮公司的特色充分体现出来。

（4）冷热均衡原则

在邮轮航线设计过程中，受游客喜爱的热门航线肯定会受到诸多邮轮企业的重视，并得到完善与更新。然而那些相对冷门的邮轮航线很容易被邮轮企业和母港忽视，这些冷门航线也是航线的一部分，会影响邮轮航线整体规划和评估。考虑冷热均匀原则可以减轻受欢迎航线的承载压力，降低对海洋环境的不良影响，还可以促使邮轮产业均衡发展。此外，更多样的邮轮航线可以满足不同游客的个性需求，增加邮轮航线服务质量满意度。

（5）因地制宜原则

航线开发建设中，因地制宜是很重要的，开发过程中，要结合当地的海上环境，对于适合开发短途航线的绝不能贸然开发长途，当然，适合长途国际航线的也要充分开发，不能造成航线资源浪费。海洋生物多样性的保护也是至关重要的，要追求人与自然和谐发展，不能破坏生物多样性。

3. 邮轮航线设置的流程

（1）详细具体分析邮轮航线的当前状况

对邮轮航线现状进行具体分析是规划设计航线的前提和有效保证。影响航线设计的有诸多因素，比如邮轮母港的自然环境和地理空间状况、邮轮公司的目标市场战略、邮轮游客的多样化需求以及旅游目的港的竞争力等。

（2）邮轮各航线竞争力之间的比较

邮轮航线竞争力具体体现在邮轮的载客量和邮轮游客满意度等方面，重点在于邮轮航线与现有邮轮企业及其运营现状和经营能力的匹配。邮轮母港的设备设施配套也会在很大程度上影响邮轮航线竞争力。

（3）制定可供选择的邮轮航线基础方案

邮轮母港的选择和建设完善程度、邮轮旅游目的地的确定、邮轮挂靠港的配合与协作、邮轮上配套的住宿餐饮服务、娱乐服务等都是航线制定的内容，这些内容都是在制定邮轮航线时需要具体细分的。

（4）评估邮轮航线制定方案

对已经制定好的邮轮航线方案，需要对其考虑评价，选择出最适合、最符合市场需求、最符合战略目标的方案。

航线不能只开发、使用，定期或者不定期的航线养护也是不可缺少的，航线也是产品，也需要维护，这样才能得到长期有效使用。航线养护不能选择在邮轮旅游旺季进行，而是选择在邮轮旅游淡季操作，这样就可避免影响正常邮轮航线旅游。

本章小结

邮轮运营服务质量管理包括服务的设计、服务质量的评价、服务质量的诊断和改进、游客投诉和补救性服务 4 个方面。邮轮运营服务质量管理包括邮轮总台服务质量管理、邮轮客舱服务质量管理、邮轮餐饮服务质量管理、邮轮娱乐服务质量管理、邮轮购物服务质量管理以及邮轮航线服务质量管理 6 大部分。

总台是邮轮的重要组成部分，总台的工作对邮轮的市场形象、服务质量乃至管理水平以及经济效益有至关重要的作用。总台的基本业务管理包括客舱业务管理、总台接待管理、总台客账管理、总台信息管理和总台其他服务。

邮轮客舱是邮轮的基础设施和向游客提供住宿的物质承担者，客舱服务质量是邮轮服务质量的重要标志之一。客舱服务质量管理包括清洁卫生管理、服务安全管理和设备用品管理等内容。

邮轮餐饮收入是邮轮收入的重要来源，餐饮服务质量管理水平直接影响邮轮声誉和形象。对餐饮服务质量的管理包括餐饮材料的采购管理和餐饮厨房的业务管理。

邮轮娱乐项目扩大邮轮旅游的服务范围，满足游客健身和娱乐需求，可以吸引客源，衡量邮轮等级，增加邮轮收入。邮轮娱乐服务质量管理包括质量管理和安全管理。

世界邮轮航线分布比较广泛，但是邮轮航线分布是极其不平衡的，具体表现为东西不平衡，南北不平衡，发达地区与欠发达地区不平衡。因此在邮轮运营航线管理中，促使航线均衡发展是很有必要的。

思考题

1. 简述邮轮服务质量的含义及其评价要素。
2. 邮轮总台承担哪些任务？总台基本业务管理包括哪些方面？
3. 邮轮客舱服务包括哪些内容？如何进行客舱服务质量的管理？
4. 简述邮轮餐饮部的地位和特点。如何进行餐饮厨房的业务管理？
5. 邮轮娱乐服务有哪些特点？如何进行邮轮娱乐服务质量管理？

6. 简述提升邮轮购物服务质量的策略。

7. 如何进行邮轮航线的规划？

案例分析

邮轮环球游产品引多位旅客投诉

花费不菲，本想和家人享受一趟别样的邮轮环球游，可理想很美好，现实很“骨感”。2015 年 3 月 1 日 20 时，载有百余名旅客的意大利籍歌诗达大西洋号邮轮从上海吴淞口国际邮轮港驶出，开启了首个由中国母港出发的环游世界之旅。这趟为期 86 天的环球之旅横跨三大洋、五大洲，途经 18 个国家和地区的 28 个目的地。虽然一路上经历的异域风情和地理、人文、历史、建筑让不少游客感到不虚此行，但船上的服务和设施令许多人无法接受。

近日，多名参加此次环球游的上海旅客联名向本报发来投诉信，并向记者详细讲述了旅行途中的种种遭遇和不解，不少游客以“乘兴而去，败兴而归”来形容此趟环球旅行的感受。

1. 船上饮用水发黄气味难闻

执行此次环球任务的大西洋号邮轮自 2013 年 5 月开始服务中国及亚洲市场。“这是歌诗达环球游的首发航程，乘客们都非常激动兴奋。乘客中最年长者 88 岁，也有刚满周岁的婴儿，有倾尽一生积蓄的退休老人，也有事业有成的人士，或携家带口，或孤身一人，抱着美好的憧憬，怀着‘世界那么大，我要去看看’的心情踏上了旅途。”来自上海的张女士告诉记者，此次她和丈夫、孩子一同登船，出发前对行程充满了期待。

张女士表示，2013 年，歌诗达就开始对外宣传这趟邮轮环球旅行，“当时我与家人商量后觉得很心动，就缴费报了名。我们选择豪华型舱房，人均收费 16.8 万元。”

令张女士没有想到的是，整个行程中，船上的各种烦恼始终困扰着旅客，尤以水质问题最为严重。“此行最大的不满是，房间里的饮用水浑浊、发黄，还有股令人作呕的异味，甚至 9 楼餐厅的直饮水也发黄，喝起来怪怪的。”

据了解，乘客中有人自带了专业水质测试笔，结果显示，无论客房还是餐厅的直饮水，溶解性固体总量（TDS）均超过 500（TDS 值越高表示水中含有的杂质越多，数值超过 300 即为污染水）。虽然船上酒吧供应矿泉水，但一开始，船上仅提供一种韩国品牌矿泉水，折合人民币每瓶约 21.46 元。韩国水售罄后，只提供一种意大利品牌矿泉水，价格不变。

张女士在与其他旅客交流后发现，大家房内的水都发黄。无奈之下，不少人开始购买船上的高价矿泉水。

不仅如此，船上的生活用水似乎也存在问题。“我上船时带了两块白色小毛巾，其中一块用清水洗过几次后明显发黄了。还有很多白色 T 恤也变色了，我甚至都不敢再洗浅色的衣服。”游客叶先生向记者出示了他的两块小毛巾，经对比，其中一块清洗过的明显泛黄，形如抹布。

据了解，乘客多次与船方交涉，均未得到正面回复。张女士和叶先生表示，无奈之下，部分旅客下船时买了饮用水带回船，但船方明令禁止客人带水回船。张女士说："4月22日在牙买加停靠时，不少客人在岸上超市购买的饮用水被扣后，联名向船方投诉，经过开会协调，船方表示不再扣押乘客在岸上自行采购的饮用水。"

2. 岸上观光价格高昂

此次旅行中，岸上观光行程和收费也让乘客颇为气愤。多位乘客指出，岸上一日游平均收费每人100美元，且充斥着购物等项目，多个码头明明设有免费接驳车，船方还要收取车费。

"虽然岸上观光票价昂贵，大家还是踊跃参加。几次岸上游之后，游客们有种'被宰'的感觉。旅行提供的服务非常糟糕，与行程说明有很大落差。提供的旅游巴士很多破旧不堪，车况不佳，让人担心交通安全。"张女士表示，每次行程说明会，图片都美轮美奂，可实际行程条件通常很差。

"海滩休闲游要价54美元，实际连海滩影子都没见着。"叶先生反映，在泰国普吉岛，导游将他们带至珠宝店，算上来回车程浪费了近4小时。另外，许多旅游项目被附加了高额费用。"我们到了牙买加景点，被告知需要出示歌诗达的房卡，但这并不是优惠凭证，反而比原票价高出一倍。"张女士还指出，在法国马赛、中国香港等地靠岸时，岸上特意准备了穿梭于码头和市区的免费巴士，但船方不予告知，反而将"免费巴士"的牌子摘下，并收取旅客每人十余美元的交通费。

"一再透支我们的信任，最后越来越多的客人不得已选择岸上观光自由行。"叶先生说。

3. 观景平台全部封闭

歌诗达环球游首航旅客梁先生的单人费用高达48万元，船方安排他住在6楼船尾的套房内，船尾震动厉害，噪声很大，途中风浪大时非常难受。梁先生提出换房，船方安排他到4楼船尾套房，结果轮机声音更大。梁先生无法睡觉，希望再安排客房，被船方拒绝。

事实上，歌诗达大西洋号满载时可以住2400至2600名旅客。此次航程仅600多名旅客，船的中部有好几间套房空关着。梁先生非常气愤，表示回国后要投诉船方的行为。至此，船方才同意梁先生入住7楼船中部的套房。

另外，船上7楼、8楼、9楼和10楼的船头甲板观景平台全部封闭，不对旅客开放。遇到船头前方有好风景时，旅客们只能全部挤在11楼的船头甲板上。由于人数太多，地方不够，旅客们或是吊在船杆上，或是蹲在地面，非常狼狈。

据张女士观察，船上游客被关入电梯的情况也发生过几次。被关后，电梯的求救电话一直无人接听。

伴随着邮轮旅游渐趋火热，对于邮轮旅游的投诉也日益增加，如何减少邮轮游乘客与运营船方之间的纠纷成为旅游行业的一大热点问题。业内人士认为，解决和减少邮轮旅游纠纷的根本措施是，从邮轮旅游活动开始前、过程中和结束后的全过程管理出发，依据我国相关法律法规，建立有关邮轮旅游质量的监管制度和机制。在邮轮旅游活动过程中，及时建立和启动游客和邮轮公司之间争议问题的沟通、协商、投诉与仲裁机制。

（资料来源：文汇报，http://www.ccyia.com/news/xingyexinwen/2015/0723/2411.html，2015–07–23））

结合案例思考以下问题：

（1）根据案例材料归纳本次环球航行中出现的邮轮运营服务质量问题。

（2）分析本次航行服务质量出现问题的主要原因，并提出解决的思路。

（3）本次航行的服务质量问题对邮轮运营服务质量改善有何启示？

第六章

邮轮运营市场管理

本章导读

元旦，某高校俱乐部前，一老妇守着两筐大苹果叫卖，因为天寒，问者寥寥。一位教授见此情形，上前与老妇商量几句，然后走到附近商店买来节日织花用的红彩带，并与老妇一起将苹果两个一扎，接着高叫道："情侣苹果哟！两元一对！"经过的情侣们甚觉新鲜，用红彩带扎在一起的一对苹果看起来很有情趣，因而买者甚众。不消一会儿，全卖光了，老妇感激不尽，赚得颇丰。

这是一个成功进行目标市场定位营销的案例。即首先分清众多细分市场之间的差别，并从中选择一个或几个细分市场，针对这几个细分市场开发产品并制定营销组合。那位教授对俱乐部前来往的人群进行的市场细分可谓别出心裁，占比例很大的成双成对的情侣给了他突发灵感，使其觉察到情侣们将是最大的苹果需求市场，而对其产品的定位更是奇巧，用红彩带两个一扎，唤为"情侣"苹果，对情侣非常具有吸引力，即使在苹果不好销的大冷天里也高价畅销了。市场是企业运营赖以生存的基础，邮轮企业也不例外，本章主要探讨了邮轮运营的市场管理相关理论，以期更好地进行邮轮市场运营，实现企业效益。

本章主要介绍世界邮轮客源市场的分布特征和需求特点、邮轮市场营销策略、邮轮顾客关系管理等内容。

第一节　世界邮轮客源市场

一、邮轮客源市场的形成及类型

1. 邮轮客源市场的形成

邮轮起源于18世纪初，当时是作为运送跨洲邮件的交通工具，因此称作"邮"字，英文就是OCEAN LINER。远洋的生活很单调，水手们为了打发漫长的航行时间，在船上建起了简易酒吧。随着经济高速发展，朴素的邮轮越发奢华。它的辉煌，在 TITANIC 号的年代达到顶峰。但随着飞机的出现，追求时间和效率的旅客纷纷转投飞机，作为交通工具的邮轮生意日渐惨淡，渐渐地开始转型成为为有钱有闲的游客提供舒适的旅行服务，而现在的邮轮被称为 CRUISE SHIP，某种意义上也是旅游目的地，邮轮豪华的娱乐设施成了我们休闲度假的重要部分，上岸就是为了观光，完成海上旅游。

邮轮旅游并不是指通过邮轮将游客送达某个旅游目的地，而重点在于在邮轮这一封闭空间上体验和参与活动、表演等项目及影剧院、卡拉 OK 厅、酒吧、商店、游泳池、餐厅、篮球场、阅览室等休闲娱乐设施。目的是“玩在邮轮”，使游客享受邮轮上的休闲生活方式，而非“通过邮轮去玩”。《泰坦尼克号》给我们带来邮轮旅游的初次印象，然而现在，不必羡慕船上的惬意风光，你也可以成为邮轮上的主角，成为一名邮轮旅游者而参与其中。邮轮旅游者是指任何除为了获得报酬之外，而乘坐邮轮在海洋及其腹地观光、休闲、度假、探亲访友、运动探险、医疗保健、购物、参加会议，或从事经济、文化、体育、宗教活动的人。邮轮旅游对于消费人群的经济实力要求相对较高，因此一直被认为是高端消费。按照国际邮轮旅游的发展规律，当一个国家或地区人均 GDP 达到 6000 美元到 8000 美元时，人们的生活方式、消费理念将随之发生变化，邮轮旅游将得到快速发展。

目前全球每年的邮轮游客约为 2000 万人次。1990—2010 年，全球邮轮游客每 10 年翻一番，年均增速达 7%。据国际邮轮协会预测，到 2020 年底，全球邮轮年游客量将有望突破 3000 万人次。想象墙上挂着一张巨幅“航游博物馆”地图。在地图上，由小灯泡标出每一艘邮轮现在的位置，你将会看到：几乎有水的地方就有灯泡——在加勒比海地区、在地中海、在中国南海、在长江流域、在亚马孙河上游、在夏威夷岛周围甚至在南极洲的沿岸等；现在按动一只按钮，那些灯泡熄灭了，另一组灯泡亮起来了，它们代表各邮轮公司总部所在地：虽然灯泡数量少了，但同样遍及全世界——雅典、迈阿密、东京等；再按动一只按钮，这次你将看到参加邮轮旅游的游客来自何方：几乎整个地图都亮了起来（见图 6–1）。

图 6–1　世界邮轮旅游区域分布图

2. 邮轮客源市场的类型

旅游者是旅游活动的主体，按旅游目的、费用来源和组织形式可以划分为不同的类型。在本节中，依据旅游者出游目的和邮轮旅游的特点，将邮轮旅游者划分为以下类型：

（1）观光型客源市场

指旅游者出于纯粹的休闲娱乐动机，以邮轮为载体，开展海上观光、度假、娱乐休闲，享受天海相连、日出日落、霞光璀璨、浪花翻滚的景色，进行邮轮上的住宿、餐饮、娱乐休闲和岸上（靠岸点）游览、观光、购物等活动的海陆相结合的旅游形式。这是世界上最常见、最基本的邮轮旅游类型，也是我国邮轮旅游接待中最主要的旅游类型。观光型旅游者的特点：

第一，旅游者喜欢知名度高的邮轮旅游线路。

第二，旅游者处在不断流动当中，对价格比较敏感，往往同其他旅游类型结合会产生综合效果。

第三，由于环境受气候影响较大，因而观光旅游淡旺季特征十分明显。

第四，在今后相当长的时间内仍为世界旅游的主体。

（2）娱乐消遣型客源市场

娱乐消遣型旅游者选择邮轮主要是为了改换环境，调剂生活，以娱乐、消遣求得精神松弛和愉快，除此之外，并不要求达到某种专门目的，故而男女皆可，老少咸宜，而且不受文化教育程度的限制。

娱乐消遣型旅游者的特点：

第一，参加这种旅游活动可以满足旅游者的参与愿望。旅游者是观赏者，又是被观赏者。旅游者在娱乐中身心得到放松，获得陶冶和享受，反映了现代人的一种生活方式——新的旅游方式。

第二，旅游灵活性较大，如遇天气变化、不安全因素、政策因素时，可以临时改变计划，取消旅游或改去他处。

第三，由于娱乐消遣旅游项目内容多，一般停留时间较长，旅游者消费量相当可观。

第四，多是自费旅游，对价格比较敏感，要求物有所值。

（3）文化教育型客源市场

文化教育型旅游者的特点：

第一，旅游者具有较高的文化修养，求知欲望强，乐意接受新思想。期望通过邮轮旅游活动，学习各方面知识，拓宽视野，开阔思路，提高专业学术水平。

第二，多数旅游者具有专长和特殊兴趣，期望在旅行中能与同行切磋交流，相互启发，解决自己在研究中碰到的问题。

第三，旅游者对活动日程安排要求周密，导游的水平要高，能用科学术语解释所遇到的问题。

（4）购物型客源市场

购物型旅游者是指以购物为主要目的的旅游活动参加者。购物型旅游者的特点：

第一，吸引购物型旅游者的不仅要有优越的购物条件，而且其他方面的条件也要十分有利。

第二，购物型旅游者一般来自经济发达或比较发达的国家。他们对旅游产品价格不大敏感，而对旅游目的地的购物品价格比较敏感。

第三，一般季节性不强，全年均可进行购物旅游活动。

第四，旅游消费总量较大，经济效益较好。

（5）商务 / 公务型客源市场

商务 / 公务型旅游者也叫差旅型旅游者，是旅游地的另一重要客源市场。这类旅游者以公务、商务旅行为主要目的，主要有商务旅游、会议展览旅游和奖励旅游等形式，一般都选择环境比较优越、性价比高的邮轮公司，以便在完成公务和商务的同时进行观光游览活动。奖励旅游具有特殊地位，它是被当作差旅型旅游来购买，但通常作为奖励奖给工作有成就的企业员工或代理人的，全部费用由公司负责。

商务 / 公务型旅游者的特点：

第一，人数相对较少，但出行次数较为频繁。

第二，旅游者的身份或社会地位较高，举行一次会议会提高所在邮轮公司的知名度，是最有说服力的旅游宣传。

第三，旅游者所需费用都由所在公司或单位支付，对价格不大敏感。

第四，旅游的季节性范围较小，旅游目的地和出行的时间几乎没有选择余地，是非自主性旅游。

第五，对活动安排要求有较强的计划性，要求设施条件（会议场地、通信设备和交通条件）先进，服务质量好。比较强调方便和舒适，因而消费较高。

以上旅游者类型只是一种理论的分类。对于旅游者的每一次旅游活动，我们不能刻板地用单一类型来划分归类，多种需求动机往往重叠和渗透，无法泾渭分明。在实际经营中，我们也还要对各类旅游进行更细致的某种专门分类。各国和各地区的旅游部门和企业都要根据实际情况，有繁有简地进行针对性的分析，以提供适销对路的邮轮旅游产品和服务。

二、邮轮客源市场的分布特征

1. 全球概况与区域分布

（1）全球概况

根据国际邮轮协会（Cruise Lines International Association，CLIA）最新数据显示，2017 年全球邮轮旅游市场人数规模为 2670 万人次，同比增长 8.1%，主要得益于以中国为首的亚太地区邮轮游客数量的增长。全球行业收入规模同比增长 8.16%，达到 465 亿美元，增速较上年有所下降，与 2015 年增速基本持平。受益于平均消费水平的增加以及物价的提高，行业收入增速基本高于游客人数增速。总体来看，不论是游客人数还是行业收入的增速维持在 10% 以下，2012—2015 年游客增长速度甚至低于 5%，市场规模增长趋于平缓。

全球邮轮展（Seatrade Cruise Global）于 2019 年 4 月 8 日至 11 日在美国迈阿密举行。在 4 月 9 日举行的 State of the Industry Panel 活动上，Cruise Lines 总裁兼首席执行官 Kelly Craighead 做主题演讲，她表示近几年一直关注着全球邮轮业务的发展。2018 年累计共有 2850 万人次乘坐邮轮出行，比 2017 年增加 6.7%，其中亚洲市场高速发展，2016 年以来亚洲地区的邮轮载客量较上年增长 38%，占全球邮轮市场份额的 9.2%。邮轮行业也创造了巨大的经济影响，全球范围内提供 110 万个就业岗位，营收总额为 1340 亿美元。这表示随着全球航运市场的发展，邮轮产业的发展前景是十分可观的。

从邮轮旅游市场来看，全球十大邮轮旅游市场分别是美国、中国、德国、英国、澳大利亚、加拿大、意大利、法国、西班牙和巴西。2016 年，美国市场邮轮游客年总量达 1152 万人次，是全球最大的邮轮客源地市场；中国以 210 万人次的邮轮出境游客年总量超越德国，排名第二；排名第三的德国市场邮轮游客年总量达到 202 万人；英国以邮轮游客年总量 189 万人次位列第四；澳大利亚以邮轮游客年总量 129 万人次位列第五；加拿大和意大利邮轮游客年总量均达到 75 万人次，法国达到 57 万人次，西班牙和巴西数量一样，均为 49 万人次。全球邮轮客源地区域较为集中，经济发达，水域条件好，邮轮旅游业较为成熟使得北美地区成为全球邮轮旅游最具活力的市场。

（2）区域邮轮市场

根据行业的传统，全球邮轮市场大致可分为北美、欧洲、亚太和世界其他区域几大板块。

北美市场是邮轮旅游发展繁盛的根据地，一直在世界邮轮旅游市场中占据最重要的版图。根据全球权威邮轮机构与组织（PSA、CLIA、ECC）预测，北美游客为 1200 万人次（占比 55%）。近些年的情况表明，北美市场份额仍为全球各地区之首，但增长的速度逐步趋于平缓。

欧洲是紧随北美之后的全球第二大邮轮市场，尽管金融危机对该地区的旅游市场造成了较大的冲击，欧洲仍为全球邮轮市场发展最为迅猛的地区。其中，英国市场是近年来冉冉升起的一颗明星，在欧洲市场中起到领头羊的作用，德国市场的发展也不容小觑，已成为紧随英国之后的欧洲第二大邮轮市场区。从市场条件看，欧洲拥有 5 亿人口，美国仅有 3 亿人口，且欧洲民众拥有更长的假期和更丰富和邻近的目的地可供选择，可以预见，欧洲市场所蕴藏的更大发展潜力无疑有待进一步激活。

亚太地区邮轮旅游发展速度迅猛。亚洲经济持续繁荣，中产阶级的规模呈几何级数扩张。同时，大规模的新港口兴建、政府的大力支持和邮轮企业的努力扩张和推广，使得越来越多的亚洲民众对邮轮旅游这一新兴旅游形式产生兴趣，这些因素都将推动亚洲邮轮市场的不断拓展。中国和印度被视为是亚洲旅游市场复苏的主要动力区，日韩的市场也保持稳健的发展。与北美和欧洲邮轮市场趋于平衡的状态不同，亚洲的邮轮业近几年来均保持着两位数的增长率。

中国邮轮整体市场规模扩张速度较快。据前瞻产业研究院发布的《中国邮轮旅游行业发展前景预测与投资战略规划分析报告》统计数据显示，从2010年至2017年，我国邮轮港口接待邮轮总量达4533艘次。其中，共接待母港邮轮3623艘次，访问港邮轮910艘次；2017年全年接待邮轮1181艘次，较2016年增加171艘次，其中接待母港邮轮1098艘次，接待访问港邮轮83艘次。2010—2017年，我国邮轮港口累计接待出入境游客达1654.22万人次。其中，接待母港邮轮出入境游客量达1461.82万人次，接待访问港邮轮游客192.4万人次。2017年全年接待邮轮游客量为495.42万人次，较2016年增加38.76万人次。

2. 欧美邮轮乘客群体及消费特征

（1）游客年龄

从年龄特征上看，根据CLIA 2014年邮轮市场研究报告，邮轮市场的主要消费群体平均年龄49岁，年龄分布在30~39岁、40~49岁、50~59岁、60~74岁的区间内分布，按1/15的比例依次减少。目前北美市场上的邮轮消费主力是出生于1946年至1964年间“婴儿潮时代”的出生人口，年龄在50~70岁之间。相比非邮轮游客（平均年龄46岁），北美邮轮旅游市场的整体年龄层次偏大。

（2）游客性别

从性别上看，邮轮游客的男女比例基本持平，保持了历年来一贯的比例。从教育程度上来看，2011年邮轮乘客中有76%拥有大学以上教育经历，较之2006年的57%有大幅度提升，而且也远大于同期非邮轮游客59%的比例。

（3）游客收入

从收入水平上来看，2015年邮轮产业分析报告指出，邮轮市场超过1/3的游客年收入10万到19.9万美金之间，28%年收入在6万到6.9万美金之间，样本总体平均家庭收入为11.4万美金。即使是在像北美这样的经济发达地区，邮轮旅游仍然是一项高档消费，消费群体主要集中在中产以上阶层。

（4）航游时间

自20世纪80年代至今，邮轮游客每次邮轮旅行的平均时间变化不大，一直在6~7天之间徘徊，但2007年游客平均旅行时间首次超过7天，达到7.1天。另外，从航程时间的分布来看，目前情况与20世纪80年代也基本相差不大，6~8天航程占比最大，基本都在50%以上；其次是2–5天航程，大体保持在35%左右，而航程超过17天的比例非常小，基本在1%左右。

（5）邮轮预订方式

近年来，越来越多的邮轮公司开始在预订邮轮旅游中按照流动价格收取费用，即实施“预订越早，费用越少”的收益管理策略。因此，游客对邮轮旅游的安排和预订提前量进一步增加。北美及欧洲邮轮游客2008年提前1~6个月预订邮轮旅游的游客比例为70%，2011年这一比例上升为79%，2006年平均提前量为4.3个月，2011平均提前量为3.5个月。另外，游客提前预订时间与所购买邮轮线路具有很大的相关性。一般来讲，所购买邮轮的线路越长、费用越高，所需提前预订的时间越长。

（6）出游方式

北美及欧洲邮轮游客以夫妻共同出游方式为主，占总数的79%，与朋友一起出游的比例次之，为24%，另外与家庭其他成员或孩子（18岁以下）共同出游的比例也比较大，为20%。

3. 亚太邮轮市场群体及消费特征

亚洲是近年新型的邮轮市场，发展潜力巨大，邮轮游客处于爆发式发展期。尤其是中国，邮轮市场至2020年有望年均增长33%，邮轮游客从16万猛增到2014年的172万。

（1）年龄及受教育特征

亚洲邮轮游的游客人群相比欧美更为年轻，平均为30岁，以中等收入家庭为主，这个潜在客户群有上亿人。大多数游客为第一次选乘邮轮，并倾向选择4~7天的短途航线，但参加欧美长线邮轮的群体增速很快。从受教育程度来看，我国邮轮旅游以大学本科及以上群体为主，以高学历人群为主的特征与北美市场保持较高的一致性。

（2）家庭收入及消费特征

邮轮绿皮书调查显示（参见《邮轮绿皮书：中国邮轮产业发展报告（2015）》，社会科学文献出版社2015年10月），被访者对于邮轮旅游的心理价位，以3001~6000元（37.1%）和6001~10 000元（32.3%）为主，也有不少人能接受高于1万元的价位，当然也有一些人（12.4%）只能接受3000元以下的低价位。被访者44.6%倾向于七日以内游，29.6%倾向于十日游，而倾向于3~4天或者超过两周的人分别占15.6%和10.2%。亚洲游客选择的目的地主要在亚洲范围内，与北美乘客相比，消费水平还处于比较低端的消费水平。在邮轮自费消费项目支出中，购物所占的比例最高，排名第二位的是参观游览，少部分乘客表示愿意在游览活动上消费，在消费特征上与其他国家的消费特征基本保持一致。

（3）职业及出游方式

据皇家加勒比发布的消费者调研项目表示，90%以上的游客为企业的一般雇员和管理人员及退休人士等，70%以上具有本科以上的高等教育背景。他们自己花钱选择自己中意的度假方式。从出游方式上来看，46.2%的游客为三口之家或三代同行的家庭游客，20.4%为夫妇或情侣，10.6%与朋友或同事同行，70.1%的游客来自月收入在1~2万元的中等收入家庭。由此可见，邮轮旅游行为以一家三口一起出行比例最高。

（4）出游动机及线路偏好

从邮轮旅游的动机来看，对邮轮休闲氛围和停靠目的地异域风情的关注度所占的比例最高，其次是船上的娱乐活动和参加邮轮活动所体现的身份象征，对邮轮外观、船上配套服务及美食等因素的关注度较低。根据邮轮面向的需求层次，邮轮产品划分为豪华型、优质型和时尚型，其中亚洲游客总体消费层次较低，偏好时尚型（84%），对于豪华邮轮的需求较少，但近年来对优质邮轮的需求有增长，2014年对优质邮轮的需求同比上升4%。国内游客表示愿意接受国内和东南亚、日韩等旅游航线，对国际上主流的北欧、地中海、加勒比海地区的长线旅游航线的需求量较小。2015年邮轮产业分析报告指出，与北美地区相比，中国游客航行时间比较短，2014 年大部分游客（占比 48%，较上一年增长 60%）选择的航程在 4~6 夜，平均航程为 4.8 夜，这样一次旅游的价格也可以相对比较低一点，容易被新兴市场的游客所接受。

（5）产品的定制与国际化的权衡

国际化与定制两者不可偏废。以餐饮为例，29.3% 的受访游客表示完全习惯船上的饮食，51.7% 表示作为一种体验可以接受，17.4% 表示"吃 2~3 天西餐可以，再久了就不行"。在皇家加勒比部署于中国的游轮上，从主餐厅到自助餐厅既提供正宗的西餐，又有原汁原味的中餐供游客选择；30% 的员工说中文，百老汇歌舞选择中国游客熟悉的剧目和音乐。在此过程中，游客也加深对西方文化的了解，从而才开始产生共鸣。文化的交融是双向的，中国影响世界，世界影响中国。

（6）游客满意度

行业统计数据表明，较传统度假方式，游轮度假产品的客户满意度在欧美国家向来高出 10 个百分点。游轮旅游的高满意度也在中国得到验证。77.8% 的受访皇家加勒比游客对游轮体验表示非常满意，21.1% 表示满意，总体满意度高达 98.9%。游客对于如家人般体贴入微的客房服务人员、精彩刺激的表演以及丰富的娱乐设施均给予接近满分的褒奖，当问及"船上给人印象最好的是什么"，名列前三位的答案依次为"服务"（38.8%），"氛围"（27.2%），"硬件与设施"（15.5%），邮轮旅游满意度高于传统休闲旅游度假方式。

游客问卷数据显示，63.3% 的游客的产品信息来自朋友、亲戚或者同事的推荐，26.7% 是通过网络获取到相关信息，其中社交类媒体平台成为主要信息渠道。94.0% 的受访游客表示他们会成为回头客，99.0% 表示他们会推荐亲朋好友选择游轮度假。

此外，在 2009—2010 年中国邮轮航季中，歌诗达邮轮和皇家加勒比游轮两家大型邮轮公司共在中国大陆开辟 130 余次邮轮母港航次，其中包租航次大约为 13~18 次，占到开航比例的 10% 以上，这说明在中国邮轮市场的需求领域中，企业公司和集团客户需求能力比其他细分市场提前释放，需求程度较高。

4. 中国邮轮市场群体及消费特征

根据比达咨询（Bigdata-research）《2018 年中国在线邮轮市场年度报告》，中国邮轮市场在 2018 年呈现出以下 10 大特征。

（1）游客量负增长再现

2018 年中国邮轮港口接待邮轮 976 艘次，同比下降 17.3%，接待出入境游客量为 488.67 万人次，同比下降 1.2%，其中母港邮轮艘次为 898 艘次，同比下降 15.4%，母港出入境游客量为 471.42 万人次，同比下降 0.58%。2009 年曾有过 29.2% 的负增长，这是中国邮轮市场经历 8 年正增长以来再次负增长。

《Cruise Industry News》2017 年底对中国邮轮市场 2018 年的游客量做过 13.3% 负增长的预测。从最终的数据来看，《Cruise Industry News》的预测稍显悲观。笔者在《中国邮轮生态年报 2018》对 2018 年中国邮轮市场游客量的预测为增长 2%。看来，笔者稍显乐观。具体增长多少，既有内在的规律性，也有人的主观能动性。当初给出正增长的预测，也是希望业界不要太悲观，期盼通过不懈的努力让更多的客人上船。

负增长的主要原因，其一是游客体验非闭环（岸上体验差）所形成的口碑负反馈，其二是邮轮公司与旅行社之间博弈后的尾舱效应削弱了船上的体验和消费。只是没有预想到，这样的负反馈会引发负增长。

（2）邮轮港口的市场集中度高

2018 年前五大邮轮港口共接待 770 艘次，占全国比重 78.8%，接待出入境游客量达到 456.92 人次，占全国比重 93.5%。这表明，船舶在这五大港口停泊，载客率更高。这样的数据也给未来将要建设邮轮港的城市以警醒。在建设邮轮港之前，需要深入思考和研判，自己的港口是否能够在客源上争抢得过这五大港口？如果没有大游客量的支撑，能否通过现有货运码头的共用和改造来实现邮轮港业务的低成本运营？

（3）人均支出比较低

《2018 年中国在线邮轮市场年度报告》中显示出一个数据，中国邮轮市场的收入规模为 90.4 亿，如果除以 244 万人的游客量，人均支出规模为 3705 元。中国市场绝大多数是 4 晚的航次，由此大致得出中国市场每晚支出约 926 元，换算成美元为 137 美元（按照现在 1 美元 =6.76 元人民币的汇率计算）。这样的价格的确可以表明：市场处于低迷期。如果按照大约平均 4.4 晚来计算，则人均每晚支出为 842 元，合 125 美元。这样低的支出数据，就是诺唯真喜悦号离开中国市场的原因。

从过往的数据来看，在不考虑物价上涨的因素下，2016 年是价格最低的年份，仅为 737 元 / 人晚。这两年该数据正在恢复，表明适当控制船舶投放量达到了一定的效果。

（4）中老年为主力游客群

在线邮轮用户年龄分布中，60 岁以上人群占比最高，达到了 29.2%，而 25 岁以下为 24.0%，排在第二位。从国际比较来看，中国邮轮乘客的年龄还是相对比较年轻，虽然 40 岁以上的游客占比为 43.4%。

（5）两个人群比重高

从在线邮轮主要消费群体的数据中可以看到，中年爸妈游最高，占比达到了 38.7%，其次是亲子家庭游，占比达到了 31.2%。亲子家庭游是暑假和国庆节人们的出游特征，而中年爸妈游则基于有更多的时间可以选择。

（6）用户倾向提前 16~30 天预订

用户提前预订的时间分布图显示，31.0% 的人选择提前 16~30 天预订船票，而 27.6% 的人选择提前 31~60 天预订船票。提前 8~15 天预订的人数也达到了 18.6%，而尾舱的人数则为 8.9%。一般来说，旺季人们会提前较长时间预订。未来的市场销售要引导人们更多选择有计划的出行，而不是去等待尾舱的低价。这需要市场的成熟，让市场销售对未来市场的预判更准确，进而让价格更贴近市场的供需关系。早鸟计划要真的是“早鸟”，才会改变人们的预期。

（7）购买化妆品是在线用户最主要的岸上消费行为

在岸上购物消费的选择上，购买化妆品占 43.8%，时装排名第二，为 14.8%，食品排名第三，为 10.4%。这与中国邮轮岸上观光的目的地密切相关。在笔者的体验中，游客购买日本保健品的比重也不在少数。

（8）船上二次消费用户比例不高

邮轮的盈利，不单单是船票，还需要船上二次消费的支撑。2018 年中国在线邮轮用户中，仅有 21.6% 的用户有船上二次消费经历，这是比较低的比重。二次消费中，船上娱乐项目比重最高，为 43.6%，其次是免税店 35.8%，邮轮酒吧为 27.0%。欧美船上比重比较高的酒吧消费，在中国出发的船上则不存在，酒吧门可罗雀是常有的现象，由此也可看到这些船舶的酒吧空间正在逐步缩小。

（9）近海短程日本航线是主流

这样的结论不会有异议，具体占比倒是可以好好看一看。长江三峡排在第二位，也是意料中的事情。由此可以看到，距离越远，价格越高，中国人选择的概率也就越低。这符合基本的经济学原理。

（10）4 晚和 5 晚的航次最多

中国在线邮轮用户出游航期最多是 4 晚的航次，占比 47.8%；其次是 5 晚的航次，占比是 42.6%。大家常说中国母港出发的航线丰富度不够，这与航期短也是密不可分的。4~5 晚的航次，船舶能够自由腾挪的空间就十分有限。但是，要增加航期，又面临中国人出游时间和出游费用的约束。

三、邮轮游客的需求特点分析

邮轮旅游对区域经济的综合带动作用较强，虽然我国内地邮轮旅游发展起步较晚，但邮轮旅游研究已成为学界关注的热点之一。综合已有的对中国内地邮轮旅游消费市场的调查分析，得出邮轮旅游消费市场具有如下特征：

1. 邮轮游客需求心理

游客参加邮轮旅游的动机基于休闲氛围、异域风情、船上的娱乐活动、身份的象征、船上的美食和服务以及邮轮的外观等因素。在这些因素中，对邮轮休闲氛围和停靠目的地的异域风情的关注度所占比例最高，分别达到 36.37% 和 27.94%，其次是船上的娱乐活动和参加邮轮活动体现的身份象征，分别占 13.24% 和 10.67%，说明居民出游动机比较集中，增长见识、放松身心、邮轮本身的魅力和邮轮高端消费给人们带来的精神满足是居民选择邮轮旅游的主要动机。当然，年轻人结婚选择邮轮旅游度蜜月所占比例也较高，这是邮轮旅游营销和主题定位需要考虑的因素。

人们参加邮轮旅游的主要原因有：邮轮旅游是一种省心省事的度假方式，全程开、装行李只有一次，用不着到处找旅馆或用餐的地方，消除了游客的紧张感，最大限度地增加了游客的实际假期时间。邮轮旅游能使人排解尘世的烦恼。邮轮，这个海上流动地酒店，带给游客一种全新的体验：没有普通行程中的晨铃声，更不会急行军似的赶景点，游客可以完全忘却时间的存在；烟雾、污染、心理压力、疲劳、单调、交通、闹钟、铃声不断的电话、屏幕闪烁的电脑、嗒嗒作响的传真机……统统被抛至脑后，你完全可以把自己融入美丽的风景中，在海风吹拂下，从一处美丽游弋到另一处美丽……邮轮旅游使人受到独有的殷勤招待，带给客人更多的放松、舒适、休闲、娱乐和消遣；邮轮完善的设施、高规格的服务，使游客使能享用床边的早餐，慵懒地躺在阳光甲板上，在浴缸里泡热水澡，喝下午茶，或许还有香槟和鱼子酱……享受无处不在的最殷勤的服务邮轮旅游活动项目多，自由度高，每天，游客都会收到一份“活动日志”，里面密密麻麻地写满了什么时段供应什么餐饮，在哪里看表演，港口讲座的内容，当晚的主题晚宴是什么……每一天的风格和节目都不一样，每天都会给你带来意外之喜。

2. 邮轮游客消费行为

由于邮轮旅游的综合性，主要的消费支出是购买线路产品。市场调查显示，66.81%的游客愿意接受6000元以下的邮轮旅游，这一价位在成熟的邮轮市场中是处于低价位的。游客在旅游自费消费项目支出中，购物所占比例最高，达到47%，占第二位的是参观游览，为26%，两者合计占总数73%。邮轮旅游和其他形式的出境旅游消费结构基本相同。

调查结果显示，在内地，38. 52%的游客接受6~8天的邮轮产品，但在实际决策中31.13%的游客愿意接受2~5天的邮轮旅游产品。研究表明，国际上最受欢迎的邮轮产品为6~8天，这说明内地游客对邮轮产品的时间需求在与国际需求特征相一致的同时有偏短期化趋势。《2010—2011中国邮轮发展报告》指出，中国邮轮市场母港航线短途化趋势异常明显，2011年全年中国市场（包括香港）母港航线达到68个，这些航线均为7天以下的航程，绝大多数为3~5天的短途航线，这进一步说明中国邮轮消费较不注重船上体验，也说明内地对邮轮旅游产品的接受程度以低价位产品为主。36.03%的内地游客愿意接受国内和东南亚航线，对长途邮轮航线需求较少。由于国内市场现有的消费能力和消费文化特征以及现行带薪休假制度的普及不够，使得邮轮市场需求具有强烈的时间限制性，也使得邮轮假期的季节性尤为突出，并出现黄金周期间船票一票难求的紧张局面。

市场调查结果显示，参加过邮轮旅游服务的游客对整体产品的满意度高达90%以上，对旅行社的满意度达到80%以上，邮轮旅游是所有类型旅游项目中游客满意度最高的。另外，值得注意的是，在所有形式的度假旅游中，邮轮旅游的顾客满意率、重游率都是最高的。研究分析表明，乘坐邮轮的人群中有绝大部分的人表示对邮轮旅游非常满意或很满意，一项针对过去5年间具有邮轮旅游经历游客的调查表明，平均每人愿意在未来两年内再进行1~2.4次的邮轮旅游。因此，邮轮旅游的“回头客”也将是未来发展的主要客源之一。

3. 邮轮游客消费习惯

在欧美国家，邮轮旅游的客人很多都是一个人出行，朋友都是在邮轮上结识的，对于购物和吃喝的欲望一般，也不太会参加很多娱乐活动，欧美客人更喜欢看书或晒太阳。即便邮轮停靠了码头，他们也不一定下船，而是依旧在船上看书、睡觉。

据一位美国邮轮船长介绍，“中国客人截然不同，都是亲朋好友结伴出行，对于食物的消耗量非常大，购物的欲望也非常强烈，免税店内的有些热销品必须不断补货。一旦邮轮停靠港口，几乎所有的中国客人都会下船旅游和购物。大半天后，大家都提着一样的免税店袋子返回船上，有时还会发生搞错购物袋的事情。”

中国特色的消费习惯也造就了中国特色的邮轮经济。2015 年 10 月 14 日的《第一财经日报》报道，“每天就是不停吃饭、拍照、看表演，然后重头戏当然是上岸后进入免税店购物，朋友给的清单一长串，都来不及买。看到什么风景已不记得了。”2013 年中国邮轮旅客量超过 140 万人次，交通运输部预计，到 2020 年这一数字将达到 450 万人次，年均增长达 33%。在如此巨大的市场潜力下，业者纷纷加码中国市场。2015 年 10 月 13 日举行的“2015 中国邮轮峰会”上，嘉年华、皇家加勒比、天海邮轮等中外邮轮巨头齐聚一堂，他们为了争夺中国市场，都在忙着定制符合中国游客消费习惯的邮轮航线。

第二节　邮轮市场营销策略

近几年来，随着邮轮旅游的快速发展，其以高档休闲的形象亮相在国人眼中，让很多人都迅速接纳了这一新兴旅游方式，它有别于其他传统旅游的新颖舒适性也确实虏获了很多人的青睐。国际邮轮协会（CLIA）的统计资料显示，自 20 世纪 90 年代以来，邮轮旅游每年平均以 8%~9% 的速度增长，远高于同期国际旅游业的发展速度。在这一狂热的背景下，邮轮旅游公司必须找到长期生存发展之道，而各行各业似乎都不能偏移顾客的角度来考虑问题，尤其是在以服务为特色的邮轮旅游中，顾客满意才是企业生存下去的基础，邮轮旅游公司制定针对性的营销策略，占领邮轮市场先机很有必要。

一、邮轮运营市场的营销策略

1. 邮轮市场营销传统策略

根据美国市场营销学家麦卡锡提出的“4P”分类法，可以将不同的市场营销组合变量分为产品、价格、分销渠道和销售促进，也即促销四个部分。下面把这种理念运用到邮轮旅游市场当中，进行逐一分析。

（1）产品策略

优质的产品是竞争取胜的法宝，包括设施、服务、线路设计，游客的满意度是检验的标准。邮轮旅游产品是非实物型生产产品，是指由邮轮专门为满足游客观光游览、休闲度假等需要而特别设计并提供的，被现有的和潜在的游客所认同的东西。它由有形的（如邮轮、邮轮服务设施、游乐项目等）和无形的（邮轮服务、游客感受等）两部分组成。邮轮旅游是包含了船上以及陆地上吃、住、游、娱、购等所有要素在一起的旅游，邮轮上提供顾客一次旅游所需要的全部产品和服务。根据邮轮旅游的特征和目标群体，在对邮轮旅游产品进行设计策划的时候要注意以下四个方面：

第一，优质的产品。要实行以自助旅游为主，团队旅游为辅的方式。因为旅游者对邮轮旅游的认知度不高，目前参加邮轮旅游的人数较少，在旅游淡季期间难以成团，加上旅游者需求的多样化，团队方式难以满足每个旅游者的个性要求，所以平时采取以自助旅游为主，旅游旺季客位难以确认，采取以团队为主的方式。

第二，周到的服务。高质量的服务是邮轮旅游的内在要求，此外邮轮旅游相较之普通团队旅游其复杂程度也非常高。旅行社除了要提供一些基本的旅游知识和注意事项，还要针对邮轮旅游产品提供更多的信息和服务。在设计邮轮旅游线路的同时，需要提供关于邮轮的足够信息，比如邮轮的抵离港时间，登船要求及注意事项，邮轮闸门关闭时间，邮轮上所有设施和特殊活动的详细介绍和邮轮的排水量、体积、行驶速度及载客人数的介绍等。

第三，美丽的风景。在国外，邮轮旅游是一项休闲为主的项目，我国现阶段主要还是目的地为主的旅游，这就避免不了邮轮旅游者关注沿途和中转站、目的地的风景，邮轮旅游企业必须选择合理的航线来满足顾客的需求。还可尝试提供优惠的初次体验。在我国邮轮旅游市场上，很大一部分顾客都是初次旅游者，都是抱着尝试的态度去的，但是由于邮轮价格的中高端性，很多潜在消费者由于不知道邮轮旅游所带来的效用值而犹豫不决，销售方如果能提供优惠的首游活动，可以迅速打响邮轮企业的知名度，扩大市场渗透度，获得广大消费者和媒体的关注。

第四，愉悦的体验。邮轮旅行最特别的魅力，是它的休闲性、自主性、便捷性和私密性都非常强，而这四者又是彼此联系互相支撑的。具有邮轮旅游气质的人，不但更能享受海上旅行，他们在陆地上的日常生活也会过得更愉悦一些。

（2）价格策略

价格策略就是根据购买者各自不同的支付能力和效用情况，结合产品进行定价，从而实现最大利润的定价办法。价格策略是一个比较近代的观念，源于十九世纪末大规模零售业的发展，多数情况下，价格是买者做出选择的主要决定因素。在营销组合中，价格是唯一能产生收入的因素，其他因素表现为成本，价格是市场的调节器。价格的重要性不言而喻，对于邮轮旅游来说同样如此。邮轮产品定价的过程中要考虑到以下因素：

第一，定价方式。邮轮旅游属于高端旅游，主要目标群体是高收入、高文化水平的潜在旅游者，还兼有一部分生活宽裕的中产家庭。高收入是必备条件，而高文化水平作为一个重要条件其原因在于，一些文化水平不高但是收入却很高的人理解不了邮轮旅游其中的文化内涵。邮轮旅游本身有其内在的气质与发展历程，要想融入其中去感受甚至享受，没有一定的背景知识很难被其吸引。以上所述的这部分目标群体对于价格的敏感度是最低的，而对于服务的要求却是最高的。再从国内市场上各邮轮公司的竞争状况来看还远谈不到激烈，根据市场规律这一时期的产品利润也应处于一个较高的水平，所以邮轮旅游产品的定价策略还应采取高价策略。产品的提升空间应该在于不断对服务的完善和产品个性化的创新。

第二，报价形式。因为旅游者有其不尽相同的需求和爱好，而邮轮旅游的方式又以自助游为最佳，所以其报价形式最好是采取灵活的套餐形式。这种报价的形式在国外航空公司推出的机票加酒店的配套里已经运用得非常普遍。我们可以把邮轮旅游最基本的服务项目打包报价给旅游者，这些基本的项目包括机票、签证和邮轮船票。基本配套还应根据邮轮舱位的不同来分层次报价。在做好基本项目的整体报价后，还要把旅行社可以提供的项目做一个可选的、个性化的分项报价，这些可选的服务项目包括在母港地区的游览、住宿和餐饮，停靠港的特殊安排等。

第三，达到预期的期望值。每位顾客对一次邮轮旅游过程会有一个期望值，这个期望值是和周边人的评价、企业传达的信息相关的，企业必须传播合适的产品信息，避免传播不力而使消费者不感兴趣，或者夸大其词，让顾客产生不必要的购后不满意。目前很多旅游者对于邮轮旅游只是一个想象阶段，接触到的信息很少不说，很多都根据自己的主观意愿将邮轮旅游能够带来的期望值无限放大，比如美丽的冰川风景，美味的海鲜，细致有礼貌的服务生，等等，但是如果邮轮企业并不能够提供顾客这些想象中的美好，最后只能适得其反地导致顾客不满意。所以企业必须斟酌文字的表达，围绕着真实的产品和服务进行形象的表达。邮轮旅游针对不同的航线、所提供的不同服务会有不同的价格，但是企业在针对不同的细分群体的时候必须制定其合理的价格，使产品和服务与价格挂钩，达到预期的期望值。

（3）分销渠道策略

这是整个营销系统的重要组成部分，它对降低企业成本和提高企业竞争力具有重要意义，是规划中的重中之重，也是企业是否能够成功开拓市场、实现销售及经营目标的重要手段。

为了扩大分销渠道，邮轮公司一般都会寻找理想的零售商、代理商来进行合作。丽星邮轮公司已经发展了中青旅等几家大型的旅行社作为其代理商，这种做法不仅可以使船票、机票以及相应的衍生服务经旅行社整合成一个完整的邮轮旅游产品，而且还可以利用旅行社的营销渠道扩展其销售网络。

（4）促销策略

促销策略是指企业如何通过人员推销、广告、公共关系和营业推广等各种促销方式，向消费者或用户传递产品信息，引起他们的注意和兴趣，激发他们的购买欲望和购买行为，以达到扩大销售的目的。将促销手段运用到邮轮旅游中来，可以分为以下几种方式：

第一，广告宣传。报纸、杂志、电视和互联网都是适合邮轮广告宣传的媒体。目前国内市场上急需解决的首要问题就是上述提到的对邮轮旅游的认知度还很薄弱，特别是对我国的中小城市。报纸、旅游杂志和互联网是介绍邮轮旅游相关知识的绝好途径，甚至可以开辟邮轮旅游的专栏。电视媒体的宣传可以通过一些旅游栏目在电视荧幕上带领潜在旅游者进行一次邮轮之旅。选择宣传媒体时要注意媒体的读者群体是否和邮轮旅游的目标群体相一致。曾见过在公交车上做的邮轮广告，笔者认为不是明智之举。

第二，通过电子邮件或邮递的方式把邮轮宣传资料发送给老客户。可以根据其消费水平把客户资料分为几个类别，针对不同的旅游需求来进行针对性的旅游宣传。同时邮轮旅游的高重游率又在无形中扩大了潜在旅游者群体。

第三，通过举办推介活动来扩大其知名度。可以利用一些知名俱乐部来推广邮轮旅游，在俱乐部内搞一些小型活动和聚会来进行宣传，而俱乐部方面又可依据其会员兴趣爱好有选择地邀请会员参加，这样便可大大缩小目标群体的范围，强化宣传效果。

第四，通过对旅行社销售人员的培训来提高邮轮旅游的销售量和认知度。销售人员对旅行社的主要产品——团队旅游线路都非常熟悉，但是却对邮轮旅游产品了解还不是十分全面，这样在一定程度上阻碍了邮轮旅游产品的销售，甚至有损于公司的形象。造成这种情况的原因是由于邮轮旅游的销售难度高，不仅要熟悉邮轮的报价项目，还要对邮轮本身有一定的了解，才能说服旅游者接受这种新的旅游方式。所以通过培训是解决这种问题最好的途径。

除了上述的4P原则，针对不同时期的具体要求，还可采取形式更为多样的营销措施。如影视营销在近几年比较火爆，由于旅游的“眼球经济”效应，早期的《泰坦尼克号》男女主角在邮轮上深情相拥的画面，对于潜在旅游客源可以说是一个相当大的刺激因素。此外，大型、特色的节事活动亦可利用邮轮作为载体，进行流动的营销宣传，如可利用大连旅顺口区至山东的烟大轮渡，设立大连国际樱花节的海上分会场；或是在樱花开放的4月左右，吸引知名邮轮公司开设往返中日的樱花号邮轮航线，为邮轮产品造势。

2. 邮轮市场营销新型策略

传统的4P营销模式已经不能很好地满足现代营销活动的需要，众多专家学者都在不断探索新的营销模式以适应当今社会的发展，目前主要有以下几个新型的营销模式。

（1）网络营销

网络营销（On-line Marketing 或 E-Marketing）就是让大量的客户通过互联网找到某网站、商铺，查看商品卖点，通过电话、邮件、QQ等方式联系到卖家或者厂家，将一个潜在客户变成有效客户的过程。总体来说，凡是以互联网或移动互联为主要手段开展的各种营销活动，都可称之为整合网络营销。简单地说，网络营销就是以互联网为主要手段进行的，为达到一定营销目的的营销活动。

网络营销在邮轮旅游过程中有非常重要的应用。邮轮企业以其实际经营为背景，以网络营销实践应用为基础，形成达到一定营销目的的营销活动。搜索引擎营销就是邮轮企业常用的网络营销方式，是通过建立专业的公司网站，将搜索引擎与企业门户网站相结合。如皇家加勒比邮轮集团网站运用搜索引擎，增加访问量、知名度和关注度。还有即时通信营销，邮轮公司通过网站在线交流，发布最新的邮轮航线信息和优惠活动信息；病毒式营销，通过网站推广、品牌推广，实现口碑的病毒式推广。此外还有其他多种网络营销方式，如网络事件营销、网络口碑营销和网络视频营销等。

（2）体验式营销

体验营销（Experiential Marketing）是指企业通过让目标顾客观摩、聆听、尝试、试用等方式，使其亲身体验企业提供的产品或服务，让顾客实际感知产品或服务的品质或性能，从而促使顾客认知、喜好并购买的一种营销方式。这种方式以满足消费者的体验需求为目标，以服务产品为平台，以有形产品为载体，生产、经营高质量产品，拉近企业和消费者之间的距离。

无论是观光型客源市场还是其他类型的客源市场，大家所公认的邮轮旅游其内在形式是一致的，这种一致的共性就是人们寻求心理满足的一种体验形式。各种旅游形式的体验活动正是为了满足自己的心理欲望，调整自己的心理状态。邮轮旅游产品大多需要旅游者去深度参与和体验，邮轮旅游营销创新之处就在于让旅游者获得一个美好的体验。

（3）数据库营销

数据库营销（Database Marketing Service）就是企业通过收集和积累会员（用户或消费者）信息，经过分析筛选后有针对性地使用电子邮件、短信、电话、信件等方式进行客户深度挖掘与关系维护的营销方式。或者，数据库营销就是以与顾客建立一对一的互动沟通关系为目标，并依赖庞大的顾客信息库进行长期促销活动的一种全新的销售手段。

这种工具重视消费者信息的价值，通过收入、教育、行业等关键要素筛选，能够做到投放对象的最优化，因此非常适合长线邮轮市场。通常情况下配合数据库营销的执行工具有直邮（DM）、电子直邮（EDM）以及短信等。

（4）直接营销

直接营销（Direct Marketing）是一种不通过营销中间人、使用消费者直接渠道进行的送达和交付商品和服务的行为。这种营销工具不借助其他渠道，实际上公主邮轮已经良好地应用了这个工具，通过对各类协会、组织和直接消费者的接触和维护，很多直接的个人甚至团队消费需求会被发掘出来，实现销售的目的。直接营销主要适用于欧美等国，而在一些国家特别是中国，邮轮的营销方式主要是代理销售，直接营销形式还没有得到应用。

知识链接

邮轮旅游游客须知

1. 如何选择邮轮、游程和票价？

了解邮轮的风格、客房和娱乐设施、餐饮特色、服务项目，选择你钟情的邮轮；了解邮轮的航班日期、航线、登船码头和价格，选择适合你的航班、你最向往的旅游目的地和能够接受的价格。

2. 邮轮旅游船票的费用包括哪些项目？

邮轮旅游项目的价格分为单船票和套餐两种。

单船票：仅包含船票和港口税费。船票包括您的船上住宿、海上交通、24小时餐点、部分饮料、娱乐活动、健身设施、图书馆和棋牌室活动等费用。

套餐票：费用通常包含船票、机票、签证、上船口岸城市的住宿、接送和部分游览，甚至还有全程的领队陪同。

3. 邮轮上哪些费用是需要另外支付的？

主要有：自选岸上观光团短途旅行，特殊餐饮，温泉美容按摩服务，洗衣服，网吧，商店购物，酒吧饮品，船上电话，传真，电子邮件，医疗服务，保险费等。

4. 邮轮上需要付额外的服务费或者小费吗？

是的。邮轮上提供的是星级酒店服务，所以按照规定需要支付固定的服务费或者小费，但每家邮轮公司的收费标准不同，一般是每人每天 10 美元左右。

5. 如何预订邮轮旅游？

电话咨询、网上订购或直接去旅行社进行邮轮航线、价格的查询，如果对航班、航线、报价没有异议，可以索取正式的契约书、合同书，经仔细阅读相关内容和条款并确认签名后回传或递交，然后按照契约或合同的期限约定支付定金，这样就完成了邮轮旅游预订。

6. 邮轮旅游需要准备哪些身份证件？

需要准备有效期在半年以上的护照，邮轮途经国所需入境签证。

7. 如何办理护照？未成年人需要护照吗？

办理护照需要本人到户籍所在地的出入境管理中心办理。所需证件为身份证、户口簿原件、白底两寸护照照片 2 张，护照办理时间约需 10 到 15 个工作日，你也可以申请加急，具体时间和费用可以咨询当地办证部门。如果您的护照即将到期或者已经过期，也请到户籍所在地的出入境管理中心办理。

未成年人同样需要护照。

8. 邮轮旅游需要提前多少时间登船？

请您注意旅行社送达的《出团通知》，最迟需要在开航前 2 小时到达码头。邮轮开航前 1 小时，所有乘客都必须登船完毕，迟到的乘客将无法登船。

9. 如何办理登船手续？

在领队的协助下，在码头服务柜台办理登船手续。办完手续后每位游客都会拿到一张《邮轮卡》和邮轮行李标签。《邮轮卡》上储存您的个人信息，也是您的舱房钥匙卡和签账单，请务必随身携带此卡。如有遗失，应立即通知领队并向服务柜台申办遗失补卡。

10. 乘坐邮轮会晕船吗？

一般不会。邮轮吨位比较大，抗风浪的能力强，行驶比较平稳。既使身体有不舒服的时候，船上也有专业的医务人员为您提供帮助。

11. 邮轮上是否有洗衣服务？

有。但是需按照每家邮轮公司的规定收取不同的洗衣费用。

（资料来源：根据旅行社宣传资料整理）

二、邮轮价格营销的独特魅力

1. 旅游产品定价

价格既是旅游产品营销组合中的一个重要部分，又是非常敏感的要素，价格水平高低直接影响旅游产品销售，又影响了相关企业的盈亏状况。在中国市场经济发展的今天，价格又成了最直接、最有效、最残酷的营销手段。因此，对旅游产品的价格进行研究很有现实意义。下面我们从旅游产品的特点、“顾客让渡价值”理论、旅游产品价值的影响因素论述旅游产品价格意义。

（1）旅游产品特点

我们先来了解旅游产品的特点，旅游产品和其他有形产品的最大不同点是无形性，人们完成一次旅游，得到的不是一个有形的物品，看不到、摸不到、嗅不到，而是一种体验，一种过程，一种心理感知。其次，旅游产品的需求存在着波动性，表现在时间上的需求差异，旅游有明显的淡、旺季，每年都存在“春节”“五一”“国庆”等旅游黄金周，这些时间旅游设施供给紧张甚至超负荷运行，而旅游淡季旅游设施就闲置。再次，是不可贮存性，旅游产品如旅行社的客房，某个晚上如果空着，就空着了，生产能力就闲置了，就造成了旅行社的营业额的损失。当然，国家和国际的政治、经济、文化、社会因素也影响了旅游产品的需求。如，某年我国山东“青岛大虾”事件曾深刻影响了山东旅游的市场需求和山东多年来打造的“好客山东”的良好形象。

（2）顾客让渡价值理论

市场营销学上，美国著名营销专家菲利浦·科特勒在1994年提出了“顾客让渡价值”（Customer Delivered Value）理论。从经济学的观点看，消费者在消费行为中，是“有限理性者”，就是顾客是按商品或服务所提供的最大价值进行估价的。在搜寻成本、有限知识、不完全流动性和有限收入的限制条件下，顾客是价值最大化者，他们在购买前就已形成了一种价值期望，并据此来判断企业的某项商品是否合算，进而影响他们的满意程度和再购买的可能性。因而，现代营销理论的前提是买方购买的是他们认为卖方提供最高顾客让渡价值的商品或服务。而所谓顾客让渡价值是指顾客总价值与顾客总成本之间的差额部分。顾客总价值是指顾客从给定产品和服务中所期望得到的全部利益，它包括产品价值、服务价值、人员价值和形象价值。顾客总成本则是指顾客在购买商品和服务过程中耗费的货币、时间、精力和精神成本。利用“顾客让渡价值”理论也可以指导我们对旅游产品的定价。

（3）旅游产品价值的影响因素

第一，旅游产品的价值。在市场经济中，旅游产品的价值在很大程度上决定了该旅游产品的价格。

第二，旅游产品的成本和利润预期。旅游企业单件产品在一般情况下的定价不会低于单件产品的成本，否则企业就出现亏本经营，理性的投资者不会这样做的，当然，旅游企业低于成本定价有其特殊的目的，如新旅游产品低于成本价销售是为了先期占领市场。还有投资者把预期利润看的较高，当然旅游产品的定价就较高；看的较低的话，旅游产品的定价就较低。因此，旅游产品的成本和利润预期在很大程度上影响了旅游产品的定价。

第三，旅游产品的价格弹性。所谓价格弹性，是指价格变动引起的需求量的变化程度，即需求的灵敏度。如果某种旅游产品的价格弹性大，那么旅游企业就有可能通过价格的提高或降低手段进行销售。反之，某种旅游产品的价格缺少价格弹性，那么旅游产品的价格相对来说，就比较少变动。

第四，旅游企业定价目标，即定价所要达到的目的。旅游企业定价的主要目标有：追求最大的利润，保持或者扩大市场占有率，稳定价格水平，适应或者防止竞争，创名牌等。定价目标不同必然会影响价格的选择。

第五，国家政策。这对旅游产品定价的影响表现在许多的方面。例如国家的价格政策、金融政策、税收政策、产业政策等都会直接影响旅游企业的定价。

第六，竞争者价格。现代市场竞争中，价格手段成了一种有效直接的竞争手段，旅游同行的定价策略、方法直接影响了本旅游企业的定价。

第七，旅游产品的差异性，如果某旅游产品与别的旅游产品差异性较大，别的旅游景区不能提供，那么就可以定较高的价钱，因为，游客缺少了选择旅游产品的替代品，并且缺少了该旅游产品价格比较性。

2. 价格策略在邮轮市场运用

（1）价格策略表现形式

相对于传统的旅游方式，邮轮旅游的价格相应要高出许多，对于邮轮旅游来讲，适当地降低价格可以吸引更多的旅游者，借此可以提高人们对于邮轮旅游的认识，让更多的人了解这种特殊的出行方式。现代邮轮船票分为正价、特价、最后一分钟（甩舱）三种。正价邮轮，大家在各个邮轮官网上看到的价格；特价邮轮，邮轮公司或者是邮轮代理为了尽快销售而做出的特价船票；最后一分钟（甩舱），是当临近开船的日期，如果还有船票没有卖出去，邮轮公司或邮轮代理为了尽快将挤压的舱清空，而采用低于成本价销售邮轮船票。邮轮公司采用最后一分钟特价的目的是吸引眼球的一种价格策略——免费的东西，客人评价一般都比较好，有了好的信誉和浏览量，不愁销不出相应的产品和服务。特价从哪里来？对于邮轮产品，任何一个航次都有数千个舱位，如果销售进度不好，往往会有供应商特价甩卖，这就是最后一分钟特价的来源。特价位置有限，所以预订下手要快。如歌诗达邮轮 – 赛琳娜号 4 晚 5 日游进行甩价促销，原价 2299，特定日期内有特价 1799，有力地促进了销售。

（2）价格策略的实质

邮轮特价营销其实质就是一种限时抢购和超低价促销，而其与互联网的结合使其产生了吸引眼球的广告性，创造出有广泛受众基础的用户价值。在消费者心中，邮轮特价具有价格低廉和时间限制两个标志性的属性，提及特价的邮轮线路和项目，邮轮旅游者首先产生的预期就是邮轮旅游价格便宜，具有超低折扣，而这一特点也是吸引邮轮旅游者争先恐后抢购的最大吸引力。事实上，邮轮特价产品还同时伴有时间限制，邮轮营销上往往会给出促销时间、抢购时间等限定条件。这种在限制时间内的促销活动本来并不鲜见，但由于互联网具有海量用户，所有想购买邮轮特价商品的客户在同一时间等候在电脑前抢购，常常造成该邮轮优惠项目就被哄抢完毕，有时候仅仅需要几秒钟时间。超短的时间和超高的人气，有力地凸显出了邮轮产品的“稀缺性”，塑造了极其良好的广告效应。邮轮公司采用特价的旗号，有力地招揽到了一些潜在的游客而扩大了销售，这也是邮轮价格的独特魅力所在。

（3）价格策略的合理运用

虽然邮轮特价能够有力地解决邮轮仓位剩余的问题，但是一定要合理利用。从科特勒的顾客让渡价值理论中能得到相应的启示。顾客让渡价值是总客户价值与总客户成本之差，总客户价值就是客户期望从某一特定产品或服务中获得的一组利益，而总客户成本是在评估、获得和使用该产品或服务时引起的客户的预计费用。邮轮特价在创造更多价值的同时，也会产生相对应的风险。对客户来说，邮轮特价营销带来的成本主要有产品感知风险成本。由于时间有限，邮轮旅游者无法详细鉴别邮轮线路的质量和属性，冲动型购买的现象大量存在，而邮轮特价低价格的宣传又会使顾客怀疑其线路是否具有合格的质量，这就加大了顾客感知到的不确定性和不安全性，即顾客感知风险。这种顾客感知风险成本很难通过邮轮线路之间的比较而抵消。邮轮特价营销对邮轮企业带来的风险主要有名誉损失风险，邮轮特价营销活动的举办扩大了相应邮轮以及邮轮公司的知名度，但知名度不等同于美誉度，一旦邮轮特价营销举办不成功，或者邮轮体验的质量效果难以符合游客之前的预期，则会给邮轮公司带来形象名誉损失的风险。

邮轮特价营销实质是一种限时低价促销，其与互联网的结合为客户创造了价格价值、时间价值和娱乐价值，同时也为提供邮轮特价商品营销的公司和网站创造了访问量价值、广告价值、捆绑销售价值和利润价值。企业对邮轮特价营销进行价值管理，必须综合运用多种营销工具尽可能地降低顾客感知风险，为客户创造更大的感知价值。另一方面有些船期因为正价船票卖的过多，导致在最后甩舱的时候，有些以前正价购买的客人会来要求退差价或升舱，这也是邮轮公司要预知的风险。进一步可能因为这些风险的存在，价格营销的预期就难以达到。比如某个船期，收了 1000 位客人，然后最后剩余 2 个名额，要 5 折甩掉。做出这种承诺的网站，永远不会为了卖这 2 个名额，降价来赔偿以前的 1000 位客人，所以最后出现的情况就是，他们自动忽略了最后甩舱价格，保持价格不变。

知识链接

海洋量子号事件：国际邮轮在华有点“水土不服”

2015 年 8 月 31 日，4000 余名游客搭乘皇家加勒比旗下的海洋量子号邮轮从韩国抵达上海吴淞国际客运码头。本应欢乐的旅程却成了其中不少游客的一次“维权之旅”。为了躲避台风，海洋量子号将原定的日本航线改为韩国，部分游客不接受“改道”提出索赔要求未得到满足，登轮后开始了“海上维权”。

当时，游客与邮轮公司各执一词。那么，究竟是邮轮公司侵害了中国消费者的权益，还是邮轮旅游的国际惯例在中国遭遇水土不服？

海洋量子号作为皇家加勒比公司的大型邮轮受到国内游客追捧。按照计划，8 月 23 日出发的这个航次为 9 天 8 晚的日本游线路，停靠广岛、东京、神户港口。然而，因遭遇台风，海洋量子号在出发前两天将航程改为韩国仁川和釜山，这引起一些旅客的不满。一些旅客反映，韩国游相比日本游便宜，游客是按照日本游的标准付的钱，改成韩国游后，应当把多出来的费用退还给游客。也有游客了解到航线更改后决定退团，要求邮轮公司全额退款。

然而，皇家加勒比公司给出的退赔方案是：如果选择取消旅行的话，只能退赔大约千元左右的港务费。同时，按照舱位不同，补偿不同数额的未来航程抵用券，这些抵用券可以用于 8 月 31 日之后及 2016 年，折合赔偿额约为游客支付费用的 30% 左右。对此方案，100 余名游客表示不能接受，选择登轮前往韩国后，在邮轮上开始了“海上维权”。

皇家加勒比公司一位工作人员反映，一些游客在邮轮上的过激行为对邮轮的正常秩序造成损害。比如，有的游客在船舱内贴大字报，并阻碍其他游客下船等。“这种现象在国外没有遇到过，也是国际邮轮公司普遍感到困扰的问题。”

游客与邮轮公司争论的焦点在于，游客可不可以全额“退票”。游客认为，邮轮“退票”类似于飞机票、火车票，至多支付一定的退票费，何况是邮轮公司“改道”在先，游客有理由要求全额退票。而邮轮公司认为，在现行的中国邮轮船票分销体制和相关法律规定下，因为恶劣天气改变航线邮轮公司无须赔偿，并且在游客登轮之前，邮轮公司的绝大多数成本已经发生，不会因为行程变更而逆转。皇家加勒比因为考虑到中国国情，才做出国际惯例和合同义务以外的补偿。

但是，游客与邮轮公司在这一问题上的认知仍有较大出入。上海水上旅游促进中心副理事陆明其认为，邮轮旅游消费者逐年增加，如果消费者对权益保护的认识与邮轮公司所遵循的国际惯例有出入，类似问题还会发生，甚至会影响邮轮旅游市场的发展。

（资料来源：劲旅网，http://www.ctcnn.com/html/2015-09-11/11907324.html）

第三节　邮轮顾客关系管理

一、客户忠诚度及寻找客户

1. 客户忠诚度的概念

客户忠诚度是指客户对某一特定产品或服务产生了好感，形成了偏好，进而重复购买的一种趋向。客户忠诚是指客户对企业的产品或服务的依恋或爱慕的感情，它主要通过客户的情感忠诚、行为忠诚和意识忠诚表现出来。其中情感忠诚表现为客户对企业的理念、行为和视觉形象的高度认同和满意；行为忠诚表现为客户再次消费时对企业的产品和服务的重复购买行为；意识忠诚则表现为客户做出的对企业的产品和服务的未来消费意向。这样，由情感、行为和意识三个方面组成的客户忠诚营销理论，着重于对客户行为趋向的评价，通过这种评价活动的开展，反映企业在未来经营活动中的竞争优势。

2. 努力寻找忠诚顾客

邮轮公司顾客从活跃程度划分，可分为不活跃客户、活跃客户及核心客户。根据客户不同的特点可以很好地区分不同的客户类型，从而找出邮轮公司的忠诚客户。

邮轮公司不活跃客户有个基本特点，同时是几个邮轮公司的客户，任何一个公司都不是其唯一的选择。他们经常会随着邮轮公司的价格政策或服务质量左右波动，时来时走。对于这类客户，邮轮运营行业要努力使自己成为其主要服务者，进而成为其唯一的服务者。

对邮轮公司来说，活跃的常客对邮轮公司的忠诚度比较高，是其最基本的客户，所以必须非常重视这部分客户，努力保持并提升这类客户的忠诚度。活跃的常客主要有两个重要的特点：第一，经常性重复进行邮轮游玩活动；第二，对邮轮公司信息的反馈比较积极。

核心客户对邮轮运营公司的忠诚度非常高，经常会根据对邮轮公司的深入了解，索取一些优惠政策。因此，公司必须格外重视核心客户，制定一系列接待核心客户的计划和措施。邮轮运营过程中那些比较活跃的常客和核心客户是邮轮公司运营过程中要进行重点关注和照顾的对象，这就需要进行邮轮顾客关系管理，这在下一部分有详细具体的描述。

二、邮轮顾客关系管理的策略

1. 影响顾客忠诚度的因素分析

影响顾客忠诚度的因素主要包括以下几个方面：

（1）企业品牌

品牌是用以识别某个销售者或某群销售者的产品和服务，并使之与竞争对手的产品和服务区别开来的商业名称及其标志，通常由文字、标记、符号、图案和颜色等要素或这些要素的组合构成。品牌就其实质来说，代表着销售者对交付给买者的产品特征、利益和服务的一贯性的承诺。久负盛名的品牌是优良品质的保证，因此企业品牌有助于促进产品销售，树立企业形象。而对于消费者来说品牌便于其辨认、识别、选购商品。更因为名牌企业要维护自己的品牌形象和声誉，都十分注意恪守对消费者的承诺，并注重同一品牌的产品质量水平统一化。如此，消费者可以在企业维护自己品牌时获得稳定的购买利益。因此，名牌产品是消费者购买时的首选产品，而企业品牌也成了影响顾客忠诚度的主要因素。同样，邮轮品牌象征着一艘邮轮的整体设施和服务水平，各个邮轮公司树立了相应的品牌形象，如嘉年华公司的“快乐邮轮”品牌形象深入人心。

（2）服务质量

很多研究表明，服务质量对顾客忠诚度有着更为直接而根本的影响。服务质量是影响顾客行为意向的一个重要的决定性因素。对服务质量、重复购买、推荐意愿之间的关系进行研究，其结果是服务质量与重复购买、推荐意愿是正相关关系。邮轮旅游已经逐渐被人们所关注，这种旅行方式都是超五星级的服务，所以服务上都没有太多挑剔，但邮轮公司仍然要致力于服务能力的保持和提高，以期更好地保持和提高游客忠诚度。

（3）顾客的满意度

著名营销学大师菲利普·科特勒认为，顾客满意是指“一个人通过对一个产品的可感知效果或结果与他的期望值相比较后所形成的愉悦或失望的感觉状态。”这说明满意度是顾客对产品或服务自身及其性能的评价。顾客的满意程度越高则该顾客越会购买更多该公司的产品，对公司及其品牌忠诚更久。可以说顾客满意是推动顾客忠诚度的最重要因素之一。由于方便需求或是惰性而形成忠诚，或是由于转换成本的存在形成了较高的转化壁垒而形成忠诚，这两种忠诚并不牢固，一旦用户发现了更加方便或是更为满意的目标之后这种忠诚也就随之减弱、消失。除此之外，经济实力、购物环境、社会因素、教育程度等因素也在不同程度上影响顾客的忠诚度。

2. 顾客关系管理的一般策略

企业 80% 的收入来源于 20% 的客户。客户对于企业来说价值都不是一样的，其中一些客户为公司带来了长期的价值。这就要求企业做到能够跟踪客户、细分客户，并根据客户的价值大小来提供有针对性的产品和服务。因此我们在推行客户忠诚度计划时，应该把重点放在 20%~30% 的高价值客户上。著名的营销专家 Jill Griffin 提出过顾客忠诚阶梯的概念，描述了企业在与顾客建立顾客关系和顾客忠诚的过程往往会经过以下七个阶段：潜在顾客，目标顾客，不合格的目标顾客，第一次购买者，重复购买者，长期顾客和企业拥护者。企业在与顾客建立顾客关系和培植顾客忠诚的过程中付出了较大的成本，因此，留住这些带来企业最主要的利润来源的顾客是必须的。

（1）实施忠诚度营销策略

忠诚度营销是根据企业的营销目标，精心设计顾客体验，引导目标顾客的行为，通过营销执行来达到所期望的结果，使顾客成为持续购买的长期顾客。通过营销策略，企业与这些顾客已经建立起稳定而持续的顾客关系，这些顾客成为企业拥护者，不会轻易为竞争对手所吸引，这些拥护者无时不在地谈论企业及产品，为企业的产品或服务做市场宣传，同时帮助企业带来新顾客。

（2）塑造品牌实现企业承诺

只有保持稳定的客源，才能为品牌赢得丰厚的利润率。如果要想让顾客忠诚，必须先让顾客满意；如果想让顾客满意，必须实现企业的承诺，企业提供的产品和服务是顾客需要的，而且是超值的。品牌代表了品质，品牌代表了信任，品牌代表了承诺，品牌代表了差异化，品牌更代表了顾客的体验。顾客购买产品和享受服务的过程是方便、快捷的，这样就可以增加顾客愉悦的体验，从而对企业、品牌保持忠诚。为什么耐克的鞋可以卖高价，而且有那么多忠诚的顾客，就是由于品牌的力量。

（3）良好的顾客关系维护

在现实企业中，有时即便企业没有最好的产品、最低的价格或最快速的交付手段，顾客也会不断地来购买企业的产品或服务，这种看上去不合情理的顾客行为是建立在良好关系的基础之上的。良好的顾客关系建立在一段时间内的同顾客发生的所有交互行为之上，这种行为带来了顾客价值和明显的公司收益。顾客获得的全部价值不仅包括了他们所获得的产品或服务，也包括获得该产品或服务的方式。要通过服务的差异化来提升顾客的满意度，服务没有最好，只有更好，服务追求的目标是完美。邮轮的“五星级服务”帮助我们赢得顾客忠诚。客户服务是客户关系管理中一个永恒的话题，良好的客户服务是建立客户忠诚度最佳方法，其内容包括服务态度、回应客户需求或申诉的速度、客舱服务等，要让客户清楚了解服务的内容以及获得服务的途径。因为当今的客户变得越来越挑剔，并且在购买了产品和服务后会非常“敏感”，他们在与公司交易时，希望能够获得足够的愉悦，并且能够尽量减少麻烦。当这些客户获得了一个很好的客户服务体验时，他们自然会形成“第二次购买”；不过，如果他们获得了一个不好的体验时，他们会向周围更多的人宣传他们的“不幸”。因此，企业要想提升客户体验，必须要把与产品相关的服务做到家，然后才是真正的产品销售。

（4）化解客户抱怨

对于大多数公司而言，抱怨客户中只有 10% 可以有机会向公司明确表述出来，而剩下的 90% 客户是没有机会向公司表述出来的，这些抱怨只能反映在一些行为中，例如拖欠公司的应付账款、对一线的客户服务人员不够礼貌等。借助于互联网，这些不开心的客户很容易会让成千上万人知道他的感受。因此企业必须要在这个不愉快的事情扩散之前快速解决，尽量给客户一个倾诉抱怨的机会，让他们有机会说出心中的不畅，同时尽量解决这些不畅背后的问题。企业可以根据客户响应时间、客户趋势分析来设立公司的准则。在国外，“职员抱怨监控”是高层用来决策的一个重要工具。另外，服务不周造成的危害是显而易见的。弥补这种危害带来的影响，应被视为是一次机遇而不仅仅是痛苦的例行公事。解决客户抱怨可以从两方面入手：一是为客户投诉提供便利，二是对这些投诉进行迅速而有效的处理。

（5）获得和保留客户反馈

研究表明，客户反馈与客户对优质服务的感知是密切相关的。互联网的到来已经改变了客户对反馈的感知。逐渐地，客户开始期待企业能够提供一个全程的 24 小时服务；而且，现在的客户也已经习惯了访问网站，并期望能够在网上获得问题的答案。一些最新出现的技术工具，例如基于 Web 的自助式服务、E-mail 管理逐渐成为公司客户服务部门的关键应用之一。

（6）降低顾客成本

顾客成本即顾客在交易中的费用和付出，可以表现为金钱、时间、精力和其他方面的损耗。许多企业已经意识到培养忠诚顾客很关键，但做法却往往不得要领。例如，当顾客在享用邮轮餐厅时因得到不好的食物或受到不好的服务而投诉时，餐厅的处理方法通常是以餐费折价甚至免费的方式给予经济补偿，期望以此获得顾客的忠诚。但这样的方法只能平息顾客一时的怨气，却无法得到顾客的忠诚，因为顾客真正想要的是精美的食物和良好的服务。

3. 邮轮顾客关系管理

进行邮轮顾客关系管理，要不断搜集客户反馈，变得更加贴心。客户的需求容易变化，企业就持续搜集客户的反馈，反复了解确认客户的需求，只有这样才能给客户提供更满意贴心的服务。

（1）对客户信息进行管理

世界各大邮轮公司都开设了专门的网站，并允许会员注册和反馈评价，通过会员注册可以收集游客的基本信息，这些信息都会收录到相关数据库中，方便了解游客的喜好和旅游潜力；反馈评价功能可以收集游客对旅游服务质量的感受，可以促进邮轮旅游服务质量的提升。丽星邮轮、公主邮轮、地中海邮轮等著名的邮轮公司基本都开通了新浪官方微博和相应的微信公众号。利用社交网站不仅能提升网站的关注率，也能通过微博和微信这种时下最流行的社交方式了解游客的旅游需求；同时旅游网站又开设了意见邮箱，方便游客提出自己对邮轮旅游服务和产品的意见。

（2）针对顾客群体管理

第一，家庭旅游群体。家庭旅游群体是一个有老有小的团体，不论在选择旅游目的地还是在选择出行方式上，都要照顾到老人和孩子的因素。老人在旅游时不能太过劳累，孩子在旅游过程中最主要的是安全，要便于家长照顾，此外还得考虑孩子们的兴趣和学习需要等。邮轮旅游区别于团队走马观花式的旅游，其中心是固定在一个地方，即邮轮上，在停靠港岸上的游览活动也是自愿性质的，时间一般也不会超过一天，晚上登船住宿，这样的方式首先保证了旅游度假的舒适度，其次邮轮上有很多可供儿童玩要的地方，比如海皇水上乐园、星光电子游戏中心，对于幼儿还有查理护幼中心等。

第二，商务会议旅游群体。邮轮上有各种商务会议设施，比如有专业的剧院式和董事会式的中央会议厅、商务服务中心和剧院式电影院。另外邮轮上空间相对封闭，又配以餐厅和娱乐设施，更可以利用在停靠港的时间对当地进行访问参观。

第三，蜜月旅游群体。蜜月度假的主题是浪漫，泰坦尼克式的浪漫足以对情侣旅游者选择邮轮旅游产生巨大的吸引力。而邮轮上固定的空间也可以减少蜜月旅游的劳累感，尽情享受二人世界。不足的地方是邮轮上空间有限，对于私密空间要求高的情侣可能会降低其旅游吸引力。

对于邮轮旅游的促销方式来说，应该视旅游者类型的不同而采取不同的策略。针对蜜月情侣，针对家庭游，可强调邮轮旅游能够使他们逃离日常琐事，为其做一个费用比较，并表明与陆地家庭度假相比，邮轮旅游其实花费更少。针对朋友小团队，促销时可以强调旅行的方便及为他们交流提供相应的空间，并且突出船上的泳池、乒乓球场、篮球场，及高尔夫果岭、数码高尔夫等活动场地，可以为客人举办各类友谊比赛，增进互相交流的机会。针对会奖旅游，促销时强调邮轮能提供充裕空间，配合大型会议活动，提供卫星系统通讯，满足顾客联系世界各地的需要，去目的地方便，发生事故概率小，同时为客户节省成本。

本章小结

依据旅游者出游目的和邮轮旅游的特点，可以将邮轮旅游者划分为以下类型：观光型客源市场、娱乐消遣型客源市场、文化教育型客源市场、购物型客源市场、商务/公务型客源市场。从邮轮旅游市场来看，全球十大邮轮旅游市场分别是美国、中国、德国、英国、澳大利亚、加拿大、意大利、法国、西班牙和巴西。根据行业的传统，全球邮轮市场大致可分为北美、欧洲、亚太和世界其他区域几大板块，不同地区邮轮市场群体具有明显不同的消费特征，可以从邮轮游客需求心理、消费行为和消费习惯等方面进行分析。

传统的邮轮市场营销策略可以从产品策略、价格策略、渠道策略和促销策略等方面进行设计，而新型的营销策略可以尝试网络直销、体验式营销、数据库营销和直接营销。

邮轮企业在开展市场营销活动时，要研究客户忠诚度，努力寻找和留住忠诚顾客。邮轮企业可以采取以下顾客关系管理策略：实施忠诚度营销策略，塑造品牌实现企业承诺，良好的顾客关系维护，化解客户抱怨，获得和保留客户反馈，降低顾客成本。

思考题

1. 简述欧美游客的主要特点。
2. 了解邮轮市场营销的新型策略，掌握体验式营销。
3. 如何进行邮轮顾客关系管理?

案例分析

3.15 中青旅让利魅力邮轮

自从 2001 年暑期中青旅隆重推出度假休闲的精品旅游线路——“魅力邮轮”系列之后，该产品一直受到广大消费者的青睐，长期坚持不懈的推广也使得中青旅在邮轮公司的销售排行榜上，一直名列中国北方区榜首。在“3·15 消费者权益保护日”到来之际，中青旅又推出“魅力邮轮”酬宾大行动，以答谢广大消费者对中青旅的长期支持与厚爱。谈到为何选择在此时推出“魅力邮轮”酬宾大行动，中青旅有关负责人表示：“根据北京市旅行社服务质量监督管理所发出的通报显示，2002 年下半年以来，中青旅之所以能一直独善其身，靠的就是优质、过硬的服务。‘3.15’即将到来，为答谢广大消费者，让更多的人感受乘坐邮轮旅行的快乐，中青旅特意拿出自己的精品线路——‘中青旅魅力邮轮’展开酬宾大行动。”

此次推出的“魅力邮轮”航线，是“处女星”号新马泰六日游，出发时间特意选在东南亚最凉爽的季节——3 月底和 4 月初，让游客缓解紧张工作带来的压力，进行彻底的放松。船上丰富完善的各项休闲娱乐设施、泰国普吉和马来西亚卡威等宜人的海岛风情，一定能令游客们度过一段永难忘怀的欢乐时光。在这里，没有以往“白天赶路、晚上睡觉”式的单调行程，也没有“急行军”式的走马观花，无论是欢乐家庭组还是浪漫二人组，或者节奏舒缓的老年游客，都能感受到属于自己的轻松惬意与浪漫自由。中青旅大幅度的降价属独家行为，提醒广大消费者，此价格仅适用于3月22日、3月29日两期，此后价格将恢复正常，并且由于旅游旺季的到来，还将有显著提升。

（资料来源：陈锋仪，王莉霞，库瑞．旅行社经营与管理案例分析——旅游专业教学参考书［M］．南开大学出版社，2004.）

结合案例思考以下问题：

（1）案例中，中青旅运用的是什么样的定价策略？

（2）中青旅在“3.15”到来之际适时推出魅力酬宾大行动的主要目的是什么？

（3）如何确保旅游企业定价策略的制定不以降低产品和服务的质量或损害企业本身利益为代价？

第七章

邮轮运营资产管理

本章导读

邮轮是乘客和邮轮工作人员在海上的家和休假地，承载着他们日常生活、娱乐和休闲所必需的物资。一艘邮轮便是一个大型的设备聚集地，邮轮的航行与船上人们的生活都离不开设备、物资的辅助。邮轮的前进需要动力的支持，能源便是将乘客送到目的地的法宝。麻雀虽小，五脏俱全。管理方需对邮轮的物资、设备、能源进行有效的管理，为乘客和邮轮工作人员提供舒适安全的海上生活保障。本章就邮轮物资、设备、能源管理进行详细的讲解。

第一节　邮轮运营物资管理

一、邮轮运营物资管理概述

1. 邮轮物资管理的概念

物资管理（Material Management），也就是对物资材料进行计划、采购、保管、使用和回收。邮轮物资管理（Cruise Material Management），即以服务邮轮运行与提供服务为目的，对邮轮食品、饮料、酒店用品、家具、装备、燃料、润滑油、消耗品等物资的管理活动。

邮轮物资管理有一定的特殊性，首先，一艘邮轮在海上航行一天的物资消耗数量十分可观，随着邮轮大型化的发展，其物资消耗数量将更加庞大；其次，乘客及邮轮工作人员众多，对所需物资要求各有不同，因此邮轮需要准备种类丰富的物资；再次，邮轮的经营情况也直接影响到邮轮的物资使用和采购；最后，邮轮航行在海上，还要应对台风等各种突发情况。总的来说，邮轮物资管理具有重要性、复杂性和艰巨性。

知识链接

迪士尼邮轮“魔法”号的物资补给

世界著名邮轮公司怎么储备和处理千人一周的生活物资？

迪士尼邮轮“魔法”号的载客量是2700名乘客，一次为期一周的旅程，需要准备的物资包括3125加仑的苏打水、10 000磅的鸡肉、71 500只鸡蛋。通常在天还未亮的时候，工作人员就会到码头验收物资，如果质量没有问题，码头工人就会把货物运到船上。

（邮轮百科网2015年8月10日报道）

为了应对突发事件，通常邮轮上储存的物资会比实际需要的量多出1~2天的盈余，如果遇上台风季，还会再额外储存几个储藏室的食物原料。当然，在非常偶然的情况下，也会有某个调料用完之类的事情发生。等到船一靠岸，船员就会紧急下船，到当地的市场购买缺失的原料。

邮轮物资管理是一项复杂而艰巨的任务，其供应链模型见图7–1。

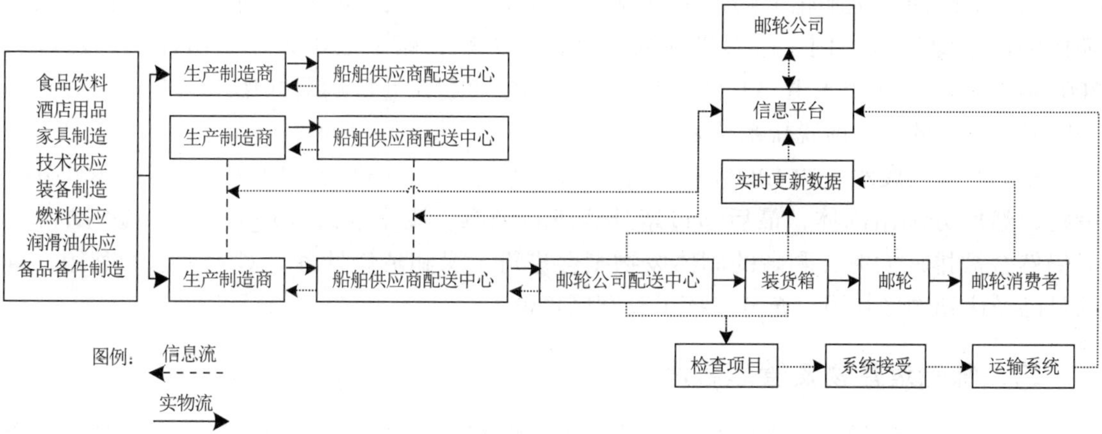

图7–1　邮轮物资供应链模型

2. 邮轮物资管理的步骤

“工欲善其事，必先利其器”。应对复杂艰巨的邮轮物资管理工作，只有依靠科学可行的物资管理制度体系，才会使物资管理井然有序。通常，物资管理过程包括以下步骤：

（1）核定物资需求量

例如：客房部需要多少床上用品和洗漱用品，餐饮部门需要什么食材，等等，据此编制供应计划。同时根据邮轮业务情况的新变化不断修正供应计划。

（2）储藏物资

根据不同物资的特性，分别采用不同的保管、储藏方法，保证物资的卫生和安全无恙。

有一些食材上船后就要被运送到船上的冷藏室进行保存，一艘船通常有多个冷藏室，冷藏室的温度各不相同。例如冠达邮轮玛丽皇后二号邮轮上，用于储藏冰激淋的冷藏室温度是 -0.4 华氏度（相当于零下 18 摄氏度），而肉类冷藏室的温度则会高得多。

同时由于船上的食物完全依赖于库存，卫生的保持是重中之重。玛丽皇后二号邮轮的工作人员为了避免交叉感染，食物的储存、预处理和烹制都在单独的工作室进行。像切番茄、腌牛肉这样的工作，都会先在物资供应厨房里做好，而不会被带入烹饪厨房。可见，邮轮所需物资种类繁多，为了存储不同物资还要采取不同的方法，邮轮物资的管理是一项复杂的工作。

（3）出库使用

监督各种物资的使用过程，保证物资的使用效率，使所有物资在使用过程中充分发挥其应有价值。

（4）处置与回收

最大限度地回收再利用邮轮各种尚有价值的报废物资，达到物尽其用节约经营成本的目的。

邮轮上的淡水是邮轮上的珍惜资源，那么如何做到淡水的珍惜利用？此处以皇家加勒比的海洋绿洲号为例。像海洋绿洲号这样的大船，船上数千人一日所需的淡水可达 2000 吨之巨。这些淡水主要有两个来源：一部分通过在港口购买饮用水而获得，另一部分则通过船上的反渗透脱盐系统来生产。

船上产生的废水（约 1200 吨）会由一个污水回收系统进行处理——利用细菌来分解废物，然后分离出固体，最后通过紫外线进行消毒。废水经过处理后已达到饮用标准，但仍然会被排入大海；剩余的固体废物则会进行干燥和焚烧处理。对于废水的利用，真的是已经达到物尽其用，充分发挥了其利用价值。

二、邮轮运营物资管理程序

前面我们已经说明了邮轮物资管理的重要性和艰巨性，那么如何将艰巨的邮轮物资管理任务落到实处，便是下面要讲述的内容。航行在大海上的邮轮，在科学的物资管理措施保障下，一切都可以井井有条地进行。常用的物资管理结构模型如图 7–2。

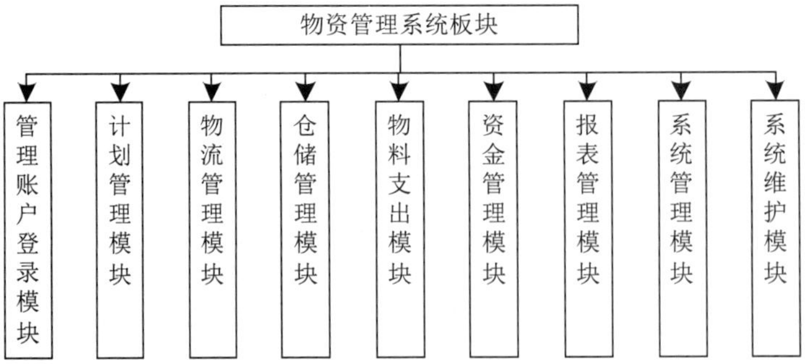

图 7–2　常规物资管理模块构成图

对于邮轮物资管理系统而言，比较重要的板块如物资的采购和验收、物资的仓储与发放等工作还有更为详尽的管理内涵。

1. 物资的采购和验收

（1）物资采购

我们已经知道邮轮的物资数量大、种类多，因此就注定了邮轮物资采购工作是一项繁重的业务活动。根据邮轮运营的需要，在不同的时间段内需采购不同品种、不同数量的物资，以维护邮轮的正常运转。

第一，科学合理地确定采购物资的种类和数量，可以依据以往邮轮所有业务活动的物资需要，但不排除意外事件的发生。

对于邮轮运行而言，最容易遇到的意外便是自然灾害，比如台风。就如下面所说的案例，遇到台风对邮轮物资方面的损失是巨大的。2015 年 8 月下旬，台风"天鹅"来势汹汹，而 8 月也是游客出行旅游的高峰期，出航的邮轮为保证安全只能避开台风绕道走。皇家加勒比的海洋量子号，原定的航线将经停日本的广岛、东京（横滨）和神户港口。通常来说，在半年之前海洋量子号就已经按照航行计划，完成了各类物资采买，比如蔬菜、肉、海鲜和淡水等的采购。但因台风"天鹅"这种突发事件，海洋量子号改道韩国，更改了航程和停靠码头之后，所需的物资只能重新购买，这产生了高额的额外费用，使邮轮运营成本增加了 30 多万美元左右。

因此，对于不可抗的自然因素，邮轮在物资准备方面应该做到面面俱到，但是在邮轮有限空间和对物资严格保存的要求下，应对来自大自然的挑战，人的力量是薄弱的，只能在物资管理上尽可能有智慧的决策和行动。

第二，选择最为适合的供应商，采取订货或直接采购，并且及时配送上船。

鉴于邮轮的物资配送具有量大、价值高、时间要求严格等特点，因此绝大部分物资都在邮轮母港进行补给，这无疑给邮轮母港带来了巨大的经济效益，同时也对邮轮母港提出了相应的挑战。邮轮物资配送已经成为衡量一个邮轮母港是否具有竞争力的重要指标。

上海国际客运中心和上海吴淞口国际邮轮港分别于 2008 年和 2011 年正式启用，建成后的两大邮轮母港配套设施完善且分工合作。上海港国际客运中心受制于杨浦大桥净高 50m 的限制，只能靠泊 7 万吨级以下邮轮，大型邮轮都停靠在吴淞口邮轮码头。两大邮轮母港都具有完善的码头服务设施，可以为母港邮轮提供快捷的邮轮物资装卸服务。上港集团旗下还有专门从事物资供应服务的企业，可以对邮轮物资供应流程进行整体控制，保障邮轮物资安全、高效、及时地装船。

其实，相较于美国迈阿密和韩国釜山两座城市的母港物资配送资历，上海作为母港进行物资配送，起步比较晚，还有很多的经验需要汲取。针对当前国内邮轮母港邮轮物资配送的发展现状，相关人士已经充分认识到我国邮轮港口发展邮轮物资配送的重要性和紧迫性，加快在国内邮轮母港建立专业化的邮轮物资配送中心，配备专业化的码头设施，进行集中采购、集中监管、集中配送和集中结算，同时加快破解理顺邮轮物资上船税收政策，提升邮轮物资通关效率，以避免庞大的邮轮物资供应市场被抢占。

第三，采取严格的控制制度，严防每个环节中可能存在的管理漏洞，使物资采购按质、按价、按时到位。

（2）物资验收

邮轮物资验收，是指物资采购以后，由验收人员根据订货单检查所购物资是否与订货单相符的过程。物资验收使物资的所有权从供应商转移到邮轮，严格的验收工作可以保证物资的优质足额。

具体来说就是，采购员采购任务完成后，应及时将订货单转给验收部门，并将采购物资的基本情况通知验收负责人。验收人员应将订货单与财务部门转送的经批准的请购单对照，若订购内容与上级批准的采购内容有出入，应及时向财务部门报告。验收人员最终应以书面形式阐述验收情况，包括签填验收单据、形成验收报告及进货日报表。在物资验收过程中，对不合要求的物资应采取拒收行动。

2. 物资的仓储与发放

（1）物资仓储

并不是所有的物资都必须经过仓储管理，有的物资可经采购验收后直接进入使用过程而不是经过仓储，因此首先要明确仓储管理的对象。不经过仓库直接进入使用部门的物资一般有：

第一，邮轮所需要的鲜活类物资，例如新鲜蔬果、活畜活禽等，可直接由供应商送到使用部门，以保证物资的鲜活度。

第二，业务部门在经营过程中随市场新形势而产生的新需要的物资。

第三，如果供应中断，对经营活动的正常进行影响不大，而货源又不十分难寻的物资。

（2）入库存放

为充分使用仓库现有的一切仓储条件，物资的堆放必须遵循一定的原则进行，以实现物资妥善保管，增加仓库利用率，减少仓储成本。

（3）物资保管

物资保管的目的，是使物资在仓储期间尽量不发生或少发生各种减少，使所有入库物资都真正为邮轮经营活动服务。既要保证数量，又要保证质量。

仓储账务管理方面为所有物资建立卡、账，设立账务系统，随时记录物资的流动情况以及在库情况。进行账务管理有利于控制存量，决定订货量，计算发货量，确定成本和审核。

（4）物资发放

在物资发放管理中，人为因素最重要，其次才是做好物的管理。涉及的人员有：

审批人，是物资把关的人，从根本上控制着物资发放的量。如邮轮上厨房审批人一般为行政总厨，掌管着游轮上大大小小所有餐厅的物资审批权，所以此人要了解每个餐厅每天的物资使用情况。

执行人，是指涉及物资发放过程各方面的工作人员，包括仓储管理人员、核算员和部门领料人员。

对于物的管理，应该注意以下几个方面：

第一，发货区域。每种物资对仓储环境和条件都有明确而严格的要求，而如果大量人员频繁进出仓库，会极大地影响应有的仓储环境，同时会威胁仓储物资的数量安全，因而确定一个固定的交货点是很有必要的。

第二，发货时间。发货时间可以根据物资的用途，采取定时和不定时相结合的方法。

第三，货物交接。发货工作人员与部门领货人员之间的物资交接，是物资发放管理的最后环节。在进行物资交接时，双方都应该按照发货单和领料单复核检查，清点所发物资的品种、规格和数量，确信无差错时才准予出库。

第二节　邮轮运营设备管理

一、邮轮运营设备管理概述

1. 邮轮运营设备的主要内容

设备，是各部门所使用的机器、器具、仪器、仪表等物质技术装备的总称。对于邮轮来说，客房、餐厅、酒吧、棋牌室、健身房是最基本的场所，这些场所要有与之配套的设备。邮轮的设备是衡量邮轮等级的显性招牌，是客人与邮轮互动的最直观感受，好的设备才会给乘客舒服的感受。邮轮设备管理是邮轮运营的关键环节，设备管理合理关乎邮轮服务质量的好坏，运营成本的高低。

伴随国内外邮轮市场的崛起，邮轮豪华程度和功能的多样性不断提升。邮轮上的公共服务设施和娱乐设施渐趋陆地化。船上购物商场、高尔夫球场、图书馆、教堂、歌剧院、夜总会、咖啡厅、各色酒吧、自助餐厅、美容院、露天游泳池、儿童游乐场等不断丰富。如“海洋绿洲”号船上“百达汇”欢乐城、中央公园、游泳池和运动区、皇家大道、娱乐世界和青少年活动区、海上水疗和健身中心等主题分区简直趋同陆地度假村规划设计，因此海上旋转木马、海上圆形剧院、高空滑绳、海上移动酒吧等设备也缤纷多样（见图 7–3）。

一艘邮轮就是一个小世界，这个世界虽小却五脏俱全。人们在生活中需要的和非需要的设备这里无一不有、无一不精。有的邮轮会提供船上会议室：每艘大型的邮轮上都有公共使用的房间可作为团体的会议室，若有这方面的考量事先要和旅游公司说明清楚，根据需求来安排时间与餐饮服务，提供视听设备。船上洗衣服务设备，可提供专业洗衣和干洗服务。船上医疗服务设备，有全套的医疗设备和人员来应付紧急情况，有些船上还可以进行手术。

夜间娱乐设备，有赌场，船长的鸡尾酒会设备，午夜自助餐设备。在齐全的设备支持下，夜晚客人想玩到多晚都可以，直至欣赏海上壮观的日出。

图 7-3　皇家加勒比设备环境（主餐厅）

2. 邮轮运营设备的基本类型

（1）按固定资产管理的要求分类

邮轮设备作为邮轮的固定资产，可以分为七类：邮轮本身、机器设备、交通工具、家具设备、电器、影视设备、文体设备，以及其他设备。

（2）按技术管理的要求分类

邮轮设备可以按其功能组成系统的不同进行分类：供（配）电系统，给排水（冷、热）系统，供热系统，制冷系统，空调通风系统，运送系统，通信系统，电视系统，音响系统，计算机信息系统，消防报警系统，自动化管理系统。

伴随现代邮轮功能的提升，除以上常规设备外，还有诸如：淡水制造系统，生活污水处理系统，垃圾处理系统，大型冷藏、冷库系统，艏尾部侧推系统，救生筏系统，减摇鳍，大型 UPS（Uninterruptible Power Supply）电源，全船 WiFi 系统，卫星通信系统，卫星上网系统，CCTV 系统，岸电接驳系统等。

（3）按设备的工作性质分类

为便于管理，可以将工作设备分成以下几个设备系列：厨房设备系列，洗衣设备系列，清洁设备系列，客房设备系列，休闲娱乐设备系列，维修设备系列，办公设备系列。这种分类也是最常见的。

为适合邮轮管理，应对设备进行编号。在这里介绍一种编号方法：

根据设备的性能、用途，将邮轮上所有的设备分为若干大类，每一大类又分为若干分类，每个分类再分为若干组。每大类、分类、组分别用 0~9 的数字表示，并依次排列。

第一，大类。邮轮设备共分为 10 大类，大类号位于编号的首位。设备大类代号如下：1- 供、配电及控制设备；2- 水暖空调设备；3- 动力、机械设备；4- 电子信息设备；5- 音频视频设备；6- 厨房设备；7- 洗衣、清洁和消毒设备；8- 娱乐、健身和美容设备；9- 家具；10- 卫浴设备。

第二，分类。每大类又可以按设备的属性分为若干分类。以第 3 大类“动力、机械设备”为例，其分类代号为：1– 水泵；2– 通风设备；3– 变速传送设备；4– 升降设备；5– 交通运输设备；6– 工程维修设备；7– 木工机械设备；8– 电动工具；9– 电器设备。

第三，组别。每一分类的设备又可以分为若干组，组别号位于编号的第三位。以水泵类为例，其组别及代号如下：1– 单级离心泵；2– 多级离心泵；3– 恒压泵；4– 变频泵；5– 潜水泵；6– 管道泵；7– 蒸汽往复泵；8– 污水泵等。

这样，就可以用一个 3 位数字表示某一种类别的设备。如“314”，即为第三大类“动力、机械设备中”，第一分类“水泵”类中的第四组“变频泵”。

3. 完善设备管理的基础资料

根据设备的不同分类，可以对不同分类的设备建立和完善必要的基础资料，包括设备台账、设备卡片、设备档案等。

以设备台账为例，不同的部门根据管理的需要可按不同的形式编制设备台账。

固定资产分类台账，按固定资产的分类进行编制。它主要反映邮轮设备资产的价值情况和资产变动情况。设备系统分类台账，是将设备按系统进行分类，并按一定顺序编制的台账。它反映了邮轮各设备系统拥有各种类型设备的情况、各系统设备的分布情况。设备使用分类台账，它是部门对拥有的设备，根据不同的用途来编制的台账。设备使用分类台账是由设备使用部门编制的，便于使用部门的设备管理和设备资产清点。按设备使用部门进行分类的台账是最常用的设置方法。

二、邮轮运营设备管理过程

邮轮设备是邮轮正常经营所必须具备的物质条件，管理好这些设备是经营工作的一部分。要管好这些设备，除了要有较强的专业技术人员以外，还需要一套合理的程序和科学的方法。以下就设备管理的基本程序和方法进行讨论。

1. 邮轮设备管理的程序

按设备管理的不同阶段，管理程序可以分为更新、技术改造、报废三部分。

（1）设备更新程序

这是指从设备更新的计划、决策、选型、订购到日常管理的运行程序。包括：

第一，制订设施设备更新计划；

第二，申报、审批；

第三，收集资料，选定型号；

第四，联系商家，订购设备；

第五，设施设备到货，入库保管；

第六，安装调试；

第七，办理设备的移交、入账和建档手续；

第八，进行使用方法的培训；

第九，日常管理。

（2）设备技术改造程序

第一，收集在设备使用中所发现的结构、配套、安装等方面不适应经营需要的问题；

第二，召集由管理人员、使用人员、工程技术人员参加的设备改造研讨会，制定设备改造方案；

第三，设备改造施工；

第四，设备报废程序。

2. 邮轮设备管理的方法

（1）建立设备技术档案

邮轮设备的种类和数量都很多，使用范围广，更新周期不一致。为加强管理，便于维修，降低损耗，延长使用寿命，必须建立设备档案。这项工作应由工程技术部门、财务部门、使用设备的相关人员共同负责。

（2）制定科学的使用、操作、保养、维修规程

在设备管理中，可采取将责任层层落实到班组和个人的办法。还应当制订统一的使用、操作、保养、维修制度。一般由邮轮部门负责日常保养、一级保养和小修；工程部门负责二级保养、中修和大修。

（3）定期考核设备管理效果

邮轮的设备管理水平，对邮轮各项经营活动的开展和经济效益的提高会产生很重要的影响。因此，有必要定期考核设备管理和使用效果，以评定设备管理水平。主要考核内容：

第一，设备完好率；

第二，设备维修费用。

3. 邮轮设备的维修保养

邮轮设备的保养和维修是设备管理的重要组成部分，直接决定着设备的完好率和使用寿命，也影响着邮轮的经营成本和整体经济利益。因此，邮轮管理者要重视设备的修理和维护。

（1）设备的修理

设备的保养维护和修理是两个既有联系又有区别的工作，但是目的是一致的，都是为了使设备正常运转，以满足经营需要。它们的工作内容是有区别的，维护保养是指设备尚在正常运行时对发生的较小变化进行处理；修理一般是指更换可能发生故障的零部件和修复已经出现故障的设备。

在设备运行过程中，即使维护保养工作完全按规定、按计划进行，也难免发生故障。一些零部件、电器元件随着设备的运行和时间的推移会出现磨损、消耗、老化；环境的变化以及电压突然过高、剧烈震动、违反规定的操作等，都可能引发故障。当设备发生故障时，应该立刻修理。

第一，按规定修理日期分类修理。

一是标准修理法，又名强制修理法或主动修理法。这种方法是根据设备零件的使用

寿命，在维修计划中明确规定修理日期和调整、更换零部件等修理内容。设备在经过规定的一段运行时间后，不管零部件的实际磨损以及运转情况如何，根据标准工艺要求，都要进行强制修理，零件也需要强制更换。这种方法的优点是，便于在修理前做好准备工作，组织工作简化，停机时间短；缺点是需要经常检测零件的磨损程度，修理费用大。这种方法一般适用于必须严格保证安全运转和特别重要的设备的修理。

二是日常检修法。设备在运行过程中，零部件的磨损都有一个从量变到质变的过程，故障的产生一般都是有苗头的。专业维修人员在设备运行过程中应当经常巡查监测，及时发现、解决问题和消除事故隐患。这种方法的优点是，对保证设备的安全运行，防止事故的发生能起到很好的作用，而且所需要的工作量也相对较少。适用于一般设备的修理。

三是及时修理法。这是指设备发生故障，不能正常工作或者完全停止运转后而进行的修理。邮轮设备发生故障是很难避免的，故障发生后应及时检查清楚产生故障的原因并尽快修复。修理工作结束后，必须认真填写修理记录单，同时应由管理人员对修理工作进行检查验收。这种方法虽然是一种被动的方法，但是在现实中却是一种经常使用的方法，也确实能解决一些问题。但是这种被动的修理法不如前两种主动修理法的效果好，因此，如果能用主动的方法解决问题时，尽量不采用被动的方法。

第二，按修理内容的复杂程度分类修理。

一是部件修理法。即将需要修理的部件拆下来，换上事先准备好的部件。这种方法可以明显缩短停机时间，但需要储备一定数量的部件用于更换，占用一些资金。因此，这种方法适用于那些具有一定数量的同类设备的部门，也适用于修理一些虽然数量不多但是属于关键性的设备。

二是局部修理法。即将整体设备划分成几个独立的部分，按顺序修理，每次只修理其中的一部分。这种方法的优点是，可以把修理的工作量化整为零，以便利用较分散的时间，从而提高工作效率和设备利用率。它适用于具有一系列结构相对独立的设备或修理时间比较长的设备。

三是同步修理法。这是将若干台在功能上相互紧密联系而且需要修理的设备，安排在同一时间段内修理，以减少分散修理所耗用的时间。这种方法常用于配套设备的修理。

（2）设备的保养

第一，制定和实施设备保养计划。

这是按照设备的使用说明书所要求的保养项目和时间制定保养计划。要科学地安排保养时间和内容，并且落实到具体工作人员。内容有以下三个方面：

一是以文字形式提出具体设备的保养要求。每启用一台设备，就应该在设备登记卡上的维护保养栏内写明该设备的保养要求。如果是进口设备，则应该及时将这部分资料翻译，为日后保养维修提供方便。

二是制定每日、每周、每季、每半年、每一年的维修保养计划。一般日常保养和每周保养都由服务、使用人员承担，每月、每季、每半年、每一年的保养由专业维修人员承担。

三是利用工作单落实保养计划，由主管或领班填写工作单。工作单上应写明保养设备的名称和保养内容。要将保养计划落实到具体人员。保养工作完成后，填写所用材料、工时和保养情况记录。工作单要保存备查。

第二，三级保养法。

三级保养法是根据设备保养工作量大小以及难易程度，把设备保养分为日常保养、一级保养、二级保养三个级别，并规定出相应的工作内容。

一是“日常维护保养”。

保养工作人员：设备操作人员，大部分是服务员。

保养部分：主要部分是设备的外部。

保养时间：每天进行例行检查。

具体工作内容：检查设备的操纵机构、变速机构以及安全防护装置是否灵敏可靠。检查设备润滑情况，并定时定点定量加注相应的润滑油；检查设备易松动脱落的部位是否正常；检查附件、专用工具是否齐全；搞好设备以及周围的卫生。

二是“一级保养”。

保养工作人员：以设备操作员为主，以设备维修人员为辅。

保养部分：部分内部装置。

保养时间：设备连续运转500小时进行一次一级保养，一般每月进行一次。配合间隙：清扫、擦拭设备表面和电器装置；清洗附件和冷却装置。

三是“二级保养”。

保养工作人员：以专职维修人员为主，以设备操作人员为辅。

保养部位：设备内部结构。

保养时间：设备累计运转每300小时进行一次，一般每年进行一次。

具体工作内容：根据设备使用情况部分解体检修；对各种传动箱、液压箱、冷却箱清洗换油；更换易损件；检修电气箱、电动机，清理电路板接插件；检查需要调整的零部件和电子器件使之恢复精度，校正水平。

每次一级保养或者二级保养之后，都要填写保养记录卡，并将保养记录卡存入设备档案中，以备检阅。

第三节　邮轮运营能源管理

一、邮轮运营能源管理概述

能源管理（Energy Management）从宏观上讲是政府部门对能源的开发、生产和消费等过程的科学计划、组织、调控和监督的过程；微观上，企业对能源供给与消费的全过程进行管理以实现资源和能源的绿色高效利用，降低企业运营成本。邮轮能源管理更贴近于微观能源管理范畴。

邮轮是一个移动的小城市，其功能实现不能缺少能源的支持，邮轮能源管理在邮轮运营中有举足轻重的地位。邮轮能耗结构大致如图 7–4。

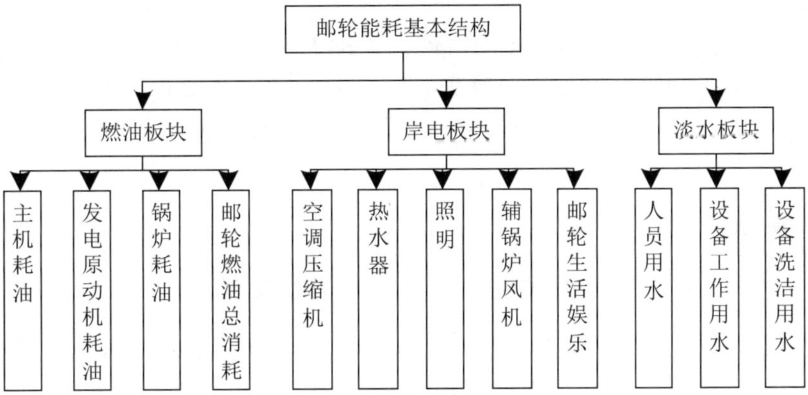

图 7–4　邮轮能源基本结构

和资本、设备、人事一样，能源管理是邮轮企业必不可少的工作。对于邮轮企业来说，能源支出在整个生产费用中所占比重还是不小的。正因如此，管理者有必要像对待资金、人力和设备那样，对企业的能源进行认真的管理。

在邮轮旅行如火如荼的今天，发展绿色邮轮旅游悄然变成人们关注的焦点。在长距离的航行中，为了给游客提供舒适的环境，邮轮上往往配置了较为齐全的生活和娱乐设施。所以对于豪华游轮来说，它和陆上饭店一样需要消耗大量能源，尤其是在海上漫长的航行旅途中，邮轮对海洋环境的影响更是不容忽视。在提倡生态旅游的当今社会，邮轮企业必须采取有效的环保措施，配备先进的排污设施和装备，使每一趟航行在保证顾客舒适度的前提下，又能严格地把对环境的消极影响控制在最低范围内，使所到之处的空气和海洋得到保护。因此，绿色节能减排不仅是宏观环境的主节奏，也是邮轮能源管理的目标。

1. 能源管理追求的目标

能源管理就是保证在最省钱的条件下满足企业对能源的需求。据此，这项管理工作的范围包括以下三个方面：

（1）供应方面

保证企业以最少的费用，按质保量并且持续地获取所需的能源。

（2）消费方面

保证能源消耗低到最低水平，而达到这一目的的途径就是避免浪费、注意设备的维护，使其效率尽可能达到最佳水平。

现在能源节约、低碳经济是全球性话题，使用新能源不仅会减少邮轮的运营成本，也使邮轮运营为环保事业做出自己的贡献。邮轮运营正步入发展成熟期，使用新能源，降低能源占运营成本的比重，对于增加自身运营竞争力有重要意义。

（3）投资方面

敦促有关方面根据消费变化情况合理选用适当的能源，在确保节约能源的条件下，建议进行必要的设备管理。

能源管理应该充分发挥主动性和创造性，管理人员应该对能源市场保持敏锐的嗅觉，探索各种节约能源的可能性。就能源管理制度本身来讲，必须能及时采取行动去纠正能源使用方面的缺点，特别是促使设备尽可能充分发挥能源的效能。

知识链接

“海洋魅力”号的太阳能技术

皇家加勒比邮轮是采用新能源航行的表率，在2011年就已经进入太阳薄膜时代。“海洋魅力”号是皇家加勒比在第一艘绿洲系列邮轮——“海洋绿洲”号之后，又一艘使用太阳能技术的邮轮。

该邮轮设备由Energy Conversation Devices公司作为太阳能组件生产商，授予其子公司United Solar公司生产太阳能电池板，最后由迈阿密BAM Solar公司负责太阳能组件的安装工作。整套设备可为邮轮的购物区提供电力。皇家加勒比邮轮公司环保技术研发部门经理Rasmus Norling表示，“皇家加勒比邮轮公司致力于环保事业，使用太阳能是公司践行可再生能源承诺的一部分。”

海洋魅力号（The Allure of the Seas）

（资料来源：太阳能，2011年第04期，王馨编者整理）

2. 能源管理的职责范围

有的邮轮企业有单独的能源管理部门，与企业的有关管理部门一起承担能源管理。但有的企业没有，由企业的管理部门承担一部分的能源管理职责。如若已经设立了能源部门，那么应从组织分工方面来保证它们和能源管理部门密切配合，协调工作。

（1）能源供应方面的职能

不应单纯地讲能源的采购，而是所有相关部门协作，保证企业的能源供应。

第一，能源的选择。选购时不但要考虑技术方面的准则，还要以经济标准来考虑能源本身的价格以及其附加费用，如能源储存、企业内部调配以及现有设备改装等方面的问题。担任采购的人员，要对专业技术有熟练的掌握，同时又能深入了解并善于权衡拟选用的能源在经济上的得失。

第二，与供应商的谈判。采购部门的首要任务就是让对方以最低的价格出售，但是还要考虑最低报价背后的附加条件，例如不可能连续供货，质量与需求不同，交货量有限。因此，当采购涉及技术规范的问题时，采购和能源部门要配合协调好。

第三，进货检验。能源供应是能源管理内容之一，能源部门有责任检验购进的能源产品是否符合技术规范的要求。任何涉及进货质量不合要求的问题，应及时通知能源部门。能源部门对采购部门起监督和验收的作用。

第四，能源的贮存。为了确定能源的贮存量，能源部门应该从历史上的变化到未来的发展趋势等方面全盘掌握能源的消费情况。能源部门应根据贮存能力、提取手段、内部调配、周转以及库存等方面的情况，妥善安排能源的贮存。

（2）能源消耗监督方面的职能

能源消耗是能源管理的重要方面，应收集能源消耗方面的资料，据以指导如何降低消耗。

第一，能源消耗的计量。若通过比较本月和上月的能源耗用量，而仅了解总数的变化，无法对企业的能源消耗进行有效管理。应该按岗位管理制度，安装计量能源消耗的设备以及进行相应的组织安排工作。设备安装与计量由精通计量的部门负责，能源耗用的计算工作由财务部门负责。

第二，消耗情况的分析。消耗分析的目的就是为了弄清影响能源消耗的各个因素，有些因素只能被动承受，并且不可能是短期的，例如气象的变化。有些因素可以迅速发生作用而将能源消耗维持在最低量，例如设备的维修、弄虚作假、计量不准确等。

第三，能源消耗情况的汇报与统计报表的编制。报表内容包括报告期内的计划消耗和实际消耗，最好还附有对未来消耗的预测。报表中的文字说明应是针对本报告期的实际情况说明采用了什么办法来提高能源利用率。

第四，统计资料的利用。主要用于以下各项工作：预报日后的能源消耗，安排设备的维修，调查消耗不正常的原因，研究设备改装的影响，协助财会部门核算能源费用的投入。

二、邮轮运营能源管理程序

对能源的管理主要从能源供应、能源消耗、能源技术的改进、人员培训这几个方面具体阐述能源管理的全过程。能源管理是企业管理者应对的工作之一，也是自成一套的管理项目。

1. 能源供应方面的管理

能源的选择应该符合以下标准：

（1）价格便宜

首先应该考虑的因素当然是价格，首先应该选用的应该是最便宜的，但是选用最便宜的能源是有一定限制的。高质量的燃料肯定是较贵的。适用于特定用途的燃料只有少数几种可选，存在没有备选的可能。因此，依据价格进行选择的范围极为有限。

（2）供应安全可靠

在签订合同时，应在合同中明确保证安全的条款。但是，不可抗拒的情况总会发生。

（3）符合防止污染的规定

例如燃用煤炭以及重燃料油，必须装设除尘装置才能符合新规定的要求。

（4）设备投资费用

一般来说，越是便宜的能源，所需设备的投资越大。设备的投资费用因为所用的能源不同而差异很大。

（5）维修费用

维修费用因为能源种类的不同而有多有少，其差别大体上和设备投资方面的差别一样。

2. 新建改建设备的能源

此时，应该考虑改用能源所带来的重大负担。邮轮上的各种设备以及它们所使用的能源，实际上是彼此紧密配合的。改用能源在绝大多数情况下只有连同设备一道更换才是合算的。

对于能源的选用，并不是经久不变的。某一时期是合理的，但若干年后就可能变为不适用的。供不应求的市场因素，必然会影响能源的价格。人为的政治因素也会影响能源价格，能源的价格变动还和政府的政策有关。政府或是为了保持贸易收支的平衡，或为了防止污染，或出于其他方面的理由，对某些能源采取鼓励使用的政策。如果在市场上销售的能源产品价格低于按它的使用价值应有的实物价格，必须持有十分谨慎的态度。

售价低廉是好事，但是保证以后不使人吃亏才是真正的好事。也就是说，必须保证在这种低廉价格的能源供应中断之后，不必耗费太大的投资便可改用其他能源，或者合同能切实保障在相当长的时间内这种低廉的价格稳定不变，从而使投资得以全部回收。

若存在两种价格相近的能源，应该毫不犹豫地选择那种价格上涨后有回旋余地的能源，即使它的价格较贵也应该如此。

（1）计量消耗

如果只从财务部门那里得知能源的总消耗而对能源进行管理，并不能进行全面的能源管理。对能源耗用的监督从计量、消耗分析、资料汇总三个方面来具体表述。

第一，计量方法。计量方法的目的不是为了了解每时每刻的能源消耗，而是按一定的周期抽测能源消耗量，借以了解某一段时间内的消耗情况。分为三种方法：直接计量、间接计量和估算。直接计量就是对不同的对象直接进行计量，间接计量不是直接测量消耗量，而是测量与消耗量有直接关联的参量。这是比较简单易行的。估算是不必花费财力去直接计量能源的消耗量，而是根据机器铭牌参数并参照运行时间，从理论上进行推算。

第二，计量制度的实施。一是选择计量岗位。首先要定出标准来选择实行直接计量的岗位。既然计量的岗位是有选择的，就必须允许有一些岗位排除在通过计量的办法来进行监视的范围之外。二是计量仪表的安装。仪表的安装应该严格遵守技术规程，以保证测量的准确性和可靠性。要防止因仪表的故障而使运行受到影响。安装仪表时必须留有必要的旁路，以便拆卸仪表进行检查和保养。仪表必须安装在进出方便、无冲击、无其他不利环境因素的地方。

第三，计量资料的汇总以及上报。在计量消耗过程中收集的各种原始资料，应由经办能源统计事务的人员按规定的格式及办法进行整理和分析。能源主管阅读报表之后，必须针对报表中所反应的问题采取行动。企业管理者通过报表可以全盘了解企业的能源动态。

（2）能源技术

外界在能源使用技术上有什么变化，这些变化与本企业有什么关系，能源管理部门都应该心中有数。只有掌握外界的技术动态，才能利用技术上的进步，采用新技术。能源管理部门应该熟悉有关能源方面的规范和条例，并随时了解其变动情况。

（3）人员培训

应培训人员，提高其技术水平。能源的节约也是应该关注的话题，培训人员也是节约能源最有效和最省钱的手段。能源管理部门应该评定设备操作人员的技术水平，在定期巡查过程中，与操作人员进行简单的交谈，从他们对提问的反应，便可很快地了解他们的水平。特别是现在倡导新型能源的使用，在进行人员培训时，一定要着重培训新型能源的使用。

本章小结

本章就邮轮运营的资产管理进行了详细的阐述，介绍了邮轮资产管理三个方面的核心所在。物资是邮轮工作人员和乘客的命脉，设备是邮轮正常运行的最佳搭档，能源是邮轮在茫茫大海中航行的动力，三者缺一不可。登上邮轮的客人期盼有一个完美的旅程，物资、设备、能源集体到位，全面严谨的管理是邮轮正常运营的关键。

思考题

1. 邮轮物资管理有什么特殊之处？

2. 自己查资料了解邮轮除了酒吧、游泳馆等之外，新的一年又有哪些新设备？请举例说明。

3. 邮轮为使用新能源应该做哪些准备？

案例分析

中国邮轮航线的特征

邮轮游结构分为短期、中期、长期三部分。短期航线是指航程为 7 天以下，中期航线指航程为 7~14 天，长期航线指航程为 14 天以上。中国邮轮以短期航线为主，占市场比例一半以上。

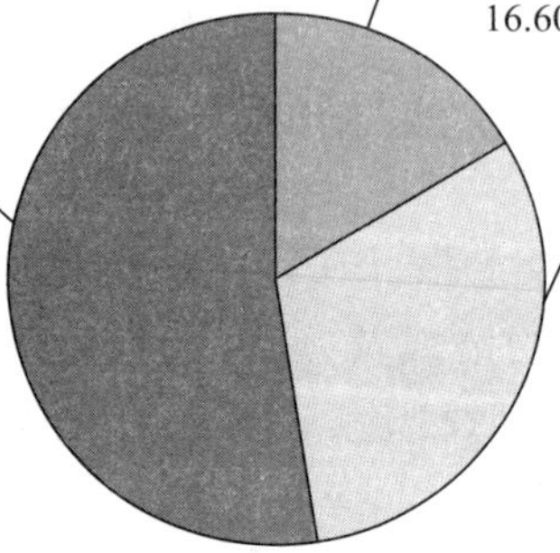

中国邮轮航线时长结构分布图

中国各时长邮轮航线特征简表

项目	短期航线	中期航线	长期航线
邮轮主要目的地	国内、港澳台地区、部分东南亚和大部分日韩港口	小部分日韩、部分东南亚、大部分欧美国家港口	欧美国家港口为主，包括一些极地、环球航线
游客出行时间	法定节假日为主	非节假日出行比例增多	非节假日为主
单人价格	3500 元左右为主	15 000 元左右	25 000 元以上
消费分布	免税店购物占绝大比例	船上购物、观光消费比例有所提升	船上酒吧、甲板日光浴等消费比例较高

（资料来源：国家海事网）

结合案例思考以下问题：

针对我国本土邮轮运营产品，结合本章内容说明如何为这三种类型的航线做好物资、设备、能源准备。

第八章

邮轮运营资源管理

本章导读

豪华邮轮是海洋中航行的大型旅游客轮，被誉为海上超豪华级酒店式度假村，它集商务、餐饮、娱乐、观光为一体，是旅游者向往的旅游目的地。由于邮轮越来越大型化，对其所需各项资源管理的要求越来越高，尤其是“人、财、物”资源已经成为各大邮轮公司竞争与发展的重要因素，特别是在信息化和人工智能高度发展的今天，谁掌握了信息化资源谁就能更广泛地占领市场。目前，欧美国家邮轮业发展相对我国而言更成熟，但我国有我国的优势，尤其在信息化和人工智能管理方面已经走在世界的前列。因此，我国邮轮产业可以抓住契机，快速发展具有中国特色的邮轮旅游业。本章即针对邮轮发展所需的人力资源、信息资源和财务资源管理进行学习讨论，以便大家更好地掌握邮轮运营中“人、财、物”资源的管理技术。

第一节　邮轮运营人力资源管理

一、邮轮人力资源配备

1. 做好人力资源规划

随着知识经济时代的到来，在人类所拥有的一切资源中，人力资源已逐渐超过物质资源、金融资源，成为企业的核心资源。人力资源对企业发展的重要作用已成为业界共识，人的因素也相应地成为企业实现自己战略目标的关键因素。邮轮旅游业作为在我国出现的新型行业，起步较晚，对于其领域还需要不断地探索和研究。

邮轮人力资源规划（Cruise Human Resourse Planning）就是有利于公司发展而对人力资源的需求，将保障人力资源管理活动的有序进行，合理控制人力资源成本，同时调动邮轮员工的工作积极性和创造性，为邮轮公司的经营运作提供强有力的人员保障。

行业的发展离不开专业人才的培养，因此，发展邮轮旅游必须加快该专业人才培养的步伐。作为我国高级人才培养基地的高校可以开设邮轮旅游专业，为我国培养急需的高级邮轮旅游人才。同时，邮轮企业也可以与高校、研究所、政府联合，以政府为主导，以高校和研究所为基地，由企业提供资金支持，共同培养、培训专业人才，以满足行业对人才的需求。在企业内部，应建立以人为本的管理制度和激励制度，制定优惠政策积极引进国内外邮轮旅游管理人才，同时要积极创造条件，选拔有能力、高素质的人才到西方国家学习、深造。只有这样，我国邮轮企业才能在日益激烈的竞争中生存、发展，在国际市场上占有一席之地。

2. 邮轮组织与人员规划

（1）邮轮公司组织规划

一艘邮轮就是一个组织。要做好邮轮的人力资源管理，首先要科学设计邮轮的组织结构，即邮轮全体员工为实现经营目标，在各项工作中进行分工协作，在职责范围、责任、权利等方面所形成的结构体系。

从全球范围来看，各大邮轮规模大小不同，组织结构也各有不同。小型邮轮组织内部组织结构分工较粗略，一般邮轮实行董事会下的总经理负责制，包括市场部、巡航部、财务部、人事部等部门。大型邮轮员工有上万人，内部组织结构分工更为细化，一般实行董事会下的总裁负责制。以北美典型的大型邮轮公司为例，其组织机构设置一般为董事会之下的总裁负责制。

（2）邮轮公司人力资源规划

邮轮公司进行人员规划，需要关注的焦点问题包括：人员数量；员工应具备的素质和技能；如何对员工进行培训开发；员工招聘如何进行等。概括来讲，主要包括三个方面的内容，即人员结构规划、人员数量规划和人员质量规划。邮轮人才的缺乏是邮轮业发展不得不面对的问题，对于人才的把握是每个邮轮运营公司都要“先下手为强”的事情。

第一，人员结构规划。按照工作地点的不同，邮轮公司的工作岗位可以分成两种：一是岸上工作岗位，主要涉及管理、预订、市场、销售、客户服务、技术、人力资源等领域；二是船上工作岗位，主要涉及船舶安全航行以及游客接待服务等领域。邮轮公司的人力资源管理部门必须科学合理进行岸上及船上工作岗位设置，从而更好地推动公司发展战略目标的实现。

第二，人员数量规划。根据邮轮的经营方向、规模、档次、业务等情况，确定邮轮的岗位设置，规定必须配备的各类人员的数量。公司规模和船队规模越大，所需要的员工数量也就越多。对于邮轮来说，绝大多数邮轮拥有大规模的设施与活动，这就需要雇佣大量的员工以确保游客的需要。在一艘大游轮上，按照员工与游客之比 1∶3 的比例计算，通常会有上千名工作人员。而在一些设施设备和服务水平更为完善的高端邮轮上，员工与游客之比可以高达 1∶1。比如“玛丽女王二号”（Queen Mary 2）堪称“世界邮轮之最”，可以容纳 2600 多名乘客，配备 1250 多名船员；“嘉年华征服”号（Carnival Conquest）是世界最大邮轮之一，可以容纳 3700 名客人，配备 1200 名船员；“嘉年华成功”号（Carnival Triumph）同样是世界最大邮轮之一，可以容纳 2758 名客人，配备 1100 名船员。其实，邮轮公司在员工定员配备方面具有很大的灵活性，通常会根据季节以及市场需求模式的变化进行调整。

第三，人员质量规划。岸上管理人员的配备是邮轮公司经营成败的关键，需要经过严格的测评和考核。船上工作同样需要高素质的管理人员和服务人员去完成，他们在不同岗位履行各自的职责和义务，在确保安全航行的同时为游客提供既周到又富有个性化的服务。

二、邮轮人力资源管理

1. 邮轮船员的招聘

凡是在邮轮上工作的人员统称为船员，根据职位高低和工作部门不同可以再进行具体的分类。不同职位和部门的船员各司其职，为乘客提供最优质的服务。船员的综合素质决定了服务的质量，所以对于船员的招聘是邮轮人力资源管理的大事，各邮轮公司的 HR 一定要慧眼识英才。

招聘可以分为内部和外部招聘，应采用内部培养提升和适当引进相结合的办法，以保证对邮轮工作人员的有效利用和持续开发。

（1）内部招聘

内部招聘，就是从邮轮内部工作人员中发现和挖掘人才，主要途径有：

第一，提升。从内部提拔一些合适人员来填补职位空缺是常用的办法，它可以使邮轮企业迅速从员工中提拔合适的人选到空缺的职位上。内部提升给员工提供了机会，使员工感到组织中是有发展机会的，个人职业生涯发展是有前途的。同时由于被提升的人员对组织较为了解，他们能很快地适应新的工作环境。

第二，工作调换。工作调换是指职位级别不变，工作岗位调整，是内部人员的另一种来源。工作调换可以提供员工从事邮轮上多种相关工作的机会，为员工今后提升到更高一层职位做好准备。

第三，工作轮换。工作调整一般用于中层管理人员，并且在时间上往往可能是较长的，甚至是永久的，而工作轮换则一般用于有发展潜力的员工，使其能够积累各个岗位的工作经验，为下一步的晋升做准备。

第四，内部人员重新聘用。邮轮企业会接受由于员工个人原因导致的辞职，但如果员工以后想重新回来工作，企业会对其重新聘用。

（2）外部招聘

内部招聘固然有许多优点，但其明显的缺点是人员选择范围小、数量有限。所以，邮轮人力资源部门还必须注重人员外部招聘。其途径主要有：

第一，借助网络。邮轮公司一般都是国际型的大公司，招聘的员工遍布世界各地，网络招聘是最方便、最快捷的招聘方式之一，一方面可以通过商业性的职业网站发布招聘信息，另一方面可以在自己公司的主页上发布招聘信息。

第二，借助中介。为了提高服务水平，适应来自世界各地旅游者的需要，邮轮公司倾向于从世界各地招聘员工，这就需要从各地选择合适的邮轮招聘代理商或招聘中介进行代理招聘。邮轮公司提供招聘岗位需求的岗位职责，由招聘代理商的专业招聘团队设计专业的招聘方案，并负责整个招聘过程中发布招聘信息、搜索人才、收集和遴选简历、进行人才评估等各个环节的工作，根据邮轮公司需要提供符合邮轮职位要求的人选供邮轮公司选择。代理招聘简单快捷，不仅更有针对性，而且可以节约招聘成本、降低招聘风险，因此被各大邮轮公司广泛采用。

（3）员工推荐与申请人自荐

邮轮公司还可以通过现有员工推荐的方式雇佣员工，这样既可以节约招聘成本，又可以获得忠诚并且可靠的员工。另外，对于毛遂自荐的应征者，邮轮公司也应该给予礼貌而且及时的答复。

知识链接

邮轮招聘船员所需的证件

通过招聘的船员一定要具备相关的证件：

第一，护照、签证与工作邀请函。通过邮轮公司面试之后，员工会接收到邮轮公司所寄出的工作邀请函。员工持工作邀请函与护照办理相应的签证手续。

第二，健康证、国际预防接种证。近年来，随着国际交流的增多，国际间疫情频发，出、入境人员均有卫生检疫要求，需要办理健康证以及国际预防接种证。

第三，海员证、船员服务簿。指通过相关海事部门专业考试所获得的海上从业证书。

2. 邮轮员工的培训

知识链接

皇家加勒比游轮人才培训中心

皇家加勒比邮轮人才培训中心，位于天津海河教育园区天津海运职业学院内，是皇家加勒比邮轮有限公司人才选拔、培训和派遣中心。其紧密贴合皇家加勒比人才培训课程，坚持皇家加勒比标准，致力于传授丰富的邮轮酒店专业知识给新一代邮轮人才。天津海运职业学院为参加培训学员中成绩优异、品格良好的学生提供贷款，帮助他们实现梦想，开启他们的邮轮酒店事业。

邮轮工作虽有挑战，但又能让人受益匪浅。在皇家加勒比游轮人才培训中心，学员将在经皇家加勒比认证的培训师的带领下，在12周的培训中，体验一把船上雇员的生活。课程包括：STCW证书培训、岗前培训、餐饮培训、定岗培训、实训。

（资料来源：网易新闻，http://news.163.com/14/0822/14/A48PL3IB00014AEE.html）

对于具备邮轮所需的专业技能的员工，不只是科班出身，同时还有入职培训和在岗培训的后天培训结果。

（1）入职培训

入职培训又称为岗前培训，是邮轮员工在正式进入邮轮工作之前所接受的培训。

邮轮新员工的入职培训时间一般是两周到一个月。主要内容是：培训讲师向新入职员工介绍邮轮创建背景、经营理念、品牌特色、客源状况、组织结构、规章制度等，以此帮助员工融入企业文化，培养员工的归属感。培训讲师在新员工培训方面具有很多优势，比如：丰富的邮轮事务经验，熟悉邮轮公司文化，熟悉邮轮内部专用沟通语言，擅长与新员工沟通和交流等。各大邮轮公司根据情况的不同可以灵活安排入职培训，以达到预期的效果。

（2）在岗培训

在岗培训是对已经有一定教育背景并且已经在岗工作的员工进行的再培训活动。根据培训项目的不同，在岗培训分为转岗晋升培训以及改善绩效培训两种类型。

第一，转岗晋升培训。转岗培训是对已经批准转岗的员工进行的，旨在使员工达到新的岗位要求；晋升培训主要针对拟晋升员工，旨在使其达到更高一级岗位要求。转岗晋升培训内容主要是新岗位或者高级岗位的任职要求与技能训练。

第二，改善绩效培训。改善绩效培训是希望员工提高工作绩效所进行的在岗培训，培训内容涵盖邮轮经营理念、邮轮品牌特色、岗位规章制度、对客服务技巧等方面，通过集中授课、操作要领指导等方式进行。皇家加勒比、歌诗达等邮轮公司都为员工制作了书面以及视频培训资料，员工在工作之余要进行自学并接受考核。

入职培训使邮轮员工具备了基本岗位任职资格，但并不意味着员工已尽善尽美，也不能确保每个员工都能达到要求。工作指导可以使入职培训的不足得到弥补，使邮轮员工进一步发展和提高自己的工作能力，更好地完成邮轮上的对客服务。

对员工进行工作培训有利于提高员工的认识水平，在服务态度、礼貌、礼节、操作技能、工作效率、心理素质等方面自觉地加强修养，在工作实践中为客人提供优质服务。

使员工掌握专业技能，比如某些特殊岗位，如游泳池的救护员、按摩师等，还需要特定培训机构培训并经过严格考核之后，才能获得社会和行业认可的上岗合格证。

知识链接

我国的邮轮人才培养

伴随着世界顶级邮轮公司纷纷抢占中国市场，邮轮旅游专业人才匮乏问题逐渐凸显。歌诗达邮轮亚太区副总裁 Massimo Brancaleoni 在一次采访中提道：“邮轮工作人员需要相当高要求的外语基础及服务意识，应具备跨文化交流的能力，在发生突发事件时还要有灵活应变能力，可目前中国这方面的专业人才还很少。”为迎合迅速成长的中国邮轮业，为邮轮业培养更多人才，我国教育界近两年来也逐步加大了对邮轮教育和人才培养的关

注（见表 8–1）。

表 8–1　中国开设邮轮专业的部分院校及其课程设置

学校名称	专业名称	特色课程设置
上海海事大学	水上旅游管理专业（含游艇、邮轮）	水上旅游管理、游船构造和设施、国际航运管理
上海南湖职业学校	云星国际邮轮管理专业	国际海上安全、酒店烹饪
北京财经专修学院	海乘服务专业	邮轮英语、邮轮发展史
广州航海高等专科学校	涉外旅游（海乘与邮轮管理）	航海英语、邮轮管理
天津海运职业学院	邮轮乘务专业	海事法规、英美国家概况、涉外事务管理
北京东方研修学院	国际邮轮乘务专业	邮轮与酒店专业英语、俱乐部管理、邮轮服务
海南大学三亚学院	邮轮管理	海事法规、海船基本安全、海洋学、航线设计

除了上述高校开设相关专业外，2012 年成立的上海海事大学亚洲邮轮学院，是首家授予学位的邮轮学院，成为在亚洲乃至世界范围内首家具有学位授予资格的邮轮管理专业人才培养学院。亚洲邮轮学院的成立，旨在为中国乃至亚洲在邮轮船舶建造、船舶交易、邮轮公司营运管理、邮轮船舶航行管理、邮轮酒店管理、邮轮产品市场营销、目的地旅游拓展及管理、邮轮码头管理、邮轮融资和保险等邮轮产业所涉及的各个领域，发展、培养和输送中高端邮轮人才。

据了解，上海海事大学亚洲邮轮学院以开设 EMBA、MBA 课程为主，并设置邮轮方向的本科专业。同时，将根据市场需要，开设短期培训班。学院将设置“邮轮经济及政策法规”“邮轮公司设立及管理”“邮轮市场营销”“邮轮船舶运营管理”“船舶航行管理”等课程。

根据三方协议，上海海事大学为亚洲邮轮学院提供中长期教学培训场地，全程策划、设计、组织推进 MBA 以及本科教学项目等。海贸集团为亚洲邮轮学院提供英文原版教学教材，派遣经验丰富的业界精英来华授课。上港集团参与专业课程的定位和科目的设置，提供一定数量的中文培训讲师，向亚洲邮轮学院的学生提供实习机会，还将择优录取亚洲邮轮学院优秀毕业生。

不管是高校专业的开设还是亚洲邮轮学员的成立，都是给我国邮轮发展输入了人才的通道。从这些高校毕业的专业人才，也将成为应聘邮轮公司时的首要人选。

3. 邮轮员工的激励

现代邮轮是一个庞大、交流密集的社区。在这里，人们都是朋友和同事，在一起工作，相互支持。无论是在社交时间还是工作时间，邮轮员工任何形式的消极沮丧都与邮轮公司的利益相悖。一般情况下，邮轮公司聘用员工采用固定期限的雇佣合约形式，合约期为 6 个月、8 个月或者 10 个月。在雇佣合约的约束下，员工每天持续、重复地干一种工作，很容易产生焦虑的情绪，这就要求公司采用科学有效的激励措施，以调动员工的工作积极性，开发员工的潜在能力，促进员工更好地发挥聪明才智与创新精神。

说到对员工的激励，不得不提到激励的事因之一便是邮轮服务员长期在海上漂泊，较陆岸人员更容易产生各种消极情绪。在邮轮上工作，邮轮服务人员要经受许多与常人不同的复杂因素的影响。如海上的自然环境、水文和气象的复杂变化、湿度大、风浪多；邮轮的机动性大，在不同的海域中作业，停靠不同的港口码头；邮轮的环境特殊，不但固定，且空间狭小，既有噪声、振动、颠簸、高温、空气污染；又与家庭、社会分离；生活单调，获得信息少而迟缓，新鲜食品蔬菜供应受限；邮轮工作时间呆板，机械紧张度高，值班时间多而时间安排特殊，劳动强度和体力消耗大等。所有这些因素都严重影响邮轮服务员的身心健康，再加上海上作业以及随时都可能发生的不可预测的各种特殊情况及事故，对豪华邮轮服务员的心理影响更是显而易见的。邮轮服务员常见的心理问题有：

第一，紧张综合征与精神疲劳。豪华邮轮服务员平时工作量大，压力也大，要随时应对各种严格的安全检查，有时还会遇到突发事件。

第二，情绪波动大，并随在船工作时间的延续而表现越发明显。

第三，对职业的矛盾心理。在整个职业生涯中，邮轮服务员虽然职务可以得到不断的升迁，但工作、生活的环境几乎不变。这种职业的特殊性导致不少邮轮服务员在从事邮轮业二、三年以后逐步丧失原来由理想支撑的职业兴趣，甚至产生厌恶、恐惧的心理。

对于员工的激励不只是人们潜意识中升迁那么简单，由于邮轮工作的特殊性，邮轮员工又长期生活在大海这个特殊的自然环境和船舶这个特殊的人造环境中，工作和生活环境与陆地有着非常大的区别，所以对邮轮员工激励的方式有与众不同不处。比如歌诗达邮轮公司为员工颁发跨越赤道证书，为员工留下环游世界的印证，也是一种独特的员工激励方式。皇家加勒比邮轮公司为员工提供与船长等领导层的集体合影和免费的网络，这些都是独特的激励员工的方式。

4. 邮轮员工的配备

（1）邮轮业的职业领域

邮轮业分为三个职业领域：海上业务、岸上业务以及旅游代理业务。旅游代理商为邮轮产品营销渠道。

海上业务分为两大类：航行业务和饭店业务。船长负责这两项业务。

第一，航行业务。

副船长，在船长很忙或者不在船上的时候，负责监督邮轮的安全保障系统。

总工程师，监督所有的机械运行工作。

首席医务官，照管乘客和船上员工的健康状况。

第二，饭店业务。

饭店经理，负责饭店业务的大小事务。特别之处在于拥有航海的专业知识。

事务长，负责日常事务。在前台工作，有一个庞大的助手队伍，整理宣传资料，传递信息以及处理其他事务。

岸上观光部经理，组织协调岸上包价游的预订和操作。

航游总监，协调所有娱乐和信息活动，这些活动是航游经历的组成部分。

执行厨师长，掌控一切食物和饮料的准备和供应过程。

勤杂工女领班，管理所有的清洁工作，监督客房服务员为客人的客房需要服务。

餐饮经理，监督饭菜和饮料的上桌过程。

特许经营者或者独立承包人。为了满足乘客的需要，邮轮公司与独立特许经营者、承包人或个体户签订合同。

船越小，船上的工作职责交叉重叠的可能性越大。

（2）岸上业务

市场副总裁，组织协调邮轮公司的产品调研、开发、宣传和后续事务。

销售副总裁，监督航游的实际销售（通过旅游代理商或直销给公众）。

财政副总裁，掌管并处理一切财政问题。

业务或乘客服务副总裁，负责所有船上以及岸上的活动。

全国客户副总裁，在对主要的旅行社联合的业务中代表本公司。

团队游和奖励性旅游副总裁，组织所有团队游的销售、营销和业务活动。

大型的邮轮公司才会有如此多的副总裁，在小型的邮轮公司中，有些职位合二为一或者不值得专门设立一个职位。

（3）旅行代理商

岸上调解员，处理邮轮的一系列问题，包括官方和移民的要求、供给、下一站旅行、岸上观光、技术支持、专业服务。旅行代理商以往是通过获得佣金的方式维持经营，但是现在航班减少佣金率，以及邮轮公司将产品直销，旅行代理商不得不应对这些变化对自身做出改变，维持客户忠诚度。比如和邮轮经营商形成联盟，经营商为代理商提供专门的销售活动和培训以及定制的市场资料。

知识链接

皇家加勒比与旅行社行业的合作关系

皇家加勒比对自己的代理商充满了尊敬与自豪，他们声称："我们的旅行社行业合作伙伴是我们业务的支柱。实际上，我们 73% 的订单都来自旅行社。如果你仔细想一想，旅行社确实是全球潜在游客的首选渠道。邮轮的潜在宾客需要旅行社的引导来做出选择。并且我们的旅行社合作伙伴提供的一对一个人沟通渠道是不可复制取代的。"

皇家加勒比与旅行社行业建立了互惠互利的合作关系。他们深知自己的成败与合作伙伴息息相关，因此皇家加勒比已经开发出了一个独家的合作伙伴项目——"永远对你忠诚（Loyal to You Always）"，其唯一目标是促进其合作伙伴的业务增长。在这个功能齐备的网站中，旅行社可以使用销售工具、提示、最新消息、条幅、传单、邮件，以及各种促销宣传材料，其中很多可以进行客户定制，使他们的工作更加简单。皇家加勒比每年投入数百万美元，不仅为向他们的合作伙伴提供支持，更为了提升旅行社的消费者服务质量。

皇家加勒比声称，如果没有旅游合作伙伴的支持，没有每年对社区的投入，他们就无法取得成功。皇家加勒比非常自豪能够被权威旅游行业杂志《旅行周刊》11 次评选为“最佳综合游轮公司”，连续 6 年评为“最佳销售与服务公司”，这是对皇家加勒比始终为合作伙伴积极奉献的认可。

第二节 邮轮运营其他资源管理

一、邮轮运营信息资源的管理

1. 邮轮运营信息的重要性

目前，世界邮轮产业竞争依然处在寡头竞争阶段。最著名的三大邮轮公司为嘉年华（Carnival）邮轮公司、皇家加勒比（Royal Caribbean）邮轮公司以及云顶 / 诺维真（Star /NCL）邮轮集团。但是，我国以优越的地理位置、独具魅力的东方文化、丰富的旅游资源和潜力巨大的客源市场成为亚洲邮轮市场的核心组成部分，越来越受到邮轮公司的重视。

我国作为服务业和旅游业迅速发展的国家更成为各大旅游公司关注的地区，许多邮轮公司已经在中国建立了办事处和分公司。就拿邮轮业蓬勃发展的上海来说，从上海出发的航线，有皇家加勒比邮轮的东南亚航线，歌诗达邮轮的日韩航线，皇家加勒比邮轮的澳新航线，地中海邮轮的耶路撒冷航线，丽星邮轮的东南亚航线。各大邮轮巨头把运营关注点陆续转移到了中国，近年来，中国游客乘坐邮轮出行的人数呈直线上升。

邮轮的运营须与发展大环境相契合，因而全球邮轮业的发展状况是与邮轮运营息息相关的信息。

与邮轮运营相关的信息分为以下几类：如果信息来自国家相关政策，那么信息与自身的相关度很高，据以决定自身的经营策略。如果信息来自竞争对手，则要做到知己知彼，百战不殆。如果信息来自上级，则具有约束作用，要慎重对待。

2. 邮轮运营信息的分类

根据企业信息的价值程度划分，可以将信息划分为高值信息、潜值信息、低值信息、无值信息和负值信息。对邮轮运营来说，高值信息才具有最大的使用价值，其实对高值信息还可以进行进一步的分类，不同的类别对邮轮运营有不同的引导作用。

（1）机会信息

机会信息是指对于邮轮运营来说可能是获得大好发展机会的信息，其使用价值体现在可以导致机会受益，如果没有及时掌控，机会的错失将可能造成不可挽回的损失。比如，我国的邮轮母港主要位于上海、天津，而海南发展邮轮产业却面临着客源腹地浅的难题。但是海南正积极对接国际邮轮公司，这对国际邮轮运营来说便是一个机会，邮轮公司开辟前往海南的访问港航线，不得不说是个蓝海战略。

（2）战略信息

战略信息在于邮轮运营信息持有者对于信息的认识和理解，可能是一个机会，但也可能是一个挑战。战略信息被关注的程度越高，越体现出在企业中的重要性。比如，为落实“一带一路”倡议，三亚正极力打造“邮轮自贸区”。自贸区内，可发展面向邮轮游客的免税购物，以及面对邮轮公司的保税仓，积极争取国际邮轮公司在三亚的物资采购和补给。这对邮轮运营来说确是一个战略机会，如将三亚设为停靠港，不仅可以在最短的时间内完成邮轮补给，而且可将乘客带入购物天堂，这对于喜好购物的乘客不得不说有着很大的吸引力。

（3）竞争信息

由于邮轮产品较为同质化，邮轮公司之间竞争太激烈导致价格战。2018 年由于韩国中东呼吸综合征爆发，许多日韩航线临时变更。各大邮轮公司纷纷推出低价产品吸引顾客，造成服务质量降低。此时面对同行的竞争，邮轮公司应该考虑提供分层次的邮轮旅游产品，在竞争中脱颖而出。

（4）反馈信息

乘客的反馈也是有价值的信息，从乘客的好评中可以知道乘客最中意的部分，并以此作为自己的王牌；在乘客的差评中可以知道在运营过程中还应改进的地方，比如服务人员的态度问题，比如实物烹制是否可口的问题。

听到看到的信息没有被有效地利用，没有被开发出最大的使用价值就不能被称为信息资源。所有信息成为资源的重要途径就是被实施管理，所以信息资源管理是邮轮运营的重要环节。对于所需信息的采集，要求做到真实准确完整，及时并且有针对性。这样做是为了避免虚构杜撰、凭空想象、随意夸张。信息若不能被及时传送利用，有价值的信息就丧失价值，最关键的是影响运营决策。最后，信息相关度越高，适用性越强。

知识链接

中国邮轮（船舶）信息化建设、邮轮管理软件开发

2014 年第九届邮轮产业大会在天津市滨海新区召开。

在本次大会上，中国首家从事邮轮信息化建设、邮轮管理软件系统开发的高新技术企业——珠海毕升科技有限公司的参展，引起业界的广泛关注。据了解，我国现在的邮轮信息化管理方面，主要还是依赖国外的软硬件，多为英文版本，价格昂贵且后期维护不方便，不适用于国内市场。这也是导致我国企业难以涉足邮轮行业的重要原因。

2014 年 11 月，记者走进了这家有着 10 年信息化建设、软件开发经验的珠海毕升科

技有限公司，探访了我国首家提供邮轮（船舶）信息化建设的企业。

值得注意的是，尽管邮轮消费已经开始成为大众消费的选择之一，但现在的中国邮轮业并没有形成一个较为完整的产业链。

毕升科技有限公司总经理范道先生称："邮轮产业经济是一个涉及众多上游和下游产业的积聚经济，近年来随着市场需求的不断变幻和提升，该产业正逐步朝着规模扩大化、内部功能多样化的方向发展。与此同时，邮轮产业信息化的重要性越发明显。但国外的邮轮管理软件十分硬性，只符合外国人的使用习惯。在中国，无法将其功能运用得当，也不适于国人使用，而且价格昂贵，后期维护不便，不能及时解决问题。我们的开发团队根据国内游客的消费习惯，邮轮管理公司的管理需求，船东需要的效益与结果，定制个性化的邮轮管理软件系统，将管理与营销结合在软件里，帮助船东实现透明化的自主管理，做到真正的'掌控邮轮'；另外，我们的团队提供符合船级社要求的邮轮 IT 基础工程建设（网络综合布线工程、邮轮广播系统工程、邮轮监控系统工程、邮轮 UPS 系统工程）与邮轮信息系统集成，并提供终身的后期维保服务，实现'一站式'邮轮终身信息化服务，解除邮轮管理公司及船东的后顾之忧。"

事实上，毕升科技有限公司成立至今，已承接过多艘邮轮（船舶）的 IT 建设，其中包括我国第一艘全资、自主经营管理的豪华邮轮"中华泰山"号的系统化集成项目与部分邮轮管理系统；在文冲船厂改造的新加坡邮轮"远洋玫瑰"号的系统集成项目；在南沙船厂改造的香港邮轮"东方神龙"号的系统集成工程；以及为多艘豪华邮轮提供 IT 咨询、规划及系统集成设计服务等，具有相当丰富的邮轮信息化建设经验。

"毕升致力于为游客提供更加便捷贴心的邮轮 IT 体验（刺激游客的再次消费），为邮轮管理公司提供更为高效智能的信息化管理平台，为船东降低管理成本、人员成本，提升经济效益，实现高效管理。只有符合我国实际需求的软件，才能真正地应用在实践里。"在范道先生看来，只有符合中国人的管理以及使用习惯的邮轮管理系统，才能为客户提供更为专业的邮轮信息化管理整体解决方案。例如：邮轮综合布线、邮轮无线覆盖（邮轮 Wi-Fi 网络）、邮轮无线定位、邮轮远距离无线传输、邮轮信息发布、邮轮消费分析系统、邮轮上网管理系统（邮轮上网计费）、邮轮语音电话管理系统（含网络语音通讯与电话计费管理）、邮轮精细网络管理、邮轮卫星网络系统、邮轮广播系统、邮轮监控系统、邮轮 UPS 系统、邮轮网络电话系统解决方案等。

在公司的产品模拟实验室，记者看到，公司已开发出支持中英文双语的邮轮订票系统、邮轮信息管理系统、邮轮会员管理系统（会员消费分析系统）、邮轮一卡通系统（会员管理、登船、认证、门禁、消费等）、邮轮行李系统、邮轮上网计费管理系统、邮轮信息发布系统、邮轮会员自助手机客户端，以及邮轮娱乐场管理系统（支持岸上实时查数）等。与此同时，船员管理系统、邮轮应急管理系统、邮轮信息管理系统等都在如火如荼地开发进行中。

不过，中国邮轮市场现已受到国际邮轮产业的重视，许多国际邮轮相关行业看准了中国市场这块大蛋糕。国外邮轮信息化建设相对来说更加成熟，珠海毕升科技有限公司是如何跻身于国际知名邮轮服务商之林的呢？

“邮轮产业在中国方兴未艾，中资邮轮也刚刚起步。毕升的邮轮 IT 工程及软件产品最大的特色在于：更符合国人使用的习惯，让我们的邮轮管理软件系统帮助船方规范管理好邮轮，节省资源，提高效率，结合中国特色的邮轮营销努力为船方提高效益。国外的技术可以借鉴，但我们应研发出更适合我们国家的产品。只有中国邮轮产业同仁勠力同心、互利共赢，中国邮轮产业才能真正在国际站稳脚跟。”范道先生补充道。

毕升科技（www.bishenggroup.com，www.zh-bs.com）作为中国首家提供邮轮（船舶）信息化建设的企业，在国家邮轮产业发展建设道路上，起到了推波助澜的作用，开启了中国邮轮（船舶）信息化建设的新篇章！

（资料来源：和讯网，http://tech.hexun.com/2015-01-06/172104064.html）

二、邮轮运营财务资源的管理

1. 邮轮运营财务管理的内容

毫不夸张地说，资金是邮轮运营的血液。因为邮轮的经营活动是关于价值的生产和价值增值过程，资金运动伴随着经营推广活动，并反映制约着其经营推广活动。因此如何筹集资金，运用资金和分配好资金，最大限度地发挥资金资源的功效，是邮轮产业不容忽视的问题。

筹集是指邮轮企业为了从事邮轮旅游产品，从不同资金所有者手中筹集资金的财务活动。按照筹得的资金使用期限的长短划分，有长期筹资、短期筹资两种方式。长期筹资方式筹集的资金使用期限一般超过一年或者可以永久使用，其方式包括发行股票、长期债券、银行长期借款等。短期筹资方式筹集的资金使用期限一般在一年以内，包括短期银行借款、短期债券、商业信用和其他短期负债等。如果从财务角度对邮轮运营情况进行概述，则可从资本获益能力、资产运营效果、偿债能力、发展能力四方面指标进行分析。

2. 邮轮运营财务管理的能力

财务管理能力与财务能力是两个不同的概念。通常认为财务能力是对邮轮企业自身所拥有的筹资能力、投资能力、获利能力的综合评价。财务管理能力与财务能力的区别表现为：财务能力是有形资源，财务管理能力是无形资源。财务能力是邮轮企业整体经营活动的集中体现，通过财务分析计算的财务比率予以评价；财务管理能力是邮轮企业所积累的与财务管理相关知识的集中表现，在评价方法上更多的是以定性的方式并结合模糊评价法来反映。

财务管理能力与财务能力的内在联系表现为：财务能力是邮轮企业所拥有的各项能力在过去经营活动中共同作用的结果，财务管理能力是形成财务能力的基础之一，其最终价值体现在邮轮企业未来的财务能力之中，财务管理能力的直接目标在于形成良好的财务能力。

财务管理能力的基本构成要素包括：

（1）持续学习能力

学习是一个知识获得、知识共享、知识利用的过程。学习能力是财务管理能力的基础，财务管理能力是企业长期积累和学习的结果，并存在于员工的身体、战略规划、组织规划、文化氛围之中。财务管理能力积累的关键在于使财务管理部门成为学习型组织，不断地发挥“干中学”，使财务管理工作能够灵活适应外部环境的变化。

邮轮企业经营环境的变化，要求财务管理者成为复合型人才，应该具备基本分析能力、系统构思能力、组织机构整合能力、策划能力等，而这些能力的获得则必须以学习能力为基础。财务管理者不能局限于仅对财务报表的分析，必须了解邮轮企业各个部门的有关情况，以拓展财务分析的领域；他们不仅要了解邮轮企业的运作，还要掌握邮轮产品的流程。为了适应新的要求，财务管理者必须对一些方面进行改进，包括邮轮产品及邮轮市场知识、领导能力、对各业务环节之间相互联系的理解以及交流技巧。所以，财务管理者必须经常和部门经理、采购人员、顾客以及供应商接触，以更深入地了解行业知识以及本行业和其他行业的最佳采购方案，还要参加关于谈判技巧、交流技巧和有效团队工作的培训。

（2）金融关系能力

金融关系能力是财务管理能力在资本市场的外在表现。金融关系是邮轮企业在资金的筹集、调度过程中与有关金融机构形成的合作关系。金融关系不仅是邮轮企业的一项重要资产，而且是邮轮企业在资本市场上融通资金的主要依据。金融关系不是一朝一夕就能建立的，它是邮轮企业在与金融机构的不断交往中通过信息的不断双向传递所形成的企业财务管理的重要组成部分。从资金供应的角度来看，金融机构也是邮轮企业重要的客户。

与金融机构交往，凭借的不单纯是企业的经济活动，财务管理者的作用也不可忽视。完整的金融关系是财务管理人员对资本市场的认识，对金融机构信息的了解，对邮轮企业经营活动准确把握的集中体现，其中也包含了财务管理者在资本市场上的公共关系。良好的金融关系在某种意义上为邮轮企业摆脱暂时的资金周转困难发挥积极作用，也可以在邮轮企业资金充裕时寻找最佳的投资渠道。在邮轮企业与金融机构长期的交往中所建立的金融关系，是邮轮企业对金融机构不断深入了解的结果，也是金融机构对邮轮企业不断了解的结果，更是财务管理人员与金融机构长期交往并在资本市场中努力的结果。

（3）财务控制能力

财务控制能力是财务管理能力在邮轮企业内部管理中发挥作用的集中体现。由于财务管理在企业管理中所独有的基础性和全面性特征，财务控制不仅是财务管理的重要内容，更是邮轮企业经营战略得以实施的有力工具。战略管理包括战略制定、战略选择、战略实施。实践证明，绝大多数战略的失败都发生在其实施阶段。战略实施过程的实质就是控制，而邮轮企业内部能够从全局角度进行控制的只能是财务控制。

财务控制涉及邮轮企业治理结构与组织管理的各个层次、生产经营全过程，覆盖邮轮企业所有的部门与岗位，要求财务管理者全面了解邮轮企业的经营活动，并从邮轮企业战略角度出发，形成符合邮轮企业实际的财务控制方法。

（4）信息处理能力

知识经济时代财务部门作为邮轮企业信息中心的地位将更加突出，信息处理能力直接影响财务管理作用的效果。在一个充满信息的世界里，信息处理能力是一个将数据转化为决策智慧的过程，财务部门则从信息储存者变成信息提供者和分享者。财务管理者需要学会如何将数据变为信息，再由信息转化为知识，最后由决策者将知识转化为决策的智慧，并通过财务部门将决策以信息方式付之于行动。

知识链接

全球四大邮轮公司2018年运营情况对比分析

2018年，全球邮轮公司中嘉年华集团（Carnival Corporation & Plc）、皇家加勒比集团（Royal Caribbean Cruises Ltd.）、诺唯真集团（Norwegian Cruise Line Holdings Ltd）、地中海邮轮（MSC Cruises Group）等四家集团公司分别以41.8%、23.2%、9.4%、8%的全球市场份额占有率继续保持着行业前四的领先地位（数据来源：2018—2019 Cruise Industry News Annual Report）。日前，四大邮轮公司先后公布了2018年年报，本文着重就该四家公司公开的财务数据进行运营情况分析，以反映2018年全球邮轮行业整体运营情况。

1. 嘉年华集团

嘉年华集团2018财年总收入为188.81亿美元，较2017年增加13.71亿美元，其邮轮运营总收入为186.09亿美元，占总收入比例近99%，同比增长7.7%。船票收入占邮轮营运总收入的75%，达到139.3亿美元，同比增长7.6%，这一增长主要由欧洲、澳大利亚、中国及多个其他项目的价格改善、1.9%的运力（舱位数 * 运营天数）增长以及满舱率的提升而带来。集团2018财年净利润为31.52亿美元，同比增长21%。作为全球运力第一的邮轮集团，集团至2018年11月底运营着9个邮轮品牌、104艘邮轮。过去5年中，集团迎来了12艘新船并淘汰了9艘低效率的旧船，未来集团也将持续进行船舶更新，截至2025年还将有21艘新船交付。值得一提的是，集团于2018年与中国船舶工业集团有限公司共同合资成立了中船嘉年华邮轮有限公司，集团持有少数股权。该公司将组建并运营服务于中国市场的邮轮船队，目前已向嘉年华集团购买了“Costa Atlantica”号（大西洋号）及“Costa Mediterranea”（地中海号）两艘邮轮，并签订了2+4艘在华建造的Vista级（13.5万总吨）大型邮轮订购协议。

2. 皇家加勒比集团

皇家加勒比集团2018财年总收入为94.94亿美元，同比增长8.2%。受益于4%的运力增长以及亚太和欧洲地区的价格提升，其船票收入同比增长7.6%，达到67.93亿美元，占总收入的72%。集团2018财年净利润为18.16亿美元，同比增长11.7%。2018年，集团停止了持股 36% 的天海邮轮公司的运营，并收购了银海邮轮 66.7% 的股权，此次收购使得集团弥补了奢华邮轮品牌的空白。截至 2018 年 12 月底，集团拥有 4 个全球品牌及 2 个合作品牌，随着银海邮轮的加入以及“Symphony of the Seas”号（海洋交响号）、“Azamara Pursuit”号、“Celebrity Edge”号的交付，集团船队规模扩张至 60 艘，并持有 16 艘新船的订单。

3. 诺唯真集团

诺唯真集团 2018 财年总收入为 60.55 亿美元，同比增长 12.2%。其中船票收入占总收入的 70%，同比上涨 13.6% 至 42.6 亿美元。集团 2018 财年净利润为 9.55 亿美元，同比增长 25.7%。2018 年，集团股东云顶香港及私募基金阿波罗全球管理公司（Apollo Global Management，LLC）出售了持有的全部股份，结束了对集团的长期股权投资。随着“Norwegian Bliss”号（畅悦号）的交付，至 2018 年 12 月底，集团运营着 3 个邮轮品牌 26 艘邮轮，并将于 2027 年前新增 11 艘邮轮。

4. 地中海邮轮

地中海邮轮 2018 财年总收入为 27.51 亿欧元，同比增长 21.5%，达成了有史以来最大增幅。船票收入为 20.61 亿欧元，同比增长 21.5%，占总收入的 75%。净利润为 3.48 亿欧元，同比增长 11.9%。作为全球最大的私有邮轮公司，地中海邮轮公司也是全球四大邮轮公司中唯一一家以单一品牌运营的公司，并在以最快的速度扩张船队。随着 2018 年迎来“MSC Seaview”号（海平线号）的加入，至 2018 年 12 月底，公司规模达 15 艘邮轮，并将于 2027 年前新增 16 艘邮轮。

相比总体经济效益而言，排除运力因素后的单位收入和成本更能直观精确反映出邮轮运营效益。就每床每晚船票收入而言，除地中海邮轮外，其余三家集团公司同比而言均有不同程度的上涨，诺唯真集团上涨 4.7%，达到 226.08 美元，持续为船票收入最高的一家；嘉年华集团涨幅最高，上涨了 5.6% 至 166.09 美元；皇家加勒比集团上涨 3.4% 至 176.78 美元；相对而言船票收入较少的地中海邮轮为 155.29 美元［地中海邮轮财报数据原单位为欧元，为方便比较，按照 2018 年 12 月 31 日最近的美元汇率（EUR：USD=1：1.144 95）折算为美元］，同比下降 1.2%。每床每晚船上消费收入方面，涨幅最高的为嘉年华集团，以 5.6% 的涨幅上升至 55.79 美元，其船上收入与船票收入的比例也上升至 33.6%；船上消费收入最高的诺唯真集团微涨 0.47 美元至 95.28 美元，其船上收入与船票收入的比例虽然有所下降但依然最高，为 42.1%；皇家加勒比集团船上收入稳步上升 5.3% 至 70.3 美元，船上收入与船票收入比例微涨至 39.8%；船上收入最低的地中海邮轮下降 1.4% 至 51.96 美元，其船上收入与船票收入比例也最低，为 33.5%。每床每晚净收入由诺唯真集团以 249.85 美元领先，上涨 3.7%；皇家加勒比集团紧随其后，上涨 4.5% 至 195.78 美元；嘉年华集团涨幅最高，上涨 5.3% 至 183.38 美元；收入最低的地中海邮轮微降 0.8% 至 152.2 美元。

总邮轮营运成本方面，嘉年华集团、皇家加勒比集团、诺唯真集团及地中海邮轮分别有着 5.9%、7.4%、11.4%、18.2% 的涨幅。

单位营运成本方面，地中海邮轮虽然总邮轮营运成本同比上涨，但每床每晚总邮轮营运成本下降3.9%至151.76美元，亦为四家最低；嘉年华集团涨幅最高，上涨3.9%至158.96美元；皇家加勒比集团上涨3.2%至169.98美元；诺唯真集团则为4家最高，上涨2.7%至226.89美元。而每床每晚净邮轮营运成本也以诺唯真集团155.37美元为最高，嘉年华集团和皇家加勒比集团则分别为120.89美元及118.68美元，相差不大，三家分别有2.8%、6.5%、3.8%的涨幅，地中海邮轮依然最低，下降4.8%至96.70美元。由于邮轮营运成本中燃油成本受国际油价影响极大，邮轮公司往往利用金融衍生品工具应对油价上下波动带来的经营风险，导致其成本控制受公司投资能力影响较大，因此每床每晚除燃油外的净邮轮营运成本指标能更好地体现其邮轮本身的营运情况。该项成本方面，嘉年华集团、皇家加勒比集团、诺唯真集团的涨幅分别为3.3%、4.4%及3.2%，而地中海邮轮则有着5.5%的下降。

每床每晚净利润上，嘉年华集团以18.7%的最高增幅上涨至37.58美元；诺唯真集团以15.8%的增幅上涨至50.68美元，继续领先；皇家加勒比集团上涨7.4%至47.26美元；地中海邮轮则受一定程度的汇兑影响，下跌9%，仅为22.9美元。收入净利润率上，皇家加勒比集团以其19.13%的净利润率问鼎，同比上涨3.3%；嘉年华集团紧随其后，同比上涨12.3%至16.94%；诺唯真集团也上涨12%至15.77%；地中海邮轮则下跌7.9%，下降至12.65%。

2018财年的满舱率上，四家均达到了100%以上的满舱率目标，并都有所增长。其中满舱率最高的地中海邮轮为111.6%，皇家加勒比集团、诺唯真集团、嘉年华集团分别为108.9%、107.6%、106.9%。

综上所述，2018财年嘉年华集团、皇家加勒比集团及诺唯真集团三家上市邮轮公司均展现了较好的业绩，嘉年华集团盈利能力较之上一年增长明显，皇家加勒比集团继续稳健增长，诺唯真集团虽然单位收入增长放缓，利润率也保持着良好的增长。地中海邮轮近年来扩张迅速，2018年总收入及净利润均有较高的增长，但可能因其年报以欧元为基础编制，受汇兑影响，导致其单位收益表现有所逊色。

本章小结

邮轮企业资源包括人力、信息、能源。企业管理不仅针对各种资源的特性、作用、构成做好各项管理，更重要的是把各项资源的管理活动加以调节，使之统一起来，更有效地完成邮轮企业管理目标。要用辩证的观点对待这些资源，它们各有各的特点，各部分相对独立，但是同时又整合成一个整体。所以要加强邮轮企业资源管理，发挥企业资源整体功效。

思考题

1. 要发展本土邮轮，对人力资源方面有哪些特殊要求？
2. 自己了解我们国家对于邮轮的政策有哪些？

3. 课下了解皇家加勒比游轮和嘉年华邮轮的财务信息，对两大邮轮巨头运营财务信息进行分析。

案例分析

中资邮轮运营的限制因素

邮轮旅游在欧美发达国家已经发展 50 年，而中国邮轮新兴产业 2006 年开始起步，但从现状来看发展并非十分理想，更不要说参与到邮轮产业上游产业链中。其不理想的原因，一方面在于其经营管理能力，另一方面则在于备受诟病的包船模式。

2012 年至今，国内本土邮轮中，有海航邮轮旗下的“海娜”号、天海邮轮的“新世纪”号以及渤海邮轮的“中华泰山”号，此前这 3 家占据中国邮轮市场的份额不足 10%，且均为单船邮轮公司。

2015 年 11 月 16 日，海航邮轮宣布旗下“海娜”号邮轮从 11 月 17 日起停止在中国内地运营。“海航邮轮第二艘邮轮何时出现似乎遥遥无期。”上海市水上旅游促进中心副理事长陆明其告诉界面新闻。

陆明其表示，中国本土的邮轮公司在运营能力上远不如国际邮轮公司，经验无法照搬，就本土的邮轮品牌来看，天海邮轮的运营能力相对较佳，这是因为其引入了皇家加勒比游轮公司介入管理，目前正朝着混合管理的模式发展。而“中华泰山”号则完全由自己管理，此前的“海娜”号则是全权委托给管理公司运营管理。

管理能力的不全面还在于邮轮人才的缺失。数据表明，据保守估算，到 2020 年，我国培养出的邮轮人才为两万人左右，邮轮人才供应缺口却将达到 28 万人。

另外，政策针对邮轮船员还有十分具体的限制。一艘邮轮上面有几十个国家的游客，所以需要配备二三十个国家的海乘人员，包括客房、餐厅、酒吧的服务员，而中国对船员国籍的比例是有要求的，若船只悬挂中国国旗，其 80% 以上的船员应是中国船员，如此高比例的中国船员配备，是几乎每家邮轮公司都无法达到的。

此外，邮轮公司在经营项目上也受限制。邮轮上娱乐场所很常见，比如 Casino（赌场）。只要是挂中国国旗的邮轮，就必须遵守中国法律，即使这艘邮轮在公海上，也不允许博彩。而博彩作为邮轮的必备娱乐项目之一，平均占据邮轮营业收入约 10% 的份额，有些船只甚至高达 50%。

最为重要的一点则在于邮轮上免税店的限制。免税店在邮轮上很常见，但是在我国开设免税店都需要经过严格的审批。而针对邮轮上的免税店如何审批，中国还未出台相关的办法。

种种限制与模式下，本土邮轮公司发展缓慢，市场占有率极低，若是想要在中国这个“全球最大邮轮旅游市场”中占有一席之地，恐怕还需要在政策与运营模式上有所突破。

中国本土邮轮运营面对的局势，从客观来讲，亟待解决的问题还有很多。大家可以运用本章所学知识，合理分析本土邮轮运营在现时条件下如何继续发展下去。

（资料来源：中国海事网，2015 年 12 月 7 日报道）

结合案例思考以下问题：

（1）“海娜”号邮轮退出中国市场有哪些教训和启示？

（2）与国外邮轮公司相比，中资邮轮公司经营过程中会遇到哪些限制因素？

（3）为了提高中资邮轮公司的竞争力，国家可以从哪些方面提供政策支持？

第九章

邮轮运营安全管理

本章导读

1912年4月15日凌晨，号称永不沉没的豪华游轮泰坦尼克号在首航途中带着1500多条生命沉入冰冷的大西洋海底，成为20世纪初最大一次海难。2011年，国际海事组织将2012世界海事日的主题定为“百年回溯，泰坦尼克之殇”。尽管如今我们所说的邮轮与泰坦尼克并不能相提并论，但悲剧却从未远去。2012年1月13日，意大利“康科迪亚”号邮轮触礁；2015年6月1日，从中国南京开往重庆的豪华邮轮“东方之星”因突遇龙卷风倾覆倒扣水中，造成442人遇难，仅有12人生还。频频发生的邮轮安全事故，使人们在扼腕痛惜之余，也认识到邮轮旅游安全事故的不容忽视，邮轮安全问题再次深深触动人们的神经。

旅游安全，一直备受关注，然而人们关注的重点一是在旅游交通安全领域，二是在旅游餐饮、卫生安全领域，三是在旅游景区超容量运载引起的安全事故，比如踩踏等。由于邮轮旅游是新兴项目，人们出于陌生，对邮轮旅游安全问题往往不太重视。近期发生的一些邮轮翻船事故提醒人们，披着华丽外衣的高端邮轮，也存在诸多的不安全因素。关注邮轮安全，保证邮轮游客的安全出行，是邮轮旅游持续良性发展的关键，也是对以往邮轮事故遇难者一种最好的慰藉。邮轮运营安全须警钟长鸣。

第一节　邮轮运营安全管理概述

一、邮轮旅游安全与运营安全

1. 邮轮旅游安全

旅游安全有广义和狭义之分。广义的旅游安全是指旅游现象中的一切安全现象的总称，既包括旅游活动中各相关主体的安全现象，也包括人类活动中与旅游现象相关的安全事态和社会现象中与旅游活动相关的安全现象。而狭义的旅游安全指旅游活动中各相关主体及对象的一切安全现象的总称，它包括旅游活动各环节中的安全现象，也包括旅游活动中涉及人、设备、环境、资源等相关主体及对象的安全。

何谓邮轮旅游安全，目前学术界还无定义，本章对邮轮旅游安全概念的界定，是基于旅游安全的范畴。作为旅游产品的一种形态，邮轮旅游安全除了具有一般意义上旅游安全的共性，其内涵还有着特殊背景意义。根据“邮轮”的特定环境，本章仅从“狭义”的旅游安全范畴来定义邮轮旅游安全概念，即邮轮旅游安全是指邮轮旅游活动中各相关主体及对象的一切安全现象的总称，包括邮轮旅游者安全、邮轮旅游资源安全、邮轮旅游设施设备安全、邮轮旅游从业者安全、邮轮旅游环境安全等。

2. 邮轮运营安全管理

从邮轮运营管理和邮轮旅游安全等概念的内涵出发，本章将邮轮运营安全管理定义为：邮轮企业为实现其经营目标和宗旨，在运营管理中为保障邮轮旅游活动中各相关主体及对象的安全所制定的一系列规章、制度和条例，以及所采取的预警、控制、救援等安全管理手段，是指涉及安全的确保邮轮企业经营目标顺利实现的所有工作。

二、邮轮运营安全问题的特点

有别于其他旅游形式，邮轮运营安全问题的特点主要体现在以下几个方面：

1. 突发性强

由于邮轮旅游项目涉及面广、关联要素多，既有航行中游客在邮轮船上的各项活动，又有航行线路上停泊港的目的地观光及娱乐活动，还有关联要素：“食、住、行、游、购、娱”等，故安全问题隐患多，许多事故具有突发性和不可预见性。此外，邮轮运行历经地域多，历经地的自然环境、社会治安、经济及政治等因素的变化也会导致意外安全事件的发生，如海底地震、海啸、火灾、水灾、疫病流行、食物中毒、恐怖活动等，也往往使人们难以预见和避免。

2. 受损面积大

现代邮轮越来越朝着大型化发展，载客量超过5000人的邮轮越来越多，一旦发生事故，疏散非常困难。一些游客对邮轮旅游的安全知识、安全事故及后果的认知不足，思想上麻痹大意，对待事故应急能力不强，导致事故一旦发生常常会不知所措，甚至造成二次伤害。另外，邮轮事故发生地往往在辽阔的海洋上，救援非常困难。因此，事故对邮轮企业来说损失也是巨大的。

3. 影响范围广

邮轮安全事故不仅会给邮轮企业带来直接的经济影响，而且给目的地和客源地社会造成巨大的社会影响，同时对事故发生地的环境也将产生诸多影响。就游客而言，事故发生后生命的逝去、身体的伤残均会给相关家庭造成致命的打击，伤痛的阴影还将永远伴随着这些家庭；就目的地和客源地而言，政府和相关管理部门可能因此出现长期的“信任危机”，严重事故甚至会影响到社会安全和稳定。例如，韩国岁月号事件发生之后，由于政府处理的不当，导致韩国民众对政府危机处理能力提出了强烈质疑，民调政权支持率从 71% 下降到 47% 以下的历史最低点，还出现社会消费不振、担心引发经济下滑等现象。就邮轮企业而言，邮轮事故的发生会造成游客的恐慌心理，使潜在顾客不愿参与其中，客源市场可能大大缩减，进而严重影响到整个邮轮产业发展。

4. 季节性强

邮轮事故季节性特征是由邮轮旅游季节性特点决定的。通过对历年邮轮旅游事故情况统计分析，事故多发于 4 至 8 月，这几个月发生的事故往往占全年总数的 2/3 左右。因为这个时期正是邮轮旅游的旺季且是台风、雷暴雨、大风、浓雾等恶劣天气的多发季节，往往容易导致邮轮旅游事故的频发。

三、邮轮运营安全事故的表现

1. 邮轮运营安全事故的形态

（1）人员和财产安全

据介绍，消费者在旅游过程中人身、财产安全受到损害的投诉集中表现为：不洁餐饮引起的食物中毒；携带的物品在邮轮被盗；旅行社不履行告知义务，擅自转团，使旅游服务质量及安全难保；为降低成本，旅行社不给消费者办理旅游意外保险，航班安排不合理，邮轮与其他邮轮或船只间的避让和安全距离不合理等原因，导致相撞、翻沉、起火、游客落水等邮轮旅游交通事故等。加上许多旅游者对自己的旅游活动场所的安全隐患了解不足，特别是在邮轮旅游岸线活动中麻痹大意，盲目活动，冒险行动，不听指挥，以致于酿成事故。

（2）设施设备安全

虽然确保设施设备安全是邮轮经营管理工作的重要内容，但存在管理工作做得不够细致的现象。有些邮轮集团追求经济利润，忽视安全生产投入，造成机械设备基础薄弱、设备技术落后、设备设施不足、设备老化，以致消防、交通、饮食、安全等方面存在安全隐患。

（3）食品卫生安全

与一般的旅游形式相比，邮轮旅游安全对于食品卫生安全的要求更高。因为邮轮旅游中游客的吃、住全部在邮轮之上，处于一个集中空间，一旦发生食品卫生安全问题会在邮轮游客之中迅速蔓延，导致大面积的人员不适或中毒，严重时甚至有人员死亡现象发生等。结果会造成游客不好的邮轮体验，假期变噩梦，进而影响到邮轮旅游产业的发展。

（4）航线港口安全

邮轮航行于世界各地，主要集中于夏秋季节出游，确保航线安全，才有邮轮旅游。近年来部分邮轮打破季节性航线限制，开始发展全年航线，航线安全重要性更是日益凸显。冬季邮轮航线具有特殊性，为确保船舶航行、停泊和作业安全，要求加强对海冰的监测预警，增派执法力量加强对码头前沿的现场巡查，提高防抗海冰的应急反应能力，做好大风寒流天气防范，同时确保邮轮目的港的安全。

知识链接

邮轮安全事件举例

2018 年 7 月 1 日，嘉年华邮轮公司旗下“嘉年华荣光”号（Carnival Glory）行驶到古巴以北 34 公里时，一名船员发现落水船员。“嘉年华荣光”号随即掉转方向，放下救生艇，救起那名船员，在确认了该名落水船员身份后，随即通报该船员所属邮轮“诺唯真畅意”号。

2018 年 11 月 14 日，一名 52 岁的美国女子在加勒比海乘坐“皇家公主”号邮轮时坠落死亡，当局认为可能涉及谋杀。当时这名女子与一位男子相互纠缠在一起，男子勒紧女子的脖子。一番挣扎后，该女子从邮轮上层甲板外沿摔落，掉进一个救生艇中。

2019 年 1 月 21 日，皇家加勒比“海洋绿洲”号邮轮因 277 名游客和船员的集体食物中毒而提前结束行程返回佛罗里达州码头。此次事件怀疑与诺如病毒有关。据悉，2018 年发生 11 宗邮轮食物中毒意外，有 5 宗都是由诺如病毒引起。

2019 年 3 月 23 日，有 1373 人的“维京天空”号邮轮在距离挪威西部默勒—鲁姆斯达尔郡海岸约 2 公里处因没有足够的润滑油而发生引擎故障，当时风力很大，邮轮面临失控危险，逾千名乘客因此被困。救援机构迅速启动了直升机疏散措施，1373 名乘客中一共疏散了 479 人，其他人乘坐“维京天空”号被送至岸边。

2019 年 4 月 1 日，一架大型建筑起重机在皇家加勒比邮轮“海洋绿洲”号上倒塌，导致“海洋绿洲”号邮轮一侧严重倾斜，同时导致部分船坞受损。据报道有 8 人在事故中受伤。随后 2000 多名船员被疏散到巴哈马自由港过夜。

2. 邮轮运营安全事故的原因

邮轮运营中发生事故的原因有多种，主要表现见表 9-1。

表 9-1　邮轮运行危险源

类型	事故现象	事故原因
船舶事故	船舶碰撞、搁浅、翻船、沉船	人为因素：驾驶员大意或操作不当 天气因素：如大雾、风暴天气 设备因素：设备不合格或老化，材料不合格
	火灾	人为因素：用火不慎、违章操作电气、吸烟、玩火、放火
		天气因素：自燃、雷击等
游客安全事故	从业人员失职造成游客安全隐患	船员和航道监管人员由于长期生活于邮轮之上，会出现习惯性违规现象，看惯了、听惯了、干惯了，加上领导不利等外在因素，会出现失职和违法、违纪、腐败行为，以及自由散漫、我行我素、业务生疏、得过且过现象。
	游客滞留	公司或船员与游客纠纷引起滞留，邮轮所处地政府管理不当造成游客滞留，港口等引起与游客的纠纷，例如“海娜”号事件。
	治安恐怖事件	邮轮企业或旅行社对突发事件和意外事故的处理不恰当，造成人员不满而引起聚众闹事现象；恐怖势力的介入。

续表

类型	事故现象	事故原因
通航环境	恶劣天气	突然的大雾、大风等恶劣天气，给通航带来困难。
	助行失灵	助行设备本身故障或外来破坏造成了助行失灵，造成航向难以识别现象。
海事管理	邮轮企业内部管理不善	邮轮公司对于安全管理问题漠视和不关心，不注重管理的改善，风险控制不足等。

第二节　邮轮运营安全管理策略

一、邮轮运营安全管理制度的建立

1. 邮轮安全管理制度的概念

（1）邮轮安全管理制度的含义

安全管理是企业生产管理的重要组成部分，是组织实施企业安全管理规划、指导、检查和决策的过程，同时，又是保证生产经营处于最佳安全状态的根本环节，安全管理是一种动态管理。安全管理制度则是为了解决和消除各种不安全因素，防止事故的发生而制定的法规法则。

邮轮安全管理是邮轮企业运营管理的重要组成部分，在邮轮运营过程中，只要邮轮安全管理做到了位，邮轮企业不发生安全事故，就能获得好的业绩，同时树立和提高邮轮企业的外部形象，争取潜在的客源市场。安全管理对邮轮运营管理有着十分重要的意义。邮轮安全管理制度是为了解决和消除邮轮运营中相关的人、机、环、管四个方面不安全因素而制定的法规法则。

（2）邮轮安全管理制度的作用

以制度的形式，明确邮轮企业各部门、各级各类人员的安全职责范围，可以使全体从业人员知道自身的岗位和职责，避免相互推诿，实现各在其位、各司其职、各负其责的管理目标。此外，安全制度的建立，也可督促相关业务人员提高操作水平和技能，避免因不规范行为而导致的事故发生。

2. 邮轮安全管理制度的制定

（1）设计安全管理制度要体现“安全第一”“以人为本”的思想

第一，安全管理制度应精炼，且具有可操作性。邮轮经营涉及食、住、行、游、购、娱等各个方面，相关人员多、工作程序繁杂，为了实现安全经营，制度设计必须做到精炼精简，易于理解，利于操作，责任明晰，职责分明。制度面前人人平等，考核过程一视同仁。

第二，安全管理制度要切合企业实际，不能照搬照抄。邮轮经营行业有着自己的背景和行业特点，安全管理制度的设置务必根据邮轮经营所需的装置要求、工艺要求、人员结构、原料性质、需求产品性质等特点，切合邮轮经营实际，绝不能生搬硬套、照搬照抄。

第三，安全管理制度应严谨，绝不能模棱两可。制度既然是约束人的安全行为，规范做事的程序，务必要做到科学、严谨，经得住推敲，经得住考验。对于邮轮企业也不例外，安全管理制度内容的设立决不能这样也可，那样也行，这是制度能严格执行的前提条件，否则将事与愿违。

（2）安全管理制度的贯彻要有的放矢，注重形式和内容的统一

制度已然制定，决不能束之高阁，一定得让员工学习、理解，并在此基础上不折不扣地执行。邮轮安全管理制度制定之后，为了让邮轮企业员工理解和认同，必须对制度加以宣传和贯彻。为了实现宣贯效果，需要在方法和形式上下点功夫。可以将安全知识的教育融入考核过程中，也可以通过案例教学、模拟教学的方式有的放矢地开展教育和宣贯工作。

（3）安全奖惩制度应做到奖罚分明、奖罚及时

安全绩效考核一定要奖罚分明、奖罚及时，严禁奖罚失衡、时效滞后、避重就轻、考核不公和尺度不一。对于邮轮企业从业人员中执行安全制度优者应及时奖励，差者应加以惩罚，严重的甚至严惩。要提醒员工时刻记住：“安全领域无小事。”

（4）安全管理制度的执行必须持续、持久、固化

制度一旦发布，务必持续、持久执行，决不能“三天打鱼、两天晒网”。邮轮安全管理制度制定之后，决不可今天严格，明天松懈，或者这边严格，那边松懈，更不能“搞运动”，一定把制度进行固化，在执行上一视同仁，并逐步形成企业的安全管理文化。

（5）安全管理制度应与时俱进，进行适时修订和完善

随着时间的推移，邮轮企业经营内外环境都可能发生变化，相应的安全管理制度也可能会出现过时或不适应企业未来发展的状况，因此，邮轮安全管理制度一定要及时更新、与时俱进，适应邮轮企业发展新需要。邮轮安全管理制度一旦存在不适应邮轮行业发展需要的情形，或与国家新的制度相抵触时，务必进行及时的修订和完善。

邮轮企业应贯彻执行国家对生产经营性企业制定的安全管理规章制度，建立邮轮运行安全秩序。涉及跨国运行的邮轮企业，还要尊重出行所经国的相关规定。激励员工自觉遵守国家安全相关法律法规和企业运作安全制度条例，有利于邮轮集团完善安全经营条件，营造安全有序的经营环境。

二、邮轮运营安全管理系统的构建

1. 邮轮运营安全管理系统的概念

邮轮旅游安全管理系统是指为保障邮轮旅游者的安全，由政府构建的全面协调综合管理系统，它由现代先进的科学技术和专业的管理人员组成。该系统可以分为邮轮旅游

安全信息系统、邮轮旅游安全预警系统、邮轮旅游安全控制系统、邮轮旅游安全保障系统四个子系统，它们在指挥机构的统一指导下相互沟通、紧密联系，组成高效的管理系统。

2. 邮轮运营安全管理系统的功能

邮轮旅游安全管理系统是个综合、全面、协调的管理系统，能够将邮轮旅游管理机构进行整合、统一起来，避免多头管理和无序管理的局面出现。此外，一方面，该系统能够将全国的邮轮旅游安全信息集中整合，依据互联网等相关技术对邮轮旅游安全的状态进行监察；另一方面，根据检测到的信息，对海洋旅游安全的隐患进行排查、清除，并进行全面的管理。该系统既适用于日常的监测管理，又适用于危机事故发生时的处理。

3. 邮轮运营安全管理系统的构建

（1）邮轮旅游安全信息系统

邮轮旅游信息管理系统包括邮轮旅游气象信息、邮轮旅游容量信息、邮轮旅游安全设施信息、邮轮旅游环境污染信息、邮轮旅游企业的运转信息及邮轮旅游区域的社会安全信息等数据信息库，每个数据信息库都有信息的收集和报送两个环节。信息的收集要依靠管理机构提供支持，管理机构下置的管理人员分散在邮轮旅游安全管理诸多管理部门，能够提供完善的信息服务。信息系统将收集的信息进行整合分类存入邮轮旅游安全信息系统，并报送邮轮旅游安全预警系统，由预警系统进行分析与预测，从而划分出信息等级，进行报警服务。

（2）邮轮旅游安全预警系统

邮轮旅游安全预警系统的主要任务是制定发布邮轮旅游安全事故预防管理的法规、条例，教育和培养邮轮旅游从业人员、旅游者的安全意识和安全知识，提高邮轮游客对安全事故的防范能力，具体工作有以下内容：

第一，在邮轮内部设置安全宣传栏，发放安全宣传手册；岸线旅游时，设置告示牌、警示牌，提醒旅游者在旅游过程中应注意的事项和出事后应当采取的紧急措施；在导览图上介绍邮轮上的安全保障情况和游览注意事项。

第二，对参加邮轮旅游的游客进行法制宣传教育，提高他们的法治观念和守法意识，特别是让他们了解安全的旅游环境和他们的切身利益的密切关系，使他们能自觉维护邮轮区域内的安全环境。

（3）邮轮旅游安全控制系统

邮轮旅游安全控制系统是由安全管理队伍以及旅游安全防控管理的一系列工作组成，具体工作有以下内容：

第一，设置邮轮旅游专业保安，进行内部的治安管理，防止出现盗窃、酗酒、闹事等违法事件的发生，保证游客在邮轮内部的人身财产安全。

第二，对邮轮旅游区域内的旅游活动进行防控和管理，有组织有计划地安排游客进行安全的旅游活动。

第三，对邮轮所载有的设施设备进行日常安全预防检查和管理。

第四，对邮轮上游客的住宿安全、饮食安全进行防控、监督和管理。

4. 邮轮旅游安全保障系统

邮轮旅游安全保障系统由邮轮旅游安全管理的规章制度、邮轮的安全救援机构、邮轮旅游的安全资料、邮轮旅游安全保险四部分组成。

（1）邮轮旅游的规章制度

邮轮旅游要根据国家、本地颁布的相关法规条例并结合本地具体情况来制定各项制度和条例，旅游区的安全管理机构统一与本区内的公安、环保、文化、旅游、工商、交通等相关部门相互协调，一并落实。

（2）邮轮的安全救援机构

邮轮旅游安全救援是由邮轮所属公司和当地的医院、消防、公安和政府职能部门对邮轮安全事故进行快速有效的救援，要有专门的救援车、救援小组人员，要配备相关的救援设施和设备，要经常设计和演练救援方案，以提高救援的能力和效果。

（3）邮轮安全资料和档案

应依靠邮轮企业安全资料和档案对邮轮经营活动进行防控和管理，对邮轮设施设备进行维护保养和检查记录，以保证设施安全运作。对邮轮所经路线、水文、地貌、气象记录要跟踪，用作防控和救援的依据。

（4）邮轮旅游安全保险

进行邮轮旅游时，要建立旅游者人身保险和财产保险制度，加强旅游保险的宣传，提倡和引导旅游者购买旅游意外保险，提高安全防范和自身旅游安全保险意识。

三、制定合适的安全管理方案

1. 安全管理方案的定义

安全管理方案是指社会组织为预防本组织事故发生和控制事故损失的工作方法的集合。其中的社会组织可以大到国家这样的超大型组织，也可以小到企业这样的微观经济组织。对于建立了职业安全健康管理体系的组织，安全手册、程序文件、作业文件、记录等体系文件的集合体就是安全管理方案。对于没有建立职业安全健康管理体系的组织，成文或不成文的安全管理工作方法的集合也是安全管理方案。可以说，目前已经存在的组织都有自己的安全管理方案，只不过他们的内容和质量不同而已。

2. 邮轮企业相关安全管理方案的实施

为了加强邮轮安全管理，保障海上人命和财产安全，防治邮轮污染环境，促进邮轮经营业的健康发展，需要制定和实施邮轮企业相关的各类安全管理方案。

（1）安全管理方案目标

坚持“安全第一、预防为主、综合治理”方针，维护人员人身安全，有效处理突发安全事故，使突发安全事故损失降低到最低限度。

（2）各安全管理方案

第一，检验、登记方案。

一是邮轮适航。邮轮应当具备与航行海域相适应的安全结构、强度、稳性，配备相应的航行、通信、信号、救生、消防、防污染等设施、设备，满足海上交通安全和防治污染环境的要求。

二是邮轮检验。邮轮应当按照交通部批准或者认可的邮轮检验技术法规或者规范，经过中华人民共和国海事局认可的船舶检验机构检验，取得相应的船舶检验证书。对同型号批量生产非金属材料制造的邮轮，获得经过船舶检验机构的型式认可后签发相应的船舶检验证书。境外购入的邮轮，应当持有境外有关主管机关、行业组织签发或者认可的邮轮检验证书或者邮轮合格证书、文书，并向船舶检验机构申请初次检验。使用中的邮轮应当向船舶检验机构申请定期检验，经过检验合格方可继续使用。邮轮有下列情形之一，应当申请临时检验，经船舶检验机构检验合格，方可继续使用：发生水上交通事故，影响邮轮适航性能的；邮轮结构或者重要的安全、防污染设施、设备发生改变的。

第二，人员招收方案。

邮轮相关从业人员应当经过专门的培训、考试，具备相应的专业知识和技能，掌握海上救生和应急反应的基本要求，了解海上交通安全和防治污染环境的管理规定，并精通一定的外语知识。

邮轮行业的从业人员需要一定的入门资格。邮轮服务生需要的证件一般为以下几个：Z01+Z07+英语合格证书＝海船船员蓝皮书；船员服务簿；海员证；如果是跑内河船的还需要客滚证书T09；如果是国际邮轮那么还需要一本护照；无犯罪证明；国际旅行健康证明书；邮轮公司的出境体检单；如果是国际邮轮还需要去登船国家的签证。

邮轮的船员、驾驶人员、乘员应当具备正确使用水上安全设备的能力，并熟知当地海事管理机构公布的水上安全频道及其联系方法。

第三，航行、停泊和防污方案。

一是开航时的适航要求。邮轮在开航之前，邮轮驾驶人员等应当做好安全检查，确保邮轮适航。邮轮应当具备船舶检验证书、登记证书和必备的航行资料。邮轮驾驶人员应当携带邮轮驾驶证书。未取得邮轮驾驶证书的人员不得驾驶邮轮。

二是航行要求。邮轮航行时，除应当遵守避碰规则和当地海事管理机构发布的特别航行规定外，还应当遵守下列规定：邮轮不得超过安全适航抗风等级开航，避免在恶劣天气以及危及航行安全的情况下航行；邮轮应当在其检验证书或者合格证书所确定的适航范围内航行，当地海事管理机构对邮轮的活动区域有限制的，应当遵守海事管理机构的规定；邮轮应当避免在船舶定线制水域、主航道、锚地、渡口附近水域以及交通密集区及其他交通管制水域航行，确需进入上述水域航行的，应当听从海事管理机构的指挥，并遵守限速规定；邮轮不得在禁航区、安全作业区航行；不具备号灯及其他夜航条件的邮轮不得夜航；邮轮不得超过核定乘员航行；邮轮驾驶人员不得酒后驾驶、疲劳驾驶。

三是邮轮停泊。邮轮应当在海事管理机构公布的专用停泊水域或者停泊点停泊。邮轮的专用停泊水域或者停泊点，应当符合邮轮安全靠泊、避风以及便利人员安全登离的要求。邮轮在航行中的临时性停泊，应在不妨碍其他船舶航行、停泊、作业的水域停泊，但是不得在主航道、锚地、禁航区、安全作业区、渡口附近以及海事管理机构公布的禁止停泊的水域内停泊。邮轮停泊的专用水域属于港口水域的，应当符合有关港口规划。

四是邮轮防污。邮轮不得违反有关法律、法规和交通部有关防治船舶污染的规定向水域排放油类物质、生活污水、垃圾和其他有毒有害物质。邮轮应当配备必要的污油水回收装置、垃圾储集容器，并正确使用。邮轮产生的废弃蓄电池等废弃物、油类物质、生活垃圾应当送交岸上接收处理。

第四，安全责任方案。

邮轮的安全和防污染由邮轮经营者负责。邮轮经营者应当负责邮轮的日常安全管理和维护保养，确保邮轮处于良好的安全、技术状态，保证邮轮航行、停泊以及邮轮上人员的安全。

邮轮经营者应当对其管理的邮轮承担下列安全责任：

一是对邮轮驾驶人员和乘员开展邮轮安全、防治污染环境知识和应急反应的宣传、培训和教育；

二是督促邮轮驾驶人员和乘员遵守水上交通安全和防治污染管理规定，落实相应的措施；

三是保障停泊在停泊水域或者停泊点的邮轮安全，防止邮轮发生碰撞、触碰、走锚或者漂移等事故；

四是核查邮轮、邮轮驾驶人员的持证情况，保证出航邮轮、邮轮驾驶人员持有相应有效证书；

五是向邮轮提供航行所需的气象、水文情况和海事管理机构发布的航行通（警）告等信息服务；遇有恶劣气候条件等不适合出航的情况或者海事管理机构禁止出航的警示时，应当制止邮轮出航并通知已经出航的邮轮；

六是掌握邮轮的每次出航、返航以及乘员情况，并做好记录备查；

七是保持与邮轮、海事管理机构之间的通信畅通；

八是按照向海事管理机构备案的应急预案，组织应急演习。

第五，事故报告和检查方案。

一是事故报告和应急反应。邮轮遇险或者发生水上交通事故、船舶污染事故，应当立即向海事管理机构报告。邮轮经营者应当立即启动应急预案。在救援到达之前，邮轮上的人员应当尽力自救。邮轮驾驶人员及其他乘员对在航行、停泊时发现的水上交通事故、污染事故、求救信息或者违法行为应当及时向海事管理机构报告。需要施救的，在不危及邮轮自身安全的情况下，邮轮应当尽力救助水上遇险的人员。

二是监督检查。海事管理机构应当依法对邮轮实施经常性监督检查。邮轮经营者应当配合管理机构的监督检查，对发现的安全缺陷和隐患，应当及时进行整改、消除。管理机构发现邮轮违反水上交通安全管理和防治船舶污染环境管理秩序的行为，应当责令邮轮立即纠正；未按照要求纠正或者情节严重的，管理机构可以采取责令邮轮临时停航、改航、驶向指定地点、强制拖离、禁止进出港等行政强制措施。

三是事故调查处理。邮轮发生水上交通事故、污染事故，邮轮经营者以及邮轮的乘员应当立即报告，并接受相应的调查、处理。

第三节 邮轮运营安全管理的其他支撑

一、所在地产业政策的支撑

产业政策是指国家根据国民经济发展的内在要求，调整产业结构和产业组织形式，从而提高供给总量的增长速度，并使供给结构能够有效地适应需求结构要求的政策措施，具有客观性、指导性和通用性。获得所在地产业政策的支撑，是邮轮运营发展的必要动力和保障。

邮轮旅游是一种全球性、网络化运营的产业，是一种依赖连接全球的四大海洋而产生的产业。纵观全球邮轮旅游的发展历史，邮轮旅游业成熟地区比如加勒比海地区、地中海区域，都表现出极强的跨区域联合发展的特征。

邮轮产业链的复杂性决定了邮轮旅游产业不可能单独依靠国内自身的市场、企业以及资本的运作快速成长起来，需要一系列的包含政府与企业、行业协会在内的多主体之间的国际交流与合作。在生产制造方面，要立足于国际旅游建造新趋势，同时又要借助国际财团的资本优势；在邮轮产品设计、服务和运营方面，要建立与国际接轨的服务标准体系，满足多国乘客的多样化需求，还需要保证邮轮到港及游客出入境的便利性；在邮轮运营、销售等方面，要通过跨区域合作，形成利益共同的合作体进行整体区域营销。

二、航线停靠港的安全管理

停靠港又叫挂靠港，指船舶从出发港至目的港途中所停靠港口。对邮轮停靠港的管理是确保邮轮安全的重要环节。

第一，从加快实现运输目的出发，共同筹资，设立船舶供求信息系统和调度指挥中心。从事相关工作：联系近域船公司、各港口码头，收集和发布供求预期信息，调度船舶完成定期运输。

第二，从海洋公共安全运输出发，设立海事安全监控信息系统和救援机构。从事相关工作：预报海洋天气、自然灾害信息，设置航空、航海救援工具，抢救遇难船舶、船员、渔民、游客。

第三，从保护海洋清洁环境出发，设立海洋环保监控信息系统和管理机构。从事相关工作：监测海洋污染情况，及时清理海洋污染；依据国际海洋公约，制定保护海域环境相关法律法规，执行处罚。

第四，从有效管理，执行共同贸易海防协议目的出发，联合成立海关海防联防监控管理系统。从事相关工作：设立海关、海防联合管理机构，设置相关监督执法设施；以贸易协议和联防协议为依据，制定公共运输、通行法律法规，监督海上守法运输与通行；打击海上违法运输、越境活动。

三、海事问题和相关法律法规的支持

海事，泛指航运（海事事务）和海上的一切相关事项，如航海、造船、验船、海事海商法、海损事故处理等。

1. 船舶登记与公海航行

（1）船舶国籍

船舶国籍是指船舶所有人按照某一国家的船舶登记管理规范进行登记，取得该国签发的船舶国籍证书并悬挂该国国旗航行，从而使船舶隶属于登记国的一种法律上的身份。船舶国籍表明该艘船与登记国有了法律上的隶属关系。船舶国籍证书是船舶国籍法律上的证明，船舶悬挂的国旗是该船国籍的外部象征或标志。船舶国籍所引起的权利义务与自然人国籍所引起的权利义务在内容上完全不同。因为船舶国籍是一种法律上的联系，即船籍国与船舶之间的联系，从而使得船籍国能对船舶行使管辖权及给予保护。

（2）船旗国

船旗国是指船舶悬挂其旗帜的国家。船舶之挂国旗是为了避免其被误认为是海盗船、走私船，同时保护各国领海安全。

（3）公海自由航行

1958 年《公海公约》规定航行自由是公海自由的一项最基本的制度，包括以下内容：

第一，航行权。即任何国家的船舶，包括军舰、其他公共船舶和商船，在公海上享有自由航行的权利，除本国外不受任何他国的管辖和支配。

第二，船舶的国籍及其地位。公海上的船舶必须在一个国家进行登记，具有一国国籍并悬挂该国国旗，无国籍的船舶在公海上不受任何国家的保护；方便旗船视同无国籍的船舶；军舰和为政府服务的非商业性国家船舶享有完全的豁免权。

第三，船旗国的义务：对悬挂本国国旗的船舶进行管辖；保证海上航行安全；对本国船舶在公海上对他国公民、船舶、设施或海洋造成的损害负责处理。另外，对遇难遇险的船舶和人员各国均有救助义务。

2. 国际卫生条例与疾病防御

（1）国际卫生条例

国际卫生条例的目的是以最大的限度防止疾病在国际间传播，保障安全，同时又尽可能小地干扰世界交通运输。为了鉴别和控制传染病，日益强调流行病学监测，条例旨在加强流行病学原则在国际间的应用，以期发现、减少或扑灭传染源，改善港口及其周围的卫生；防止媒介扩散；并且就总体上来说，鼓励国家一级的流行病学活动，以便减少外来传染病传入的危险。

（2）邮轮疾病防御

邮轮有“流动的国际旅游集会活动场所”之称。一艘邮轮载客量通常达数千人，人员密集度高且集中，内部空间环境相对狭窄，内部形成的微小气候相对滞浊，呼吸道传染病易于传播；航行期间旅客的食品、饮用水均由船方提供，对船上食品、饮用水的采购、储存、加工要求很高，一旦某个环节出现疏漏，就会引发群体性食源性疾病发生、传染病；邮轮海上航行时间较长，沿途靠泊港口较多，航线跨国甚至跨洲，如果经停地区发生大规模疾病流行，容易引起连锁性疫情传播扩散，需要予以严密监控。

2008 年 11 月，“钻石公主”号邮轮入境上海前，发生诺如病毒感染，造成 285 人腹泻。上海出入境检验检疫局接报后第一时间查出病原体，有效处置了这一国内接报的首起发生在邮轮上的公共卫生事件。2009 年 2 月，“精钻探索”号邮轮入境上海前，同样发生诺如病毒感染，造成 60 多人腹泻。

3. 海洋船舶防污染管理

（1）防止船舶造成污染国际公约

该公约是为防止并消除船舶排放油类和其他有毒物质造成对海洋的污染，以及最大限度地减少船舶海损事故造成污染而制定的公约。1973 年 10 月 8 日至 11 月 2 日，政府间海事协商组织（简称海协，现改名国际海事组织）在伦敦召开国际防止船舶造成污染会议，在《1954 年国际海上油污公约》及其各项修正案的基础上制定了《1973 年国际防止船舶造成污染公约》。公约包括 20 条法律条款和 5 个技术性附件，即：附件一，防止油污规则；附件二，控制散装有毒液体物质污染规则；附件三，防止海运包装品、集装箱或可移动罐柜或公路及铁路槽罐车装载有害物质污染规则；附件四，防止船舶生活污水污染规则；附件五，防止船舶垃圾污染规则。附件一和附件二为强制性规则，附件三、四、五为任选性规则。公约对污染物质的排放标准、监控系统、滤清系统及专用压载舱和清洁压载舱等做了规定。由于各国对附件二普遍感到因技术问题尚难在近期内付诸实施，因此加入公约的国家数至今尚未达到生效条件。

（2）邮轮防污管理与垃圾处理

船舶垃圾处理；生活污水处理；含油污水处理。

本章小结

邮轮旅游安全是指邮轮旅游活动中各相关主体及对象的一切安全现象的总称，包括邮轮旅游者安全、邮轮旅游资源安全、邮轮旅游设施设备安全、邮轮旅游从业者安全、邮轮旅游环境安全等。邮轮运营安全具有突发性强、受损面积大、影响范围广、季节性强等特点。

邮轮安全管理是邮轮企业运营管理的重要组成部分，邮轮安全管理制度是为了解决和消除邮轮运营中相关的人、机、环、管四个方面不安全因素而制定的法规法则。邮轮旅游安全管理系统是指为保障邮轮旅游者的安全，政府构建的全面协调综合管理系统，分为邮轮旅游安全信息系统、邮轮旅游安全预警系统、邮轮旅游安全控制系统、邮轮旅游安全保障系统。这四个子系统在指挥机构的统一指导下相互沟通、紧密联系，能够将邮轮旅游管理机构进行整合、统一起来，避免多头管理和无序管理局面的出现。

邮轮运营安全管理还需要所在地产业政策的支撑、航线停靠港的安全管理、与海事问题相关的法律法规的支持。

思考题

1. 解释旅游安全和邮轮旅游安全的含义。
2. 简述邮轮安全管理分类。
3. 邮轮安全管理方案有哪些?

案例分析

韩国“岁月号”沉船事件

2014 年 4 月 15 日 20 点:“岁月”号客轮（6825 吨）离开仁川港，前往济州岛。2014 年 4 月 16 日 7 时 55 分左右，船体受到严重撞击发出巨响并摇晃。几秒内船体发生倾斜，快速下沉。据获救乘客讲述，事发时船上集装箱等物体倒向一边，使船体倾斜更严重。船上广播开始告知人们危险，不要到处走动，随后船体突然向一侧翻倒。具体事发经过如下：

7 时 58 分：船体下沉，韩国海警赶往救援。

9 时：客轮发出求救信号，韩国总统朴槿惠表示韩国政府会全力搜救，并且表示“一个人都不能放弃。”

9 点 31 分:“岁月”号在浸水后的两小时内，先发生侧翻，进而倾覆。而后船尾下浸、船首上扬，随后逐渐下沉，直至船头底部的球鼻艏完全消失。

9 点 40 分：韩国木浦海警出动 60 名海警、7 艘海军舰艇、2 架消防直升机前往事故地点。另有 7 艘民间商船也参与援救。

10 点 15 分：韩国 YTN 电视台报道称，338 名学生已经全部获救。

10 点 16 分：乘客称救援直升机已抵达。

11 点左右：船体已经底朝天并几乎全部沉没。

2014 年 4 月 16 日上午 11 时，韩安全部曾召开紧急记者会表示，客轮已完全沉没，全部乘客都已逃生。

12 点 10 分：事故造成 2 人遇难，最新一名遇难者为男性，为伤势过重死亡。

14 点 00 分：韩方通报船上人员共 459 人，已救出 164 人，2 人遇难，295 人失踪。

15 点 23 分：美国两栖攻击舰赶赴韩国沉船事故海域参与搜救。

18 点 42 分：事故遇难人数升至 4 人。

19 点 00 分：水下搜救因天气不佳暂停。

23 时 30 分：韩国官方确认客轮载有 462 人，174 人获救，4 人证实遇难，284 人失踪。

7 点 30 分：韩方确认 174 人获救，6 人遇难，近 300 人下落不明。

截至 2014 年 4 月 17 日 11 时 48 分，统计乘船人数 475 人、失踪 287 人、获救 179 人、死亡 9 人。此外，渡轮被怀疑进行突然转向导致船上货物堆向一边，最终使船身倾覆并沉没。

（资料来源：百度百科，4 · 16 韩国客轮沉没事故）

结合案例思考以下问题：

（1）韩国“岁月”号沉船事件出现的原因是什么？

（2）邮轮运营中，如何避免类似的悲剧再次发生？

第十章

邮轮企业文化

本章导读

年会上，人力资源部员工小张在游戏环节获得了邮轮六天五夜的旅游大奖，从没坐过邮轮的他带着激动的心情踏上了邮轮之旅。登船时有条不紊，接待人员众多，只排少许的队就完成一切手续。行李早在下车时就由专人将其送到他的舱房门口。小张体会了前所未有的极致享受。一日晚间他路过白天晒日光浴的甲板，看到服务人员认真收起每一张躺椅，仔细擦拭地板、栏杆，不禁上去与其中一个员工攀谈了几句，“你们的服务这么周到，船上工作辛苦吗？”“谢谢您的夸奖，这是我们的本职工作。虽然工作有时会很辛苦，但是我们工作得很开心，公司对我们很好，员工福利好，每一个在这里的人都有着强烈的企业意识。”作为刚工作了几年的新人，小张时常抱怨自己公司的政策，听到这里他暗暗佩服这家邮轮公司的员工管理竟如此到位，想起自己公司的企业文化，他若有所思。

从以上的故事中不难看出企业文化对于邮轮企业的发展具有的重要意义。上一章我们了解了邮轮运营安全管理的相关概念，学习了具体的策略和保障的内容。而本章将从一个不同的角度去探讨邮轮企业的运营，去了解邮轮文化建设具体包括哪些因素，以及邮轮企业该如何进行企业文化的建设等内容。

第一节　企业运营之文化形态

一、企业文化及基本结构

1. 企业文化的含义

企业文化是社会文化的一个子系统。企业通过自身生产经营的产品和服务，不仅反映出企业的生产经营特色、组织特色和管理特色等，更反映出企业在生产经营活动中的战略目标、群体意识、价值观念和行为规范。它既是了解社会文明程度的一个窗口，又是当代文化的生长点。

黎群教授认为，企业文化是指现阶段企业员工所普遍认同并自觉遵循的一系列理念和行为方式的总和，通常表现为企业的使命、愿景、价值观、管理模式、行为准则和沿袭的传统与习惯等。

企业成员的行为会自觉甚至不自觉受到企业文化的影响。企业文化建设的核心内容是培育企业的核心价值观，弘扬企业精神，推广企业的经营理念，提高企业员工的思想道德风貌。企业文化建设的实施，能够使企业的人文素质得以优化，企业竞争力得以提高，企业经济效益得以增长，实现企业的可持续发展。

关于邮轮企业文化的定义，目前学术界没有确定的说法，本书参照企业文化的一般定义，将邮轮企业文化理解为邮轮企业中员工所普遍认同并自觉遵循的包含邮轮企业使命、愿景、价值观、管理模式、行为准则和沿袭的传统与习惯在内的一系列理念和行为方式的总和。

2. 企业文化的结构

企业文化结构通常由企业物质文化、企业制度文化、企业行为文化和企业精神文化四个层次构成。邮轮文化也是从这四个方面去说明。

（1）物质文化

企业物质文化是由企业员工创造的产品和各种物质设施等构成的器物文化，是一种以物质形态为载体的企业文化的外部表现形式。邮轮旅游产品的开发、邮轮服务的质量、公司的信誉和邮轮公司的办公环境、文化设施等物质现象都是邮轮企业物质文化的有效体现。具体包括：

第一，邮轮企业的名称、标识。例如皇家加勒比邮轮集团的标识是蓝底上一个白色的皇冠和一个白色的船锚，充分体现了公司的文化特色，蓝色底纹展示了征途大海的伟大志愿，皇冠与皇家加勒比的集团特色所呼应，船锚与邮轮船文化所呼应。

第二，邮轮企业总部的建筑风格、办公室的设计和布置方式等。良好的工作环境可以激发邮轮集团员工的工作积极性。

第三，邮轮旅游产品的特色。全球第一大邮轮公司皇家加勒比国际游轮（Royal Caribbean International）共有量子、绿洲、自由、航行者、灿烂、梦幻、君主 7 个船系的 25 艘大型现代邮轮，也是区别于其他邮轮公司的一大文化特色。

第四，企业的旗帜、歌曲、服装、吉祥物、纪念性建筑，企业的文化体育生活设施和企业的文化传播网络，如企业自办的报纸、刊物、宣传栏、有线广播、闭路电视、计算机网络等。

（2）企业制度文化

企业制度文化是指得到企业广大员工认同并自觉遵从的一系列规范性文件，包括企业的领导机制、组织机构、经营制度、管理制度和其他一些制度，是一种约束企业和员工行为的外显文化。邮轮企业对于公司总部员工的管理制度，以及对于包括船员在内的员工的管理条例等都是企业制度文化的表现形式。

（3）企业行为文化

企业行为文化是指企业员工在生产经营、学习娱乐中产生的活动文化。它是企业经营作风、精神面貌、人际关系的动态体现，也是企业精神、企业价值观的折射。

从人员结构上划分，企业行为文化包括企业家的行为和企业员工的行为等。邮轮上服务人员对于游客的微笑服务等服务都是企业行为文化建设的成果，行为上体现出来的优秀的企业文化有助于提高游客对于邮轮的满意度。

（4）企业精神文化

企业精神文化是指企业在生产经营过程中，受一定的社会文化背景、意识形态影响而长期形成的精神成果和文化形态。它包括企业使命、企业愿景、企业精神、企业价值观、企业经营哲学等，是企业意识形态的总和。

邮轮企业的企业精神集中体现了各大邮轮集团独特鲜明的经营思想和个性风格，反映着企业的信念和追求，具有号召力、凝聚力和向心力。邮轮集团的员工众多，有时分布很广，但是企业的精神文化的力量却可以保证无论员工走到哪个国家都可以用高度的企业荣誉感和责任感要求自己，提供优秀的服务。

企业文化的四个层次紧密相连，物质文化是企业文化的载体和外在表现，是行为、制度和精神文化的物质基础。制度文化规范着行为文化，是企业精神文化的载体。精神文化是行为文化和制度文化的思想基础，是企业文化的核心和灵魂。

二、企业运营之企业文化

企业运营，通常指一个公司的运作、管理。企业运营需要企业和员工沟通畅通，企业运营管理作为企业生存赢利的关键要素，决定着一个企业的市场经营成果，企业是否能有良好的运营效果决定着一个企业能否有未来。

皇家加勒比集团全球董事局主席兼首席执行官理查德・费恩一次在接受访问时，被主持人问道："为什么你知道你的员工工作认真呢？""这是我们要求他们这样做的"他回答道，"但我同时认为有一种企业文化在里面。"他提到曾经有位船员对他说："就算我不小心割到了自己，我流的血也是加勒比蓝"。因为加勒比的 LOGO 是蓝色的，这充分体现了企业文化对于邮轮企业的运营发展有着极大的作用。

1. 企业文化为企业运营提供了目标导向

企业使命是企业生产经营的哲学定位，也就是经营观念，指企业在社会经济发展中所应担当的角色和责任。

邮轮企业树立自己的企业使命可以为整个企业确立经营的基本指导思想、原则、方向、经营哲学等。"改变世界游轮旅行的方式"让皇家加勒比的员工时刻团结一心，无论在陆地还是海洋，为他们指引前进的方向。不仅如此，企业使命也使得每一位成员明确了自己从事邮轮工作的真正意义，激发出内心深处的动机。

企业价值观是指企业及其员工的价值取向，是企业在追求经营成功过程中所推崇的基本信念和奉行的目标。企业价值观为企业的生存与发展确立了精神支柱，一经确立并成为全体成员的共识，就会产生长期的稳定性，甚至成为几代人共同信奉的信念，对企业具有持久的精神支撑力。

IBM 公司的最高企业信念是"IBM 就是服务"，即为客户提供世界一流的服务。一位客户的计算机资料处理中心出现了故障，为了查除故障，IBM 公司请了八位专家，其中有四位专家来自欧洲，两位来自加拿大和拉丁美洲，但是几个小时内都赶到了现场。"提供最佳服务"的价值观使得企业和员工对每位客户和每个产品都认真对待。经过多年的努力，IBM 公司最终成为业内最佳服务的典范。可见，企业的运营管理离不开企业文化的导向。

2. 企业文化是企业运营行为的内在约束

企业文化对企业员工的思想、心理和行为具有约束和规范作用。企业文化是一个企业内部上下员工必须共同遵守的一种行为规范和思想道德准绳。企业文化的约束体现在两个方面：硬性的约束，即规章制度；软性的约束。

对于企业自身来说，企业作为社会有机体的细胞，一方面，其生存和发展要依赖社会为它提供的必要的生存空间，另一方面，企业也要承担起它应负的社会责任。邮轮企业文化中对于自然环境的保护的内容是邮轮企业文化的重要内容，良好的邮轮企业文化将保护、支持自然资源与所在社区作为企业的首要责任。

对于企业员工来说，企业的文化使员工自觉地按照企业的制度条例要求来规范自己的行为，并将企业道德理念内化为个人价值观和道德观，在观念上确立一种内在的自我约束的行为标准。邮轮旅游作为以服务为导向的行业，旅游产品需要考虑游客的各方面需求、可能会出现的问题，直接面对游客时的态度直接影响到游客的旅游质量，因而从内在去向员工传达服务游客的理念非常重要，员工需要在工作的每个细节中坚持这个原则，指导和修正自己的行为。

企业文化中的行为准则和道德规范的约束帮助员工养成和提高具有个体特色的自我约束和自我控制能力。通过企业内部制度来强化、培养企业精神，感染、激发和鼓励员工自觉提高自身修养，增加团队意识和形成自我约束力，提高企业整体素质。

3. 企业文化是企业运营的动力源泉

企业文化能最大限度地激发员工的积极性和创造精神，对于强化员工的工作动机和激发员工的主动性、积极性和创造性有巨大的作用。

邮轮企业文化中也有一个核心点就是重视人的价值，让员工从内心产生一种高昂情绪和奋发进取的精神，进而达到提高工作积极性、主动性和创造性的目的。伟大的邮轮需要伟大的船员，正是船员让宾客在皇家加勒比一次又一次地体验超越想象的旅程。因而邮轮的文化建设对于员工的影响深远，让他们热爱自己的工作，使工作变得无比快乐。

在积极向上的价值观念、鼓舞奋发的企业精神、明确坚定的企业信念、高尚的道德规范和行为准则激励下，全体企业员工必然会形成强烈的集体使命感和持久的行为动力。

4. 企业文化为企业运营增强了凝聚力

企业文化是全体员工认同的共同价值观，它具有较强的凝聚功能，对稳定员工起着重要作用。

企业文化是企业及企业员工的精神力量，它使得全体员工在企业目标下相互依赖、相互激励，奋力拼搏，以强大的合力来推动企业的进一步发展。对于邮轮集团产生了某种群体意识后，邮轮企业文化成了一种“软性”的协调力和黏合剂，它通过在组织中建立共同的价值观来强化员工之间的合作，培养亲近感、信任感和归属感，形成巨大的向心力和凝聚力。许多人选择去邮轮公司工作，除了有丰厚的报酬以外，很多都是被邮轮公司的文化、企业愿景所吸引，愿意用自己的青春与一群志同道合的人打拼自己的未来，这样也为邮轮公司的发展提供了助力。员工的个体目标与企业最终目标最大限度地趋于一致，从而使那些分散的力量凝聚起来，促进企业的良性发展。

第二节　邮轮企业的文化建设要素

一、世界主要邮轮公司的文化形态

1. 美国嘉年华邮轮集团

嘉年华邮轮集团（Carnival Corporation & plc）是世界第一大邮轮公司，被业界誉为“邮轮之王”，成立于 1972 年，总部位于美国佛罗里达州的迈阿密市，是邮轮市场的绝对领导者。

嘉年华邮轮公司旗下拥有荷美邮轮公司、歌诗达邮轮公司、Seabourn 邮轮公司、Cunard 和 Windstar 邮轮公司，他们都作为公司的一个品牌，独立地经营并服务于每一位顾客。集团虽然分为几个部分，但是企业的制度和精神将集团紧紧团结在一起。

嘉年华的企业文化从创始人开始产生与发展。1972 年，泰德·阿瑞森创建了嘉年华邮轮公司，泰德·阿瑞森在经济困难时期，采取了减缓航行速度，减少停靠港的数量，增加邮轮海上时间的方式。为了使游客对长时间船上生活不会反感，给船上增加了邮轮娱乐，不仅减少了邮轮开支，而且受到了游客的推崇，同时也给邮轮旅游带来了一种全新体验，这也使整个邮轮业都向邮轮娱乐这种旅游方式学习，这是企业“快乐之船”文化的起源。

嘉年华邮轮的快乐文化体现在：每个分部公司有各自的主题特色，嘉年华、公主邮轮、歌诗达均以老少咸宜的活泼路线为诉求，强调欢乐气氛的邮轮之旅。但嘉年华和公主邮轮走美式路线，船型也较为大型、气派与豪华，歌诗达则较为强调意大利欧式风情，荷美邮轮及皇后邮轮则是走精致古典风的五星级邮轮，但是却同样强调“快乐之舟”的企业文化宗旨，这是嘉年华邮轮带给游客的真正含义，以豪华的超五星级享受体验流光溢彩的环境。

嘉年华邮轮集团下属多家子邮轮公司，所以集团内各个邮轮公司之间的协调发展对整个公司的经营起到决定性的作用，其中，集中的管理体制对集团的协调发展又起到了关键性的作用，这正是企业制度文化的体现。嘉年华作为全球最大的邮轮集团公司，非常注重管理体制的建设，《嘉年华邮轮公司管理条例》和《嘉年华邮轮集团公司经营管理准则和规范》，形成了集团对子公司和员工的管理体制，可以约束子公司的行为，保证其合法性，也规范了公司员工的行为，让他们忠诚地对待公司的业务。

嘉年华公司重视企业社会责任的承担，公司有嘉年华奖学金计划，针对大学生提供资金的资助，重视社会青少年教育的发展；公司在发生自然灾害时也是第一时间伸出援手，向灾区捐赠物资和金钱；对于社区，公司也会有一些慈善活动，不仅是捐赠资金，船员也会自发组织当志愿者服务社区，帮助儿童。企业文化的力量不仅体现在企业的运营过程中，对于企业的社会责任也起到了至关重要的作用，社会声誉的培养对于企业的发展也有一定的促进作用。

知识链接

嘉年华集团管理体制内容要点

第一，诚实准确地开展公司业务；

第二，保护海洋环境，尤其是水环境，防止污染；

第三，反托拉斯政策；

第四，保证贸易安全政策；

第五，不得使用、扩散保密信息；

第六，在个人利益与公司利益发生冲突时，保护公司利益；

第七，员工在外兼职时，不得与公司的本职工作相冲突等。

2. 美国皇家加勒比邮轮公司

美国皇家加勒比国际邮轮（Royal Caribbean）是世界第二大邮轮公司，公司成立于1969年。公司的创始人是Arne Wilhelmsen和Edwin Stephan（Arne是哈佛教育的投资者，Edwin是美国佛罗里达的一个著名商人）。公司在1970年投入了第一条邮轮“挪威歌曲”号。

在八十年代末之前公司的市场主要是加勒比市场，美国皇家加勒比国际邮轮公司的邮轮航线主要是百慕大、墨西哥的里维埃拉、阿拉斯加、欧洲和夏威夷。1997年皇家加勒比国际邮轮公司收购了精致邮轮公司，把精致邮轮公司作为该公司旗下的品牌。

皇家加勒比集团以皇冠为公司的商标，体现了公司的伟大目标和为消费者提供高质量服务的卓越追求。1970年，公司全员确立了一个共同的梦想——改变世界游轮旅行的方式。在这个梦想的指引下，公司上下时时刻刻都团结一心，无论在陆地还是海洋。皇家加勒比集团以让光临游轮的每一位宾客都能享受到别处难寻的度假体验为目标，不断建造出更大更好的游轮，提供越来越卓越的邮轮服务体验。邮轮的精神文化给每一个集团员工确立了前进的目标。

伟大的邮轮需要伟大的船员。员工提供的服务被称为“金锚服务 SM”（Gold Anchor Service SM），是集团“锚定卓越”理念的最好体现。“金锚服务”完全超越了传统服务模式，让所有游客感受令人难忘的旅程。员工严格遵守公司政策和实践准则，应用创新科技，在满足现有的法律法规标准的基础上，提升业务水平，做到“超越标准”（Above and Beyond Compliance）。企业内充斥着挑战的集团文化氛围，集团允许员工为自己制定高标准，并将标准不断提高。正是皇家加勒比人在工作中投入的热情与激情让宾客在皇家加勒比一次又一次地体验超越想象的旅程。员工热爱自己的工作，享受工作带来的成就感和快乐。集团文化发挥了重要的激励作用。

创新文化也是皇家加勒比集团文化的一个重要内容，集团特别强调产品创新，通过引进新概念而不断改进船队，每一个船系都是企业创新的体现。并且一些创新成果现在已经成了集团的标志性元素，如皇家大道（Royal Promenade）是条集购物、餐饮、娱乐场所于一体的综合性时尚大道。全新设计的客舱、最新的科技、突破性的场馆及独特的用餐体验，皇家加勒比的创新文化体现在多个方面。“海洋量子”号无疑是它最新的成果，高速的网络，极具标志性的“北极星 SM”观光舱，更新鲜的美食等。整个集团团结在改变世界游轮旅行的方式的目标下追求不断的进步与创新。

皇家加勒比集团文化还有一个重要的方面就是企业对于社会责任的承担。发起于 1992 年的“保护海浪”（Save the Waves）项目是一个针对废弃物管理的项目，现今已经发展成为整家公司的社会责任、环境保护及良好企业公民文化，指导着企业业务经营的各个方面。2010 年 1 月的海地地震发生后仅三天，皇家加勒比就开始了援助行动，通过邮轮向拉巴地（Labadee）运输了超过 3000 托盘的急需物资。迄今，皇家加勒比已经捐赠了逾 250 万美元现金，帮助海地重建家园。在拉巴地的援助行动覆盖了超过 500 名海地居民，他们都是从附近村镇来到拉巴地工作的雇员或商贩。公司还雇用了逾 200 名海地船员登船工作。2010 年 10 月，集团以官方名义开设了皇家加勒比新学校（L’Ecole Nouvelle Royal Caribbean），该校是海地灾后首批建设的学校之一，为当地儿童提供教育，包括英语、环境管理等课程。

作为国际化的大公司，皇家加勒比集团拥有包容性的全球文化思维，船队航行至全球各大热门旅游胜地，通过“丰富文化游轮之旅”（Culturally Enriching Cruises）让游客体验旅游目的地的风土人情。这些航程深受当地客人欢迎，他们占了船上游客的大多数，而且邮轮上有来自当地的船员，船上随处可见当地的风俗习惯、行为举止和乡音俗语。这些“丰富文化邮轮之旅”让全世界游客有机会沉浸于异域文化之中，同时享受皇家加勒比标志性的“金锚服务”，感受舒适与便捷，体验真正独特的邮轮旅行。

知识链接

皇家加勒比集团的奖励及认可形式

皇家加勒比集团通过对于员工的每一层次恰当的奖励，鼓励员工不断奋斗进取。奖励以及认可包括：

- 金色“重要乘务员”卡：一项对“传递精彩”的认可
- 金色头奖：当月最佳员工奖
- 金色荣誉奖：年度最佳员工奖
- 创意的力量：激发以及奖励灵感
- 金锚奖：最佳服务奖

3. 云顶香港有限公司

云顶香港有限公司（Genting HK），前称丽星邮轮有限公司，2009 年 11 月 16 日，丽星邮轮有限公司宣布其公司名称更改为“云顶香港有限公司”。它是全球休闲、娱乐和旅游及酒店服务业之领导企业，其核心业务涵盖陆地及海上旅游事业，包括亚太区邮轮旅游业务——丽星邮轮、世界豪华邮轮品牌——水晶邮轮以及云顶香港之联营公司——马尼拉云顶世界。

更名前，丽星邮轮的 LOGO 是象征着航船的船型标志，体现了“名扬亚太，纵横四海”的企业愿景。云顶香港作为亚太区领导船队，丽星邮轮以发展亚太区成为国际邮轮目的地为理念，力求带领世界各地旅客畅游亚太区精彩景点，欣赏阳光沙滩和人文完美融合的迷人景致，并提供赢尽口碑的亚洲式贴心服务。

云顶香港的公司使命是：“我们将继续引领业界，提供高质素的产品和服务迎合客人不同的需求；推陈出新，采用最先进的科技增强公司的竞争力；为股东提供合理的回报；推行认可和奖励员工的表现及贡献的人事机制，并为员工的职业发展提供适当的培训和机会；履行企业公民之社会责任，提高公司之企业管治及透明度。”明确的公司使命是整个云顶香港努力的方向，发挥着文化的导向和激励作用。

云顶香港以创造世界级的娱乐和休闲体验为职责。凭借独特的地点与航线以及提供最优质服务的承诺，为所有人带来难忘的体验。一直寻求新的商机和方向，拓展公司的未来业务，务求可以不断提高，继续引领业界。

云顶香港重视企业品牌形象的塑造，通过一系列的外部活动体现企业的文化精神：赞助不同的活动，鼓励各种交流，推动区域发展；云顶香港将历年来收集所得的各种珍贵艺术藏品展示于各邮轮及度假村内供观赏；不遗余力赞助艺术，邀请艺术家举办主题艺术展，为欣赏珠宝诗文艺术的学生及其爱好者提供一个优裕的鉴赏环境；通过各种途径支持当地的文化活动；赞助知名音乐人及艺人到外地演出，及为新晋音乐人提供更广阔的空间接触更多的观众；推动跨文化欣赏，为各地的乐迷展示多元文化音乐；促进高尔夫球运动在中国内地的持续发展，在中国职业高尔夫协会（CPGA）成立之初，云顶香港便开始斥资赞助；赞助足球赛事，邀请足球明星参加慈善活动，使儿童置身其中领略到参加体育活动的好处。可以说，云顶香港有着积极开放的文化氛围，也推动文化事业的外部拓展，通过文化事业的建设塑造品牌形象，促进企业的发展。

云顶香港一直履行社会企业公民之义务，致力为亚洲各地区社会做出贡献并与之共同发展，并获得社会各界的认同。通过维系社区关系，关注大自然环境和奖学金及实习计划等活动让成千上万的人受惠。自 2008 年起，云顶香港成为被香港社会服务联会认可的“商界展关怀”公司，亦在 2015 年获 Asian Excellence Recognition Awards 2015 颁发的“最佳企业社会责任奖”。这是云顶香港自 2012 及 2013 年获奖后，第三度获颁这项荣誉。

2014 年，向慈善机构捐款及赞助文化及体育活动，捐出现金或物品折合价值超过 25.9 万美元，其中包括捐出 4.77 万美元予高雄市政府社会局社会救助金专户，用于援助受高雄市气体爆炸事件影响的民众。还有对香港红十字会台风海燕救援工作的慷慨捐款，马尼拉云顶世界亦与 ABS–CBN 管弦乐团和 100 人的合唱团携手，在 Gerard Salonga 指挥下为观众呈献《Do You Hear the People Sing 特别演唱会》，共筹得约 634 731 美元捐赠仁人家园，协助 2013 年受灾民众重建家园。云顶香港还关心青少年发展及教育工作，为帮助有潜质的基层学生开阔视野，举办了“丽星梦想启航台湾之旅”慈善活动。丽星邮轮亦向仰光的听障学校 Mary Chapman School for the Deaf 捐款，义卖“双子星”号部分客房为新加坡“儿童许愿井”计划筹集善款，以帮助当地儿童、青少年及弱势家庭。

二、邮轮企业文化建设要素

一种经济的发展往往伴随着其文化的生成，邮轮企业文化建设与邮轮经济的发展密切相关。邮轮经济是指依托邮轮港口，集聚邮轮产业并拉动相关产业共同发展的经济现象。邮轮经济以邮轮为主要载体，以海上观光旅游为主要目的。邮轮经济与邮轮文化有着千丝万缕的联系。邮轮企业文化在邮轮企业的发展中孕育而生，是邮轮企业在经济活动过程中形成或创造的具有意识和行为规范的总和，是人类众多文化体现的一种，是邮轮业不容忽视的基本理念。邮轮企业文化的建设要素与广义的文化一样，包括了物质文化、制度文化、行为文化、精神文化 4 方面内容。其中物质文化是基础，行为文化是制度文化和精神文化的直接体现，制度文化是保障，精神文化决定了价值观念。

1. 精神

企业家精神（Entrepreneurship）是企业家在领导企业发展壮大过程中体现的一种精神特质，是通过个体对于企业的整体特征、价值、形象的理解和认识基础上形成的价值观念、思维方式和精神素质。一个企业的成功，往往伴随着一个具有鲜明个性特征的企业家的运筹帷幄。

苹果首席运行官兼创办人之一的乔布斯经历过各种挫折与失落，但无所畏惧、敢于承担的个性让他一直努力实践着自己的价值观，总能为他的离奇想法找到解决问题的办法。苹果公司因为乔布斯的独特的个人品质而具有了独特的企业文化，促使苹果公司走了一条不同于其他企业的发展之路，乔布斯去世以后苹果公司的文化还深受其影响。乔布斯是个完美主义者。他认为，完美的质量没有捷径，必须将优秀的质量定位给自己的承诺，并坚定不移地坚持下去。当对自己要求更高，并关注所有的细节后，产品就会和别人不一样。乔布斯认为创新是无极限的，有限的是想象力。他认为，如果是一个成长性行业，创新就是要让产品使人更有效率，更容易使用，更容易用来工作。这些特质都渗透在苹果公司的巨大成功中。

企业家的精神理念对企业的作用十分重要，邮轮企业也不例外，一个邮轮企业如果想要拥有强文化特征，必须重视企业家精神的重要性。企业家是一个邮轮企业的灵魂人物，可以说企业家精神是邮轮企业一种重要而特殊的无形生产要素。

毋庸讳言，邮轮企业的文化必然具有邮轮企业领导者的鲜明烙印，企业领袖的个人操守与工作作风，直接决定了企业文化的发展方向。企业领袖的个性和魅力，必然对企业文化的形成、塑造、建立、维护、突破和延续产生意义深远的重要影响。

世界著名的邮轮集团一般都会拥有首席执行官，但是众多的邮轮管理工作需要分摊到每一艘船的船长身上。邮轮集团领导者影响邮轮价值观和文化，进而也会影响集团对于船长的选择，被选择的船长的个人价值观对于邮轮的企业文化的发展和继承也会有很大影响，船长通过做出的决策与发布指令、与船员的沟通交流和相处方式体现出来代表企业文化的价值观念。通过邮轮的管理过程，这些属于船长的认识与态度通过直接或者间接的方式传递给其他助理和船员，一开始大多数人理解邮轮集团所倡导的价值观念，也能准确地把握其内在含义，但还没有意识到自己的行为要以这种价值观念作为选择的依据和判断的标准。这时船长会通过强制或者非强制的方式在追求经营成功过程中推崇企业的基本信念和目标，随着时间的推进，这种价值观念就会内化成整个邮轮乃至整个集团的一种习惯，被邮轮企业全体员工接受和认可，成为规范员工行动的准则，成为员工的自觉行动。

企业家的个人价值观念转化为企业所共有的价值观，成为企业文化的重要一部分。企业核心价值观对于企业的定位和发展方向、企业发展的大政方针以及企业的成败起着决定作用。

2. 规章制度

制度文化规范和约束企业行为，为推进企业文化建设提供程序保障。组织制度时时刻刻地规范着邮轮企业全体员工行为，通过员工一举一动体现着制度文化和深刻内涵和约束力。因此邮轮企业的文化建设，必须要从制度建立和不断完善着手，从各个方面规范员工行为，为企业文化建立奠定坚实基础。

邮轮企业的文化建设除了要建立起企业统一的标准制度领导体制、组织机构和管理制度以外，还需要根据岗位的不同设置特定的管理条例。邮轮企业作为一种服务行业，船上职员与消费者的接触颇多，对他们具体的行为应该有更加细致的严格要求，船员的行为要充分体现企业的文化精神，让消费者在旅游的过程中感受企业文化，提升消费者对于邮轮服务的满意度。但是也需要对所有船员明确基本的要求，比如微笑服务、顾客至上等观念，可以通过正式通用的制度来约束员工的行为。但是并非所有的规章制度都是企业文化的内容。只有那些符合企业价值观要求、增强企业向上精神、激发员工积极性和自觉性的管理制度，才能构成企业文化的组成内容。制度可以使员工的行为更加规范，提升邮轮服务的质量，树立邮轮企业良好的社会形象。通过有约束力的制度的建立和不断完善，建立起一整套规章制度文化，对于邮轮企业文化的建设与发展有着重要影响。

3. 行为

执行力文化巩固和提升企业行为，为推进邮轮企业文化建设提供技术支撑。有效地执行各项规章制度并落实到位是企业文化建设的重要举措。执行力文化的建设就是保证企业制度不折不扣地贯彻落实，以促进企业组织健康地发展。

首先要在邮轮企业内部建立一种有效的执行力机制，保证制度实施到位。企业文化是一种力量，它对企业的兴衰将发挥越来越重要的作用，甚至是关键性的作用。企业之间的竞争，最根本的是企业文化的竞争，在邮轮行业中，除了服务质量的较量，邮轮企业的文化优势与竞争优势、效益优势和发展优势紧密相关。从管理层到邮轮上的雇员，邮轮企业的每一个成员都要坚持从实际出发，发挥企业文化创新的力量，通过行动来提升企业的竞争优势。

其次要从邮轮企业内部管理层次上构建一个执行力体系，使执行力文化真正成为企业文化建设的重要组成部分，促进企业战略的有效实施。在邮轮企业文化建设中，我们最需要强调的就是执行力，如果没有执行力，战略最终就是一句空话。只有将执行力融入企业文化中，使其成为企业文化的一个组成部分时，才能让企业中的每一个人都理解并深入实践执行力。只有这样，执行力才会充分发挥作用。

邮轮公司注顾客在投诉信中，虽然会针对天气提出一些抱怨，希望航程能根据天气进行调整，但是许多游客仍会在投诉的同时对具体的船员的服务赞不绝口，认为员工为他们整理床铺，清理桌子，以及热心的态度给他们的旅程带来了极大的快乐，这正是员工对于企业文化的具体执行，用具体的行为展现了公司的文化魅力，提升了自己的服务质量。

4. 物质

物质文化建设是邮轮企业文化建设中最基本的东西，也是最能直观反映邮轮企业文化建设水平的要素。物质方面的文化建设一般由两部分构成：一是企业物质目标；二是经营硬环境。邮轮企业物质目标是为游客提供优质服务，提升邮轮企业的经济效益与社会效益，这是凝聚全体雇员为之奋斗的物质力量和精神力量。从时限上看，它可以分为中短期发展目标和长期发展目标；从目标构成上看，它又可分为邮轮企业总体目标和雇员的个人目标。经营硬环境可以是邮轮的基础设施、邮轮的外表装饰、雇员的着装、邮轮上的产品等，是向游客展示雇员精神风貌、企业管理水平、经营实力、社会信誉、企业形象的一个重要方面。经营硬环境对于企业文化建设同样具有重要意义。邮轮企业的文化建设要从企业的物质目标和经营硬环境出发，为企业的文化建设提供物质保障。

第三节　邮轮企业文化建设战略

一、邮轮企业文化建设的要求

企业文化是企业精神和核心价值观的重要体现，企业文化建设可以说是邮轮企业运营管理的重点所在，如何在新时代条件下推动企业的文化建设，是企业面临的一项新的挑战。

1. 整体规划与分步实施

邮轮企业文化建设是一个系统的工程，不会在一天之内就建立起来，尽管当今企业的文化不再依赖时间的积累等被动的方式来建设，已经开始有意识地进行主动学习与创造，但是文化建设的过程也仍然是漫长的，如果企业想要建设出有企业的特色，能够对企业的发展起到积极作用的文化，必须要首先制订一个系统完整的长期计划，然后合理地执行计划，通过长期潜移默化的推进过程来达成目标。

具体来说，邮轮企业文化建设的系统工程可以从物质、行为、制度及精神四个方面来进行。

物质上可以从企业的产品文化入手，邮轮企业的产品应该拥有自己集团的特色，皇家加勒比邮轮有着“世界上最安全的邮轮”之称，在上海投入运营的“海洋航行者”号邮轮投入了10亿美元打造，不说邮轮制作的其他精彩部分，10亿美元的造价在安全上让人感到安心，这样的安全设计其实也是体现了一种企业文化和特色。同时，也可以从邮轮企业内部办公建筑、物质产品、无形服务、媒体广告及企业包装等各方面来努力，以达到改善企业物化形象和提高企业在社会上的影响力的结果。

进行制度文化建设需要从企业的领导体制、组织机构和管理制度三方面来进行，使企业文化建设有据可循，有本可依。邮轮集团总部可以制定工作标准和规范，具体到每一艘船也可以制定具体的约束船员行为的制度和守则。

进行行为文化建设需要企业从企业家行为、模范人物行为及企业普通员工行为三方面来进行，全方位提升整个企业的行为层文化水平。船长的选择，对于优秀船员榜样的树立，对于一般船员的培训和鼓励嘉奖都是企业文化建设不可忽视的方面。

进行精神文化建设需要依据邮轮企业的发展战略，要考虑到诸如中国市场这样特殊的外部环境，以及企业内部资源，来制定一个长期的规划并认真贯彻执行。

2. 在细节中营造氛围

企业文化其实存在于每一个企业中，表现在其特有的一些价值观念和对外形象中。企业文化建设对于企业的发展有着特有的导向作用，但这种导向作用能否发挥出实际作用而不仅限于只是理论上，企业文化氛围的形成特别关键。伴随着船员的更新换代，邮轮企业文化在新旧员工内心是否根深蒂固又是否能开花发芽，良好的文化氛围特别重要。

邮轮公司可以经常组织一些恰当的活动，培养员工对于公司的感情，通过团体的沟通交流传递企业所要求的行为规划和价值观念，要考虑文化的多样性与不同，在多样性中求协调，培养他们共同的价值观念、共同的社会理想、共同的思考方式，结合起来发挥文化的力量。

同时也需要从上至下对于每一件小事的细节处理奉行一个准则，如果一直用一种原则一种态度去处理公司的事情，长期的影响会使得大家都接受这种方式方法，这就是一种潜移默化的影响。一旦这种氛围形成，后来的人也会受到影响，大家会建立起相似的价值观，整个企业心往一出靠，劲儿往一处使。

3. 将文化氛围制度化

文化氛围是一种重要的文化建设途径，但是光光有氛围也是不完全够的，氛围具有很大的不稳定性，因而当一种良好的氛围在形成的过程中需要有规范化的制度将其固定确立下来，给予后来的人以指导的范本，使得文化建设更具体化和可执行化。

邮轮企业文化建设的制度化，就是企业先进的价值观和经营理念的固化过程，管理制度的可操作性适应了企业自身的发展需要，企业文化制度的不断修正和完善管理以及创新给企业文化的建设提供了坚固的后盾。

包括船长在内的领导者的领导方式应该是民主、公正、科学的，而不能独裁、专制、流于形式。企业要不断完善企业内部领导结构，建立规范的机制来制衡权力的使用，达到相互制约并相互补充的效果。要根据企业内外部环境的变化来适应，推动企业的发展。

4. 与时俱进地创新发展

创新是人类进步发展永恒不变的主题，没有创新的企业是没有希望的企业，因而企业的文化建设也应该追求不断的创新、与时俱进。文化的创新需要从企业的内外部齐头并进。

要营造一种创新的学习气氛，让每个员工都能有一种创新的意识，敢于冒险，敢于尝试，愿意去分享自己的新想法新观点，而不用担心自己的失败会受到别人的嘲笑。面对诸如中国的特殊市场环境，在设计邮轮和具体服务项目时，需要给员工提供最大程度上的支持。文化创新应该成为每一个员工的内化信念，成为生活中的一个习惯，不断学习，不断创新。

同时，企业的文化建设发展必须紧紧依赖于社会文化的发展。企业文化建设要时刻抓住时代的潮流，在坚持企业文化根基的同时，及时地认清时代的变化，学习吸收社会的新想法、新动态，跟上时代的进步，不被时代所抛弃。

邮轮企业文化建设与企业运营发展相伴相生，文化建设任重而道远，需要邮轮公司的领导者和员工的共同努力，总结过去，思考未来，使企业文化成为企业发展的核心竞争力，推动邮轮企业在新时代的新发展。

二、世界著名企业文化建设成功案例

1. IBM："沃森哲学"的文化

国际商业机器公司（International Business Machines Corporation），简称IBM。总公司在美国纽约州阿蒙克市，是托马斯·沃森1911年创立的。IBM是全球最大的信息技术和业务解决方案公司，拥有全球雇员30多万人，业务遍及160多个国家和地区。

IBM可以说是一个原则明确并且信念坚定的公司，也可以说是因这些原则与信念而立足于国际市场中而不被淘汰，并且因为这些原则与信念被世人尊重。这些原则和信念就是我们要分析的IBM企业文化，这种被称作"沃森哲学"的文化影响IBM至今，支撑着IBM屹立于世界500强前列。

老沃森所设定的"行为准则"，公司从上至下无人不知，无人不晓，无人不照着这种准则去做事。它包括：

（1）第一条准则：必须尊重个人

沃森家族十分重视员工的力量，优秀的员工是公司不可或缺的财富。IBM公司重视小型企业能创造气氛的作用，在分公司中一直保留小型编制，一个主管有效率地管理着十二个员工，不多不少刚刚好。经理人员的作用不仅在于布置任务，了解工作进度，还担任着不断地激励员工士气的重要职责。

IBM公司从创业开始就有一套完备的人事运用传统。IBM公司不讲究什么到时间年限就自动加薪，自动升职，一切员工都有平等的竞争机会，只要你有一个不断上进的心，努力工作，成绩优秀，就有机会超越资历被表扬、被晋升、拿奖金。在1969年到1972年经济大萧条时期，有1.2万IBM的员工由萧条的生产工厂、实验室、总部调整到需要他们的地方，有5000名员工接受再培训后从事销售工作、设备维修、外勤行政工作与企划工作，大部分人反而因此调到了一个较满意的岗位。他们能够体会到公司对他们的关怀，都愿意为公司的成长贡献一技之长。

不仅要求尊重员工，IBM公司也要求每一位员工尊重顾客，要求同等对待同行竞争对象。公司的行为准则规定，任何一位IBM的员工都不可诽谤或贬抑竞争对手。销售是靠产品的品质、服务的态度，推销产品的长处，不可攻击他人产品的弱点。

（2）第二条准则：为顾客服务

任何一个企业的发展都无法脱离顾客而存在，老托马斯·沃森在公司特别强调"顾客至上"的原则，一切以顾客的需要为前提。

一切以顾客为中心不仅仅是口号，而是真正融入于公司的每一个行动上。顾客的任何问题，必须在24小时内解决，就算解决的问题有难度，也要及时给予顾客以满意的答复。如果顾客打电话来，一小时内一定会派人解决。电话咨询的服务会有专家随时解答，电话费也由IBM买单。对于零件的配送维修，IBM提供邮寄或专人送零件等服务，增加服务范围体现着IBM对于顾客的无上尊敬。

为了将这一理念更好地扎根于员工的内心，IBM投入大量资金用于公司训练及教育，在 IBM 公司受训的时间甚至超过任何一所大学的授课时间。经理去接受教育而后回到公司再传授给每一位员工，甚至顾客也会被邀请来一同授课。

经营任何企业，一定要有老顾客的反复惠顾才能使企业成长，一定要设法抓住每一位顾客。最优异的顾客服务是能使他再来惠顾才算成功。

（3）第三条准则：必须追求优异的工作表现

不论是产品还是服务或者是公司的企业计划决策，IBM 公司都要求做到精益求精，都追求完美无瑕——尽管我们不可能完全达到，但是这种观念必须在，要求不能放低，按计划去执行。IBM 公司从开始挑选员工时就注重优异的原则，公司从全国最好的大学挑选最优秀的学生，接着让公司对他们进行密集训练，使得他们有一种使命感，一定要追求优异的工作表现，良好的教育给以后的工作打好了扎实的基础。IBM 公司设立了一些考核工作成果的指数，通过定期的抽样检查来固定产品和服务的品质水平。IBM 公司具有高度竞争的公司氛围，让每个人都相信努力争取进步就有可能实现优异的表现。

这些准则渗透在 IBM 公司的方方面面，每位公司员工都时刻铭记在心中，影响公司做出的决策与行动。这种原则不仅仅是一个口号，一种书面上的规章制度，如果想要其发挥出真正的作用，必须采取措施让这种原则深入人心，真正变成员工身上的精神品质。IBM 公司在企业运营中，从主管人员做起，主管人员身体力行，带头践行这种观念，对于员工，则要求在公司事务的方方面面去体现这种“原则”的重要性。IBM 公司在会议、内部刊物、备忘录、集会或在私人谈话中都极力贯彻“沃森哲学”。

2. Microsoft：别具一格的文化个性

1975 年，保罗·艾伦和比尔·盖茨合伙创建微软公司（Microsoft Corporation）。是世界 PC（Personal Computer）机软件开发的先导，最为著名和畅销的产品为 Microsoft Windows 操作系统和 Microsoft Office 系列软件，目前是全球最大的电脑软件提供商。没有哪一个与计算机或信息技术有关的行业和用户不受到微软及其产品的影响。

微软从最早卖程序设计语言，到出售操作系统，再到向零售店出售各种应用软件产品，从国内到国外，不断获得发展。微软公司令人吃惊的成长速度，引起世人的广泛关注。透过辉煌业绩，我们不难发现其成功不仅在于科技创新和优异的经营管理，更重要的是创设了知识型企业独特的文化个性。

（1）打造文化个性

在微软员工的眼里，比尔·盖茨是一位幻想家，他不断地积攒力量，疯狂地追求成功，他是一个拥有雄厚的技术知识和高度敏锐的眼光的人，他善于洞察机会，善于选拔人才帮助他完成他的商业梦想。他的个人精神特性，给整个公司带来了巨大的影响。

比尔·盖茨独特的个性和高超技能造就了微软公司的文化品位，他极具创新精神，超越前人思维。微软的使命和价值观是帮助全球的个人和企业充分发挥自己的潜力。

他强调以产品为中心来进行公司的组织管理，极力寻求并任用与自己类似的既懂得技术又善于经营的经理人员，极力在公司内部和应聘者中挖掘同自己一样富有创新和合作精神的人才并委以重任。

比尔·盖茨善于洞察机会并紧紧抓住这些机会，在公司内贯彻自己个人的精神风范到底，整个公司的经营管理和产品开发等活动都带有盖茨色彩，使自己及其公司矗立于这个迅速发展的行业的最前沿。

（2）营造团队文化

知识的创新离不开人才的创新，知识性企业也离不开创造性的人才。虽然微软的PC程序员们不喜欢官僚主义的限制，但是微软却有一种能力将他们团结在一起，让他们遵循“组建职能交叉专家小组”的策略准则。微软给予那些专业人才以极大的自由创造的氛围，他们甚至可以自己定义决定自己的工作，拥有自主招聘和培训部门新员工的权利，思想独立的氛围给微软带来极大的活力。员工们不喜欢官僚主义，公司就杜绝官僚主义的不良风气，没有要求严格的专业管理人员，没有时时刻刻地政治控制，经理人员像朋友一样，给员工创造最佳的工作氛围。人们在工作中学习，在学习中工作。这种提倡自由和创新的文化为员工提供了许多有趣的学习和工作机会。

（3）不断创新的精神

知识经济时代下，创新是应对市场竞争的强有力的手段，作为知识型的企业，创新精神是企业文化的精髓。微软利用创新开发新市场开发新产品，走在行业进步的前沿。微软不怕别的竞争对手的威胁，因为不断的创新精神使得微软的产品和服务的新陈代谢速度加快，时常会有重大的产品突破，竞争对手无法企及。其不断改进新产品，定期淘汰旧产品的机制，始终使公司产品成为或不断成为行业标准。创新是贯穿微软经营全过程的核心精神。

（4）创建学习型组织

知识大爆炸的时代背景下企业要想永远保持活力，必须创建学习型组织。微软对此有着自己的一系列战略规划，通过不断自我反省与认识批评、顾客信息的及时有效反馈和企业内部的沟通交流而追求长久的进步与发展。

微软在组织规划上，在避免过度官僚化对于企业学习活力的影响的前提下，进行更加有效的管理；在产品研发上，从以往的产品研究中学习，不断进行自我的重新认识，在否定中寻求创新学习；在对待客户上，加强与顾客之间的联系，及时了解顾客的需求，将顾客作为一切工作的基础；在员工沟通上，以电子邮件建立了公司内的广泛联系，加深了彼此之间的沟通与信任，在互动中学习，实现资源的优化共享。建立学习型组织，使公司结合得更加紧密，以充分的活力、更高的效率走向未来。

3. 松下：经营之神的精髓

松下（Panasonic）是日本的大型电器制造企业，总部设于大阪。松下幸之助是该公司的创办人和领导人。松下人的使命是通过生产、销售活动，改善并提高社会生活品质，为世界文化的发展做贡献。松下是日本第一家用文字明确表达企业精神或精神价值观的企业。松下精神，是松下及其公司获得成功的重要因素。

（1）松下精神的形成和内容

松下精神并不是一下子产生的，它有它的形成过程，公司的经营思想是在企业创办后的一段时间才形成的。1918年3月7日，松下幸之助开始制造电器双插座；1932年5月，他开始理解自己的创业使命，这两个重要的日子被松下设为纪念日。在1932年5月的第一次创业纪念仪式上，松下确认了自己的企业使命与目标，以此来激发员工奋斗的激情。

松下幸之助认识到人很容易动摇自己的思想意志，因此为了员工的拼搏热情与干劲能够坚持下去，他制定一些戒条，来时刻提醒告诫自己和公司员工。1933年7月，公司制定并颁布了“五条精神”，在1937年时又附加了两条，形成了“七条精神”：产业报国的精神、光明正大的精神、团结一致的精神、奋斗向上的精神、礼仪谦让的精神、适应形势的精神、感恩报德的精神。

（2）松下精神的教育训练

松下公司重视对于员工的精神培训以实现真正发挥松下精神的力量。培训教育的方式有：

第一，反复诵读和领会。每天上午8时，所有员工同时诵读松下七条精神，一起唱公司歌。其用意在于让全体职工将公司的目标、使命、精神和文化铭记于心，时刻鞭策自己。

第二，演讲。所有工作成员每隔1个月至少要在他所属的团体中进行10分钟的演讲，说明公司的精神和公司与社会的关系。通过说服别人来说服自己去贯彻公司精神。

第三，隆重举行新产品的出厂仪式。每年正月，松下电器公司都要举行隆重的仪式来庆祝新产品出厂。通过这样的活动，员工可以看到公司的价值，自己的价值，发扬松下精神，统一步伐。

第四，“入社”教育。刚进入松下的公司员工必须要进行“入社”教育，这包括：背诵松下的宗旨和精神内涵，学习松下幸之助“语录”，学习松下公司之歌，参观公司创业史“展览”。同时新员工还会被分配到不同性质的工作岗位上并进行轮换，一开始的3~6个月时间内，专业技术员工需要在基层的装配线或零售店工作。

第五，管理人员的教育指导。松下公司每月会有一次干部学习的会议，与会人员之间通过交流沟通来得到激励，从而更加勤勉工作，严于律己。总裁与部门经理的通话或面谈是松下有名的管理方法，部门的重大难题随时会被总裁关注并参与其中，也不会因此压抑部门管理的积极性。

第六，自我教育。公司把自我教育放在员工培育的基点上，员工要在松下精神的标准下进行自我剖析和认识。每个松下人必须提出并回答这样的问题：“我有什么缺点？”“我在学习什么？”“我真正想做什么？”，等等，根据这些问题的自我回答来确立自己的目标并拟定发展计划。这样一来，员工在工作中就能自我激励，主动思考，去认识自己的不足，不断去创新。公司还成立了研究俱乐部、学习俱乐部、读书会、领导会等学习组织来方便互相学习与启发。

（3）松下精神的内在力量

松下精神是一种内在的精神支柱，它的导向力、凝聚力、感染力和影响力，融入于公司的设备、技术、结构和制度中，是松下能够成功的重要因素。随着松下公司的不断发展壮大成长，松下精神得到不断强化。松下人因为这种精神拥有了企业整体的概念，怀有热爱松下的情感，也因为这种精神拥有为社会服务的社会责任感。松下人因为这种精神积极参与到企业的成长发展过程中，提出发展创新的建议，帮助其他人一起进步，整个公司秩序井然而又其乐融融。对于顾客也是热情满满，不断提供高质量的服务，推动着松下的前进发展。

三、邮轮企业文化建设策略

邮轮企业的文化建设虽然有着邮轮企业独有的特点，要考虑其特殊性，但是从根本上来说，与一般的企业文化建设并没有什么太大出入，邮轮企业作为一个特别的行业，需要从一般的企业文化建设中总结经验来促进自身的文化建设。

1. 制度文化

邮轮企业的文化建设不能脱离企业的制度建设，企业制度是企业文化的重要组成部分，是邮轮企业文化建设的根本保证。企业制度是企业文化建设的基础和载体，对于企业文化建设能否有很好的效果有着决定性的作用。邮轮企业通过将企业制度与企业文化结合起来，可以让文化作为一种柔性的无形力量通过有形的形式发挥出刚性的力量。

（1）企业文化与企业制度的宣传

第一，要对邮轮企业的文化核心、理念、价值观等在员工之中广泛地宣传。

要充分发挥案例宣传的作用，让企业上下能更清楚地明白文化理念与原则，而且通过案例或者故事的重复传播使得员工加深印象。拿海尔企业举例来说，为了诠释“高标准、精细化、零缺陷”的质量理念，就用“砸 76 台冰箱的故事”说明，在海尔，有缺陷的产品就是废品。海尔文化以这样具体的形式将文化概念刻进每一个海尔人的心里，形成海一样博大深邃所向披靡的力量。

邮轮企业在发展的过程中经历的那些影响深刻的人物故事或是企业经历的重大变故，都可以作为邮轮企业文化建设中的重要案例，比如创始人的可贵的精神品质，导致公司重大事故的原因分析的案例等都是重要的素材。不仅如此，邮轮企业要善于从其他行业的公司经历中去汲取经验教训，世界著名人公司的一些众所周知的实例都可以用作企业的文化案例。这样一来，邮轮企业的文化精神原则可以被清楚明白地表达出来，员工也可以很容易并愿意接受这样的生动案例。员工由对案例的认同，达到对企业文化的认同；由对案例的认同，从而效仿，达到企业文化建设的目的。

第二，要让员工明白企业制度的内容与作用。

制度从根本上来说是要规范员工的行为。作为一种规范，难免会受到员工内心本能的排斥，邮轮企业在进行企业制度的宣传时，一定要结合邮轮企业的价值观和使命，让员工从根本上明白为什么要去遵守制度，怎么去遵守制度，通过制度的遵守会形成怎样的企业文化。这样的宣传会使得员工认同企业的文化与制度，这样就建立起了邮轮企业文化建设的根基。

（2）企业制度的制定

制度与文化的界限其实并不是特别明显，企业的文化在没有完全被员工所认同时，它就仅仅是一种强制的企业制度，但是当一种文化被企业员工从内心里认同接受以后，它就变成了文化。因而在邮轮企业文化建设的过程中，制度的制定是非常重要的。

第一，制度一定要与企业文化相符合。邮轮企业的制度规章一定要从企业自身文化出发，围绕着企业目标与宗旨去编制、执行、维护企业的制度，制度的制定一定要能够增强邮轮企业员工的工作热情，鼓励员工积极向上。那些与企业文化所背离的内容，如果编在企业的制度中有可能会导致企业文化建设的混乱，制定制度一定要同企业的价值观、精神理念相符合。当然不能否认的是，企业的制度也必须遵守国家法律法规的规定。

第二，保持制度制定部门的独立性和编制人员的权限。邮轮企业应成立专门制定制度的工作团队或者部门，这个部门应该不受到自身利益的限制和其他人的影响，客观公正地从整个邮轮企业出发来编制或协助各个部门编制各项制度。这样的企业制度才能被整个企业所接受。邮轮企业文化制度的制定过程中，必须要明确每个参与人员的工作权限与工作内容，这样制度的制定才可以合理化、畅通化。

第三，加强维护与矫正。在制度实施过程中，应有专门的人负责监督邮轮企业文化制度的实行，控制不规范的行为。也要在执行的过程中发现企业文化制度不合理的部分，及时调整。制度的执行过程中，邮轮企业的领导层要起到带头的作用，以身作则。一旦有人做出了违反企业文化制度的行为，必须接受企业的惩罚，任何人不能豁免。这样企业文化制度建设才能真正得以贯彻实施。

无形的文化必须依靠有形的文化制度来保证企业的一系列行为规范的实行，通过制度建设规范企业成员的行为，并使企业精神转化为企业成员的自觉行动。这是制度与文化互动的过程。企业建立企业文化，只有通过制度的建设、整合，才能促进企业的健康发展。

2. 文化氛围

企业文化氛围是一种笼罩在企业环境中与企业文化发展能够契合并能够体现出企业的经营理念和传统习惯的精神格调。正如电磁场的作用一般，企业的文化氛围也是一种磁场，能够发挥出辐射的作用，能够促使处在这种文化氛围中的人不断成长，企业的经营效益也会得到提升。企业的文化氛围具有它的渲染性和感染力，员工会因为受到感染而修正自己与企业的价值观念不同的想法和观念，加深以企业为中心的概念。营造企业文化氛围对于邮轮企业文化建设来说是非常重要的一个环节。

（1）改造企业物质环境促进文化氛围建设

邮轮企业的管理者和员工既是企业文化氛围的被感染者，也是文化氛围建设的参与者，他们继承和传播企业的文化，对于企业文化建设有着重要的作用。为了营造一个人文气息浓厚符合邮轮企业性质的良好文化氛围，企业应该首先从物质环境上下手。企业的 LOGO 设计，企业的标语和口号，企业的专用工作服装，企业的办公环境等就应该体现邮轮企业的文化特色。邮轮企业文化氛围建设还应该通过企业的自办报纸杂志等读物和讨论会议等对员工进行文化上的“灌输”，让员工感受到企业文化信息的无处不在，无时不在，时刻提醒自己对于企业文化的认同与理解。

（2）文化精神建设完善和谐企业文化氛围

物质环境的改善能够促进企业文化氛围的建设，但不是邮轮文化氛围建设的全部，打造和谐的企业文化氛围还必须有企业文化的精神建设。20 世纪日本在战后便形成了将儒家文化融合进企业价值观的管理方式，将培养员工的团队合作精神作为企业发展的重心，事实表明这种精神建设的成果显著。

第一，在邮轮企业中，企业的管理者应当充分发挥表率作用，以自己所表现出的企业精神来“感染”员工，促使员工树立以企业利益为工作中心的观念，在日常工作中认真负责的职业精神。

第二，加强企业内部的精神交流，有效促进员工之间相互理解，提升企业的团结精神。

第三，通过举办员工聚会及讨论会议、组织员工旅行、参与社会公益活动来放松员工心情，舒缓工作压力，提升员工的社会责任感，激发员工的工作激情。

第四，通过有效利用各种宣传将企业的文化和经营理念以物质形式或者是精神文化形式传播开来，扩大其对社会大众和市场的影响力。

（3）良性规章制度营建和谐企业文化氛围

邮轮企业文化氛围的营造离不开企业文化制度的营建，在企业文化制度的建设中也提到文化制度建设对于文化建设的重要性，企业文化制度的建设是构建良好文化氛围的一个重要手段，它以文字规范的形式固化了这种文化氛围的概念，使处在邮轮企业文化氛围中的员工更加理解这种企业文化存在的必要性。

（4）坚持公开公正公平的处理原则

文化氛围的构建体现在企业的一举一动中，不仅需要心中有概念，行动中更是要有成果，企业的各种决策对于企业的文化氛围有着巨大的影响，如果各种宣传和各种制度都做得很好，但是却在具体的行动中缺失原则，那之前所做的一切都会毫无意义，变成纸空文。所以企业应当坚持以公开公正公平的处理原则对待每一位员工，不考虑其职位高低，从而树立企业文化在企业内部的权威性，只有这样才能真正建设起邮轮企业的文化氛围。

3. 文化创新

创新是企业长久生存的不竭动力，只有创新才能使企业适应时代的大潮，紧跟市场经济步伐。邮轮企业的文化建设作为企业建设的重要部分，也需要有不断的创新。企业文化建设不能一蹴而就，也不能一劳永逸，它是一项长期的动态过程，就算是发展了很长时间的大企业也需要不断地进行文化建设的创新，不然根基再强大，也会被时代所抛弃。企业的文化创新要求企业与时俱进，不断丰富企业文化理念、观念的内涵，以彰显其强大的生命力。创新是企业文化的灵魂。

（1）解放思想，倡导思路创新

邮轮企业如果要想更加细化、深化地推进文化建设，就必须解放思想，在思路上寻求独创性、新颖性和开放性，可以通过寻找企业文化建设与邮轮的经营管理相结合的一些地方，探寻现代邮轮企业文化建设的鲜明独特性和时代性。在进行文化创新的过程中，应理智对待非原则性过错，创造一种有利于人才发展的创新文化。

（2）注重结合，力求管理创新

邮轮企业的文化建设创新，必须要关注企业文化与企业的战略、管理有机结合，努力挖掘企业战略管理中的文化潜力，发挥管理中的文化力量，开拓企业文化的新功能，使得文化的建设具有连锁反应，这样就可以使得文化建设得以连续、完整、系统、长期地发挥作用。

（3）利用科学技术，强化方法创新

在邮轮企业文化建设的创新过程中，必须要创造一些新形式和方法，满足不同层次员工的文化需求。可以利用现在的科学技术创造的新的工具手段和条件，开展企业的文化建设。同时，也要借助互联网的作用扩大企业文化的覆盖面，采用新兴的载体丰富企业文化的形式和内容。

（4）提升学习水平，实现组织创新

邮轮企业的文化建设中不能忽视学习型组织的作用，从个人学习到团队学习，再到邮轮企业的全员学习，将员工的学习过程融入工作当中，将企业文化建设的新成果不断投入到邮轮企业经营管理的实践中以检验其合理性，并以此发挥企业文化建设的综合作用。这样不管遇到任何复杂的外界变化，都能灵活应对并进行系统思考，创造无限机遇，使邮轮企业成为一个具有生命的有机体。

4. 文化融合

所谓企业文化融合是指不同形态的企业文化或者文化因素之间的相互结合、相互吸引的过程，它以企业文化的同化或相互适应为标志。在企业文化融合的过程中，不同企业文化彼此包容，各种文化因素之间相互渗透，从而形成一种新的企业文化模式。

邮轮企业由于其行业的特殊性，由于业务范围的国际跨越使得其不得不考虑不同国家文化融合的问题。邮轮企业如果能合适地处理好不同文化之间的文化融合问题，将会对邮轮企业的发展绩效带来积极的效果。不同文化之间的融合，能够有效地解决邮轮企业与供应链中合作企业之间的因文化传统、文化思维、文化实践等不同而引发的文化碰撞与冲突，而且能够通过实现文化的深度融合来达到自身企业文化的更新与再造，以引领和保证企业沿着既定的战略目标前进。

（1）理解是文化融合的前提

第一，理解自己企业的文化。理解其他文化之前邮轮企业首先要理解透彻自己企业的文化。对于自己文化的发展过程，形成的文化模式，文化的内容和含义，文化中的精髓和不足都要有清晰的认识，这样才能在面对其他文化时不会失去自己的文化根基，也给自己理解其他文化提供了一个对比的参照。

第二，对其他文化的理解。面对其他文化时，邮轮企业需要在参照自己文化的基础上去对比从而对于自己文化有一种全新的认识，又必须超然地排除对于自己文化的认知定式，用一种开放的心态去了解，去探索其他文化的内涵和形式。

（2）文化融合需要沟通协同

文化沟通是指可理解的文化信息或思想观念在两个或两个以上人群中的传播与交换的过程。邮轮企业的跨文化融合需要沟通协调代表不同文化的个体要素，可以通过开展文化交流活动，邀请代表不同文化的合作商、游客参加，让他们可以面对面地交流沟通，邮轮企业先作为一个润滑剂来促进沟通，其中面对不同文化的差异，可以通过文化协同的方法。文化协同以文化差异的存在为前提，融合因为差异带来的行为和制度上的差别。面对多元的文化差异，理解吸收不同文化中的特色，作为一个聚宝盆来开放地接纳不同文化的存在，使得不同文化在邮轮企业中都可以有很好的表达，将其利用成企业的资源和优势为企业带来效益，使多文化融合的文化成为邮轮企业的一大文化特色。

本章小结

企业文化是社会文化的一个子系统，企业文化为企业经营提供了目标导向，企业文化是企业运营行为的内在约束，企业文化是企业运营的动力源泉，企业文化为企业运营增强了凝聚力。

美国嘉年华邮轮集团、美国皇家加勒比国际邮轮集团、云顶香港有限公司是世界上三大邮轮集团，他们在企业经营过程中形成了各自的企业文化。邮轮企业文化的建设要素包括了物质文化、制度文化、行为文化、精神文化 4 方面内容，其中物质文化是基础，行为文化是制度文化和精神文化的直接体现，制度文化是保障，精神文化决定了价值观念。

邮轮企业文化建设的要求包括：整体规划与分步实施，在细节中营造氛围，与时俱进地创新发展。邮轮企业的文化建设虽然有着邮轮企业独有的特点，要考虑其特殊性，但是从根本上来说，与一般的企业文化建设并没有什么太大出入，可以从制度文化、文化氛围、文化创新、文化融合 4 个方面建设企业文化。

思考题

1. 解释企业文化和企业家精神的含义。
2. 邮轮企业文化建设有什么作用？
3. 邮轮企业文化包括哪几个基本内容？
4. 邮轮企业应该怎样进行文化建设？

案例分析

皇家加勒比邮轮：快乐文化导引下的员工行为规范

皇家加勒比邮轮宣称：“我不是最大的，但我的服务是最好的。在每个竞争市场，每个细分市场我们都提供质量最好的产品。”皇家加勒比邮轮公司（Royal Caribbean Cruises）的董事长兼CEO理查德·费恩（Richard Fain）说：“皇家加勒比的口号是‘持续改进’。”既然号称“豪华邮轮”，这些被称为“海上豪华移动酒店”的船舶，其硬件设施应该是相差不大的，比拼的就是服务，或者是更高层次的企业文化。

1. 可不是多此一举

上船后还没进房间，行李已经先期到达，放在每位客人房间的门外。刚进房间坐下，就听得有人轻轻叩响房门，“请进！”进来一位头发卷曲的黑人小伙子：“尊敬的女士，你们好！我是本舱的服务员阿里，这里有两块牌子，我将在你们外出活动时清扫房间，如果方便进入，请挂这块牌子；如果暂时不方便我进入，请挂另一块牌子。这是今天船上所有活动的清单。有事可以找我，很高兴能为你们服务！”他友好地微笑着，露出一口白牙。热情友好的不仅是阿里，所有的服务员在和客人迎面相遇时，都会主动打招呼。

2. 创造快乐感受，与客人心灵互动

上船后的第一项活动是逃生练习，虽然船上GPS导航设备优良，几乎没有像泰坦尼克号那样和冰山相撞的可能，但在“旅客生命高于一切”的理念指导下，演习仍然进行得十分认真且有条不紊。

回到房间，发现床上安卧着用浴巾折叠成的小兔，或憨憨的牛、阿拉斯加大比目鱼，每天折的都不一样。

中央厅举办了一次“浴巾艺术秀”。两个服务生在台上“秀”技艺，一个主持人和看客沟通互动，台上台下热闹非凡。观众席上掌声和喝彩声、笑声不绝，快乐之至。

3. 体贴入微，针对每一位宾客提供特殊快乐服务

船上提供丰盛美食是邮轮的一大卖点，所谓“享受尊贵、品味奢华、饕餮盛宴始于邮轮”。上船第一天的“船长晚宴”和下船前的“告别宴会”，得穿正装出席。“船长晚宴”上，男宾们西装革履，女宾们珠光宝气、典雅高贵，认识或不认识的人都相互点头招呼问候，餐厅里一派欢乐祥和的气氛。

4. 感觉“持续改进”

邮轮公关部的高级经理特地到餐厅来看望来自中国的客人，她指指胸前的铭牌说“我会五种语言，现在我要尽快掌握第六种语言，那就是中文，以便更好地和我的中国客人沟通。”同时，自助餐厅的菜牌上增加了中文说明，让人真的无法不为他们的细致服务感动。

（资料来源：http://blog.sina.com.cn/s/blog_5405431c0101iuw7.html）

结合案例思考以下问题：

（1）邮轮服务中哪些体现了邮轮集团的文化？

（2）皇家加勒比邮轮中告诉我们的文化竞争力在什么情况下才得以体现呢？

第十一章

邮轮运营中的供应链管理

本章导读

负责甲邮轮食品采购的王经理正在办公室里发愁——还有一天邮轮就要出发了，但是在例行的检查中发现采购的牛排因为储藏不当变质了，这批食材比较特殊，是邮轮公司从一家指定供应商采购的，采购员发现问题后立马联系了供应商，但是没想到供应商因同时也给其他邮轮提供食材供应，最近供给紧张，如果要提供给他们邮轮同样数量的同质牛排原料至少需要两天，根本赶不上邮轮出发的时间。王经理也询问了其他的供应商，但是要么是不能提供相同质量的食材，要么就是时间上不能满足。最后王经理只好打电话给自己同行求助，没想到负责乙邮轮采购的李经理听完了他的问题后立马答应帮助他解决这个问题。小王感激之余，好奇地问他怎么会有办法，李经理说："我们邮轮公司与供应商建立了供应链管理系统，我们和供应商联系紧密，我们有什么货品的缺失他们都会及时优先帮我们解决。"王经理听完以后陷入了沉思。这个故事告诉了我们邮轮运营过程中与包括供应商在内的上下游企业建立供应链管理系统的重要性。

本章将学习了解邮轮供应链管理内涵是什么，其中包括哪些企业，以及怎样进行邮轮供应链管理的建设等。

第一节　邮轮实施供应链管理的必要性

一、供应链及供应链管理简介

1. 供应链的含义

供应链（Supply Chain）是围绕核心企业，通过对商流、信息流、物流、资金流的控制，从采购原材料开始，到制成中间产品以及最终产品，最后由销售网络把产品送到消费者手中的将供应商、制造商、分销商、零售商，直到最终用户连成一个整体的功能网链结构（见图 11-1）。

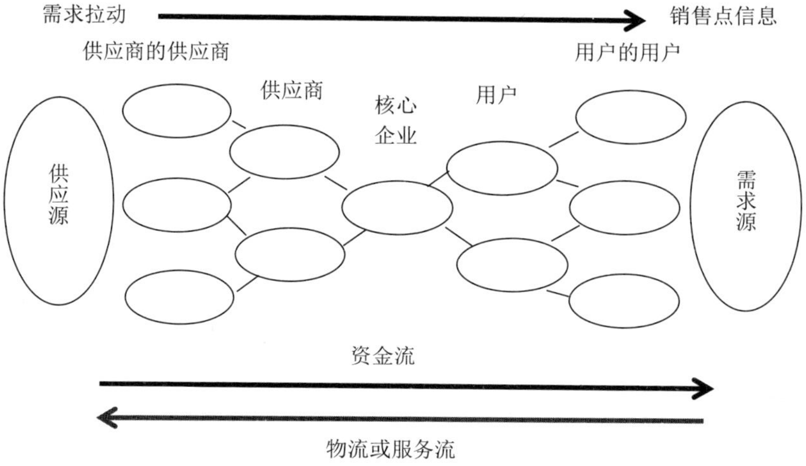

资料来源：许杰，祁世会，任立鹏 . 浅谈建立供应链管理体系的必要性［J］. 甘肃科技，2008，（22）：119-120+58.

图 11-1　供应链结构模型

供应链是市场经济发展的产物，是日益重要的产业组织形式与市场营销方式。供应链涉及从供应商、制造商、分销商、零售商到最终用户的全过程。社会化大生产促使了供应链的产生与发展，供应链对于流通组织和市场营销有着重要的作用。供应链市场组织化的程度高，经营规模化，使生产和消费有机地联结，对于生产和流通有着直接的导向作用。

供应链有内部和外部之分。企业产品的生产和流通过程中涉及的采购、生产、仓储、销售等网络组成了企业的内部供应链。而在企业外部，与企业相关的一些产品的生产和流通过程中涉及的原材料供应商、生产厂商、储运商、零售商以及最终消费者组成的供给与需求网络组成了企业的外部供应链。内部供应链是外部供应链的缩小化，产品从原材料到成品到消费者的完整过程便是内部供应链和外部供应链共同组成的企业的供应链。

2. 供应链管理的含义

供应链管理（Supply Chain Management，简称 SCM），是利用计算机网络技术全面规划供应链中的商流、物流、信息流、资金流等，并进行计划、组织、协调与控制。

供应链管理的思想强调以核心企业为主体，将具有优势的节点企业集成在一起，通过协调他们之间的利益关系，实现快速响应和低成本的竞争优势。供应链管理的目标在于提高用户服务水平和降低总的供应链成本，并且寻求两个目标之间的平衡。有效的供应链管理有助于最大限度地发挥供应链的整体力量，达到供应链企业群体获益的目的。

供应链管理是一种集成的管理思想和方法，它执行供应链中从供应商到最终用户物流的计划和控制的职能，通过控制和协调供应链中的各个实体及其行为，使供应链中的物流和信息流保持畅通和协调，从而实现供应链系统的优化目标。

早期的供应链管理主要集中在库存管理和运输上，寻求把产品迅速可靠地运到用户手中，所需要的费用与生产、库存费用之间的平衡点，即为确定的最佳库存投资额。而目前的供应链管理则把供应链上各个企业视作一个整体，使各企业承担的采购、生产、分销和销售职能成为一个协调发展的有机体。

供应链管理主要涉及四个领域：供应、生产计划、物流和需求。供应链管理以同步化、集成化生产计划为指导，以各种技术为支持。供应链管理关心的不仅仅是物料实体在供应链中的流动，除了企业内部和企业之间的运输问题和实物分销外，供应链管理还包括以下主要内容：战略性供应商和用户合作伙伴关系管理；供应链产品需求预测和计划；供应链的设计（全球节点企业、资源、设备等的评价、选择和定位）；企业内部和企业之间物料的供应与需求管理；基于供应链管理的产品设计与制造管理，生产集成化计划、跟踪和控制；供应链的用户服务和物流（运输、库存和包装）管理；企业间资金流管理（利率、汇率等问题）；基于 Internet/Intranet 的供应链交互信息管理等。

3. 邮轮供应链管理的含义

邮轮供应链（Cruise Supply Chain）是由游客、邮轮企业、旅行社、港口以及各种产品供应商组成的一个完整的邮轮供应链系统。

供应链管理将邮轮供应链上的各个企业视作一个个不可分割的部分，各企业分担的采购、生产、分销和零售集成为一个协调发展的有机整体。围绕最终游客的需求，邮轮供应链管理用系统的观点设计、规划和控制物流、信息流，分解与控制成本流，围绕交易双方来共享和协调物流和资金流，达到一种稳定、高效、柔性的供需关系，邮轮供应链中的成员因此能够增加销售额或利润（或降低成本），增强其获利能力与竞争优势，提高运作效率、服务水平以及供应链的响应能力。

4. 供应链管理的特点

与传统的企业管理模式相比，供应链管理更强调供应链整体的集成和协调，要求各连接企业围绕物流、信息流、资金流以及工作流进行信息共享与经营协调，实现柔性的与稳定的供需关系。其特点有：

第一，以客户为中心。不论邮轮供应链上每个节点有多少企业类型，也无论邮轮供应链上每个节点有多少企业数量，最终游客的存在才有邮轮供应链的存在。因而，邮轮供应链管理压倒一切的目标是提高游客的满意程度。要通过降低供应链成本，实现对游客需求的快速反应，以此提高游客的满意度，从而提升邮轮企业的市场知名度，获得竞争优势。

第二，基于流程的集成化管理模式。邮轮供应链管理以流程为基础，物流、信息流、价值流、资金流、工作流贯穿于供应链的全过程，要消除各部门和各节点企业成员的自我保护主义，实现跨组织流程集成化，从而实现供应链企业协调运作，发挥其潜在效能，实现整体目标最优。

第三，全新的库存观。传统的库存思想认为，库存是维系生产和销售的必要措施，因而企业与其上下游企业之间在不同的市场环境下只是实现了库存的转移，整个社会库存总量并不减少。邮轮供应链的形成使邮轮公司和供应商之间建立了战略合作伙伴关系，通过快速反应致力于总体库存的大幅度下降，实现邮轮供应链管理的平衡。

第四，强调全过程的战略管理。“一发不可牵，牵之动全身。”（清·龚自珍《自春徂秋偶有所感触》），古人早就认识到部分对于整体的作用。供应链中各个环节上的企业是不可分割的一个有机整体，如果只依赖部分企业的信息，则很可能会由于这一部分信息的局限或失真，导致整个供应链的决策失误、计划失控、管理失败。因此在邮轮供应链管理过程中，邮轮企业必须从战略的高度统筹安排，协调资源及可能存在的冲突，让过程中的每一步都有效衔接，这样才能实现供应链管理的目标。

5. 供应链管理的作用

供应链管理是当今邮轮企业提高竞争力的一个有效途径。具体作用如下：

第一，减少存货。邮轮公司的供应商能够借由供应链的管理掌握邮轮存货的即时信息，根据信息的更新来组织产品的生产，及时补充产品。因此，邮轮已无必要维持较高的存货水平，从而可以降低因为库存过多引起的一系列费用。

第二，降低采购成本。由于邮轮公司能够方便地从邮轮供应链中取得存货和采购信息，所以，原先从事采购管理的人员可以从这种简单劳动中解脱出来，节省成员的时间和精力，在整个供应链中创造更大的效益。

第三，节约交易成本。先进的技术手段为信息的共享创造了关键性条件，实现了数据的快速传递，加快了邮轮公司和供应商在订货过程中的信息处理效率，使无纸化办公成为可能，等等。因此，供应链管理将大大降低邮轮供应链中各环节之间的交易成本。

第四，缩短循环周期。随着技术的进步，整个供应链上预测的精确度将大幅度提高。这将导致邮轮供应链上的各个企业不仅能及时设计或者生产出邮轮所需要的产品，而且能提高游客的满意度，从而增加供应链上各个企业的市场份额。

综上所述，邮轮公司在成功实施供应链管理之后，能够以最少的成本完成从采购到最终获得游客的流程，并且使所有流程的效率达到最大化，形成价值增值，提高邮轮企业在邮轮旅游市场上的竞争优势。

二、实施供应链管理的必要性

供应链管理理论从产生伊始就快速发展，其应用范围已扩展到了诸多行业，且从物流管理的基础操作方法发展到了战略管理的更高层次，旅游业作为新兴服务业也不例外。邮轮旅游作为旅游业的重要组成部分，近年来也引入了供应链管理的概念。游客在邮轮旅游过程中消费的产品与服务实际上就是由一个分工协作的系统构成的供应链。

邮轮供应链上的游客、邮轮公司、旅行社、港口以及各种产品供应商，包括邮轮的补充物料供应商、邮轮维修服务提供商、酒店、景区、购物中心、娱乐场所等紧密相连，形成一个完整的系统。现在的邮轮供应链不仅仅局限于本土，而且走向了全球化。邮轮企业采用供应链管理以后，产业链上的信息共享，使得国内外邮轮企业合作伙伴之间产生了紧密协作的关系，不仅如此，邮轮服务供应商和消费者之间也因为这种关系互动得更加频繁，邮轮企业可以改进服务，降低成本，实现利润最大化的目的。具体来说，邮轮企业实施供应链管理的必要性有以下几点：

1. 实施供应链管理是应对国际竞争的需要

经济全球化（Economic Globalization）形势下，世界经济活动超越了国界，国际之间的联系不断扩大，通过对外贸易、资本流动、技术转移、提供服务实现相互依存、相互联系、相互融合。

邮轮企业实施供应链管理，可有效提高供应链上各节点企业的竞争力。供应链管理强调战略合作，充分发挥供应链上企业的核心竞争力，创造竞争的整体优势。邮轮供应链通过建立成员企业间的战略合作伙伴关系，协同运作管理，各个节点企业集中于自身的核心业务，充分发挥专业优势，实现优势互补和资源共享，共生出更强的整体核心竞争能力与竞争优势，因此，实施供应链管理可以大大提高邮轮企业在世界邮轮市场中的竞争力。

经济全球化本质就是在国际范围内进行资源的配置，世界经济日益成为紧密联系的一个整体。国际上一些著名邮轮企业在全球范围内与供应商和旅行社之间建立了密切的合作伙伴关系，与它们形成一种长期的战略联盟，结成利益共同体。全球化下，邮轮企业有机会与世界各地的旅行社、供应商等其他企业合作，服务更多来自世界各地的游客；国际性的邮轮公司也会从本国资源中汲取优势，增强其竞争力。面对来自全世界的激烈竞争与挑战，既有机会，也有风险，邮轮企业只有不断提升自己的竞争力才有可能在全球市场中生存下来。如何增大自己的竞争优势，并不是由邮轮企业自身决定，而是由从游客到邮轮旅行完成的整个管理过程决定。

邮轮企业由于其行业的特殊性，必然会涉及与国际企业的合作与联系。面对如此复杂的消费市场和合作环境，急需要通过供应链管理来解决一些发展中的难题。例如游客的地区差异，不同停靠港口企业的经营模式与合作模式差异，旅游景点的管理模式差异，以及各种产品供应商国际价格差异等问题，处理不好很有可能会给邮轮企业造成成本加重、市场份额缩减等棘手的问题。从管理学角度来说，供应链管理强调企业之间的协同，期望达到一种整体效应。从经济学角度来看，供应链管理强调资源的优化配置，把邮轮业务相关的游客、邮轮公司、旅行社、港口以及各种产品供应商集成到一条链上，共同运行，共享资源，从而实现市场效应的最大化。现如今我国邮轮企业还处在发展壮大的初级阶段，面对加速发展的需求，必须要增强对资源的管理能力，减少整合资源上的浪费，实现资源的有效配置与利用。所以，邮轮企业需要利用供应链管理来应对全球化的挑战，提高企业国际竞争力。

2. 实施供应链管理是增加企业利润的途径

过去企业通过劳动生产率的提高和节约企业内部资源来降低成本，提升利润，但是随着企业内部管理制造成本的方法日渐完善与成熟，管理者面临着如何开辟利润增长新方法的挑战，供应链管理则是给了管理者一个新的思路。企业除了需要采用传统的成本管理方法来控制企业的内部成本以外，还应该从供应链管理的思路出发，与其他企业一起来削减和降低非必要的成本，这样，降低整个供应链的成本，供应链中的企业也会从中获得收益。

邮轮供应链正是把游客、邮轮公司、旅行社、供应商、生产商等紧密联结在一起，并对之进行协调、优化管理，使企业之间形成良好的相互关系，使产品、信息的流通渠道达到最短，从而使消费者需求信息沿供应链逆向准确、迅速地反馈到各个节点。生产厂商据此对产品的增加、减少、改进、质量提高、原料的选择等等做出正确决策，从而保证供求良好地结合。

邮轮供应链的形成，对供应链中的各个环节企业做出了优化，建立了良好的互惠关系。邮轮企业通过采用先进的信息沟通系统与旅行社等沟通，了解消费者的情况，可以高效安排对于各种产品、服务供应商的生产安排以及自身的人员与物资的管理安排。产品与需求信息的快速流通，减少了邮轮企业、供应商等企业的库存量，避免了库存浪费，节约了物品储存成本以及人员工资，资金得到有效利用，也就是减少了供应链上的库存成本。

邮轮供应链通过各个企业之间的优化合作，可以说形成了快捷而简便的流通渠道。它优化了邮轮产品与服务的供应网络，去除了中间一些不必要的流通环节，缩短了流通路途，高效率地减少了流通费用，实现了成本的节约。

通过供应链的协调管理，利用现代科技手段，依赖邮轮供应链的整体优势，邮轮公司、旅行社、港口以及各种产品供应商之间共享信息资源，获取准确及时的包括财务在内的信息，可以有效降低各企业应收账款总量，实现第三利润的增加。

3. 实施供应链管理是提高企业服务质量的手段

邮轮企业实施供应链管理可以很快地把握商机。例如，某一个新兴旅游市场的出现，邮轮企业必须通过信息与技术的支持来了解市场，并迅速做出反应，以满足市场的需求。如果只靠企业内部的力量，就有可能因为信息滞后而失去竞争机会。供应链管理的力量，就在于可以帮助邮轮企业找到与之有互补能力的企业，共享信息与资源，组成供应链上的联盟，实现高效的企业运作。

邮轮企业实施供应链管理还可以满足游客的个性化、多样化等消费需求，提供适时、准确的服务。现代游客的消费需求千变万化，依据消费者需求提供相应的产品与服务的前置时间越短越好，物流配送的速度越快越好，以提升消费者的感知价值。故邮轮企业需要借助供应链管理手段，选择合适的合作伙伴，通过企业间的整体协作，提高服务质量。

4. 实施供应链管理使企业信息化管理水平更加高效

不断深化的经济体制改革和逐步转换的企业经营机制在促进了技术创新、体制创新与市场创新的同时，管理创新的步伐也得到了不断加速，特别是意识到通过信息化可以提高企业的竞争能力和经济效益。美国的信息高速公路计划提出以后，世界各国都开始了建设信息高速公路的设想。中国于1993年底正式启动了国民经济信息化的起步工程——“三金工程”，即金桥工程、金关工程和金卡工程。信息化管理手段普及于各个行业，各个行业的信息化管理应用也促进了信息技术的发展和信息化管理水平的提升。邮轮企业可以利用标识代码技术、自动识别与数据采集技术、电子数据交换技术、互联网技术等查询到全球各地情况，实现节点之间的信息交换，节约管理成本，实现全球营运的无障碍化。

总之，作为一种先进的管理思想，供应链管理强调协同、系统功能和整体效应。邮轮企业如果能高效利用供应链管理的优势，建立起行业利益共同体，一定能极大地提升邮轮业的发展。现行条件下，邮轮企业要降低成本，提升价值，提高竞争力，实施供应链管理是一个必然趋势。

第二节　邮轮供应链的构成

邮轮产业是一个综合的大型的全面旅游产业，它包括交通运输、住宿餐饮、休闲娱乐等各种活动，这些构成了邮轮旅游产业的供应链系统。

邮轮企业的供应链管理是围绕核心邮轮企业，对整个邮轮产业供应链过程中的物流、资金流、信息流加以有效控制的过程。这个过程包括从材料的采购开始直至消费品到消费者手中的一系列过程，这个供应链过程的各个节点相互关联、相互连接，组成一个整体的网络结构。这个整体结构的良好合作帮助邮轮企业以及供应链上的其他企业减少成本，提高运作效率，实现供应链上的互利共赢（见图 11-2）。

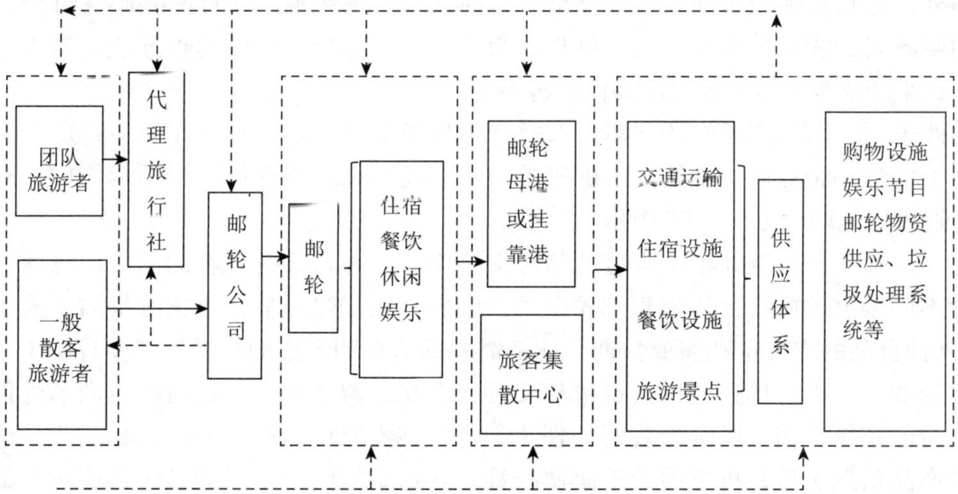

资料来源：赵鑫．基于模糊层次分析法的邮轮公司供应链研究［D］．大连海事大学，2014.

图 11-2　邮轮旅游供应链模型

一般来说，邮轮旅游供应链是指以邮轮公司为核心，包括中间商代理旅行社、提供各种服务的供应商以及游客组成的体系。在这个系统里，目的地旅游服务供应商、交通运输服务供应商提供住宿、餐饮、运输等服务，邮轮旅游中间商提供不同邮轮旅游服务供应商产品和服务的组合。具体分析邮轮相关企业的作用，必须从邮轮企业、供应商与中间商来做分析。

一、邮轮公司

邮轮公司是邮轮旅游供应链的核心，处在核心地位的邮轮公司不具有控制其他成员企业的特权，它的作用是在供应链的运作和管理中统领、协调和控制整个供应链的流程，为整个邮轮旅游供应链系统提供完善的沟通和连接，更好地协调供应链的运作，以最大程度地发挥供应链这种新型管理模式的效用。

邮轮公司需要通过旅行社等代理机构来聚集游客，从而为每位参与邮轮旅游的游客安排特定的邮轮航线，来满足不同游客的个性化需求，这些优势就决定了邮轮公司能够成为供应链上的核心企业。

从邮轮旅游自身需求的角度上讲，邮轮公司需要从各种供应商处获取相应的物资来满足邮轮的正常运行所需，要通过供应合同委托供应商提供邮轮运行所需的包括食品在内的一系列原材料或服务。

如果要提供邮轮停靠所需要的条件，通常要借助邮轮母港或者停靠港的基础和辅助设施，这其中就包括邮轮母港或者停靠港的航道的水深、邮轮泊位的吨级要够，还要有必要的邮轮导航设施，除此之外，还需提供淡水、燃油、食品、商品供应等邮轮所需的相关的必要原材料等产品和服务。

另外，邮轮在邮轮母港或者停靠港停靠时所排放的废料，同样需要邮轮母港或者停靠港自身具备的相应配套设施进行处理，只有这样做才能保持邮轮母港或者停靠港的清洁，以此来建立整个绿色邮轮旅游供应链系统。

实践表明，供应链运作的好坏以及整个供应链竞争力的大小，在很大程度上取决于供应链上的核心企业——邮轮公司的影响力。邮轮公司在整个供应链的运作中占有重要地位，这可以从两个方面加以说明。

第一，邮轮公司是邮轮供应链的信息交换中心。来自下游游客的需求信息通过不同层次和不同渠道的旅行社传递到邮轮公司，邮轮公司经过处理，再把分解后的需求信息（如对某种食品的需要量和需要日期，住宿需要的床单和毛巾的数量和需要日期）发送给上游供应商。一批订单完成后，再依相反的方向从上游企业（原材料供应商）将信息反馈给中游的邮轮公司，经邮轮公司处理（如将与基本原材料有关的信息转变为具体的邮轮旅游产品信息）后，再反馈给下游旅行社。在这里，邮轮公司就成了供应链上的信息交换中心。供需信息在此处交融后，经处理生成各类信息传送到供应链的各个结点。由于供应链的运作效果在很大程度上依赖于网链上的信息交换质量，因此，要想通过信息共享达到物流顺畅、产品增值的目的，就必须提高供应链上的信息传递质量，在这方面，邮轮公司起着至关重要的作用。

第二，邮轮公司是邮轮供应链上物流集散的“调度中心”。从邮轮产品形成的过程来看，首先要有提供原材料和配套物品的供应商，这类物流由众多供应商从不同渠道流向邮轮公司，经邮轮公司的整合安排形成完整的包括多种服务的邮轮旅游产品后，再流向代理旅行社，最后达到最终游客，这形成了以邮轮公司为集散中心的物料流。在这里，邮轮公司扮演了对物流集散、配送进行“调度”的角色：向供应商适时发出物料需求指令，向代理旅行社适时发出供应旅游产品指令，以保证各个结点都能在正确的时间、得到正确品种和正确数量的产品，既不造成产品的缺失，又不造成产品剩余，把邮轮供应链总成本减至最低限度。因此，邮轮供应链上产品能否增值，与邮轮公司对物料流的“调度”水平有很大关系。

从以上对信息流和物料流的分析就可看出，如果供应链上的核心企业邮轮公司不能在这些方面起主导作用，受影响的不仅是邮轮公司，而且是整个供应链。因此，邮轮公司在供应链运作中扮演着重要角色，它对邮轮供应链企业形成长期战略关系有着重要影响。

二、邮轮旅游代理商

伴随着全球邮轮旅游市场的东移，我国邮轮旅游的热度也在不断提升。邮轮旅游不是商品，而是一种经历。消费者希望确保他们从中得到收益，尽情享受。他们希望这次旅行将会提供与其风格相配的目的地、食物、活动、娱乐和环境。也许消费者可以亲自做调研，并通过邮轮公司或另外某个销售实体直接预订，但是，让一位专家引导其做出选择，是一个更方便、便捷、安全的选择，而代理旅行社便是这样的专家。许多邮轮公司为了扩大自己在各地的业务，经常通过不同的邮轮代理来招揽更多的消费者，在一般情况下这些邮轮公司在各地合作的邮轮代理可以为邮轮公司充当当地邮轮市场的向导和顾问。

旅行社（Travel Agency），世界旅游组织给出的定义为“零售代理机构，用以向公众提供可能的旅行、居住和相关服务，包括服务酬金和条件的信息”。邮轮代理旅行社便是向旅游者提供有关邮轮旅游服务和信息的机构。在整个邮轮旅游的过程中，邮轮公司会通过考察和招标的方式来选择最适合自己的邮轮代理旅行社。

在对旅游者宣传邮轮旅游时，旅行社在其中会起到很大作用。目前，旅行社售出了全球邮轮 95% 的客舱，游客基于旅行社代理能够确保他们从邮轮中得到尽情的享受和利益。市场营销是邮轮代理旅行社在终端市场中的一个重要活动，它可以划分为两类模式：第一种方式是自身营销：一个有着积极健康的品牌形象的旅行社可以凭借自己的力量，借助自身建立的稳定、完善的销售网络和渠道，结合本地消费者的特点来选择恰当的营销方式进行宣传，形式多种多样，可以是讲座、沙龙等活动，以达到有针对性地激发消费者的邮轮旅游意识，开发挖掘潜在的邮轮旅游消费市场的目的；代理旅行社可以为不同类型的邮轮旅游者制定专属的个性化邮轮旅游产品组合，提供个性化服务，提高消费者的旅游质量；对于已有的长期合作的企业客户，可以根据企业文化以及活动周期等来组织活动，定期为他们提供最新的邮轮旅游信息。第二种方式是与上游的邮轮公司合作，发挥供应链的作用，依托邮轮企业强大的品牌号召力以及积攒的国外成熟的发展理念，实现共同宣传。如可以以赞助的方式通过传统的报纸杂志、电视广告宣传，以及依托影视剧、电影、网络媒体等推广媒介来展现邮轮旅游的意识，以达到宣传邮轮旅游的目的。

代理旅行社在宣传上与邮轮企业合作协调关系密切，作为邮轮企业与消费者之间沟通联系的桥梁，在邮轮供应链上发挥的作用越来越重要。因而，从供应链视角研究我国邮轮的运营发展，必须要厘清邮轮企业与代理旅行社供应链上下游的关系，促进我国邮轮旅游产业的健康发展。

对旅行社而言，与邮轮公司的复杂关系取决于邮轮公司所提供的产品的不同。产品有相同产品与不同产品。在面对同一种产品的情况下，因为扩大市场的重要性，导致任何一家旅行社企业都会担心自己的供货短缺，而希望有更多数量的产品，这很容易导致市场通道的激烈竞争。不能协调解决这个问题会给供应链带来较大的内耗，可能导致最后只有局部最优但是整体上却是受损的。在这种情况下，需要依靠临时契约或联盟规则来实现各旅行社之间以及邮轮公司之间的协调。

代理旅行社与邮轮公司之间应共享现有市场状况信息与潜在市场需求信息，调动各种资源，帮助供应链上的企业协同完成预测市场的过程，提高预测邮轮市场需求的精度，减少整个供应链上因为市场而产生的不确定性影响，提高应对市场的能力。

代理旅行社与邮轮公司相比，能够更加深入、透彻地了解市场末端的信息，对于消费者的动机与需求的了解也更加全面。因此，旅行社是邮轮公司快速融入市场的必然选择，与代理旅行社的合作伙伴关系会帮助邮轮公司拓宽邮轮旅游产品和服务，并根据准确的市场信息来拓宽销售渠道，更加符合市场的需求。可以说，代理旅行社与邮轮公司之间是一种消费者与消费者的关系。

同时，下游代理旅行社为了在供应链终端消费者市场提供与需求相匹配的邮轮产品和服务，会进而要求上游的邮轮公司提供数量、价格、提前期与市场需求相吻合的产品，提高邮轮旅游供应链过程中的客流、信息流、资金流的运行效率。资本流速的加快提高了代理旅行社的总的资本量，提高了可变资本的使用量，提高了企业的竞争力。上游的邮轮公司也因为这个连续的过程，满足了代理旅行社的要求与市场的要求，提供了适销对路的产品与服务，能够避免资金呆滞、死账等现象的出现。

在良好的供应链流程中，邮轮旅行社应该与邮轮公司保持积极的合作关系，立足基本的邮轮旅游产品的代理销售工作，通过高效、优质的服务与邮轮公司建立长久的联系。要在发展中提升自己在供应链中的作用和地位，争取在供应链关系中的有力话语权，参与到邮轮旅游线路以及产品的设计与销售中，为消费者提供保质保量的产品与服务。同时在向旅游者提供邮轮公司的航线时，应发挥自己为旅游者制定邮轮旅行开始前和结束后在邮轮母港城市（及腹地）的各类旅游产品的作用。根据目标客户的需求，与邮轮公司协商设定不同于普通航次的邮轮航线，开拓商务邮轮旅游的新模式。

三、邮轮服务供应商

在邮轮公司供应链中，供应商是其中十分重要的一个环节。与合适的供应商建立紧密的业务关系，可以帮助邮轮公司节约许多时间和成本，可以使得邮轮公司获取最佳的供应资源，满足自身经营目标的需要，为整个邮轮供应链的发展做出贡献，因而在邮轮公司供应链中，探究供应商对于邮轮公司的作用是不可或缺的。

在整个邮轮旅游中，各类邮轮旅游服务的供应商大致可以分为四种：

第一，交通运输服务供应商；

第二，邮轮母港的服务供应商及游客服务供应商；

第三，邮轮上的各类服务供应商；

第四，各停靠港的旅游服务供应商。

从供应商产品在整个邮轮供应链大系统中的增值作用，以及对比各个供应商自身的竞争力也可以将供应商分为四类：普通供应商；有影响力的供应商；竞争性或技术性供应商；战略供应商。具体可以从图 11–3 的矩阵图中看出。

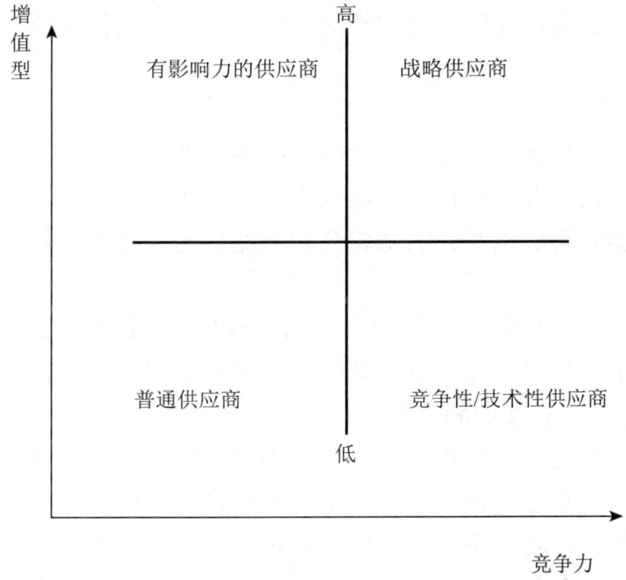

资料来源：赵鑫．基于模糊层次分析法的邮轮公司供应链研究［D］．大连海事大学，2014.

图 11–3　供应商的分类模型

一般企业都会根据自身不同的企业目标来选择供应商。如果从长远发展的角度，邮轮公司会选择能够保持自身的竞争力和增值能力的战略性供应商；如果是为了应对短期市场需求，那么邮轮公司会选择普通供应商合作来将邮轮公司的效益最大化并降低总运营成本。如果需要寻找的是中期的供应商，那么邮轮公司就会根据不同供应商在供应链中的重要程度来选择。

1. 普通供应商

普通供应商一般来说数量较多，增值率比较低。但是普通供应商产品的质量以及技术标准化程度相对较高，而且相对于产品的转换成本低，因此邮轮公司需要合理分析普通供应商产品的价格，利用施加压力或者签订短期协议等采购方法与普通供应商建立合作关系，以便更有效地利用时间和资源。

2. 有影响力的供应商

对于邮轮公司来说，有影响力的供应商的增值作用往往比较大，但是竞争性却不怎么强。具体可以分为三种情况：第一，产品增值率相对较高的同类型的供应商较多。第二，一般处于该行业的垄断地位，其他类型的供应商不易进入该范围和领域。第三，处在较关键的地理或政治位置，有着成熟的质量和技术标准。邮轮公司需要根据自身需求来决定采购的规模，或与之建立长期的协议关系。

3. 竞争性或技术性供应商

竞争性或技术性的供应商的产品和服务的价值通常较低，在总体供应商中比例较低一些。通常提供的产品和服务具有专有性或特殊性，邮轮公司需要重点考虑如何尽量标准化和简单化地承受获取这些供应商的产品所需的精力和交易成本，从而能够使与其合作的成本降到最低。

4. 战略供应商

战略供应商的产品和服务的价值通常是最高的，他们的产品和服务能够影响整个供应链的流程。而且其竞争力也是在所有的供应商中属于较强的，具有高度个性化和独特化的特点。战略性供应商最能够影响邮轮公司的竞争力，在邮轮供应链中发挥着重要的作用。

优秀供应商与邮轮公司建立战略伙伴关系，可以保证邮轮公司自身的原材料的供应，既可以提高自身的生产效率，也可以降低邮轮公司的成本，可以保证邮轮公司所提供产品与服务的质量，增加消费者的满意程度。

供应链基础下的供应商具有相关经验，利用现有的资源可以帮助邮轮公司有效控制自身的采购业务，满足邮轮公司的采购要求；提供高质量的产品，避免进购产品时不必要的检查来减少时间，提高效率，节约成本；供应商的时间柔性（即其改变自身原本的交货计划的能力）能够在邮轮公司采购产品以后出现问题时及时予以解决，提高邮轮服务水平；提供给邮轮公司大量的物料、价格、产品质量等信息资源。

可以使包括供应商在内的整个邮轮供应链上的各个企业联结成一体，共担责任、共享利益；供应商与邮轮公司之间稳定的合作关系，使得供应计划更加稳定，增强邮轮公司对未来需求的可预见性和可控能力；通过邮轮公司供应商提供服务的相关经验，能够在较短的时间内更好地提供品质优良、价格低廉的服务项目，使游客能够达到更好的旅游体验。

在供应链中，邮轮公司与供应商的关系举足轻重，与供应商之间建立良好的战略伙伴关系，能够保证邮轮公司需要的原材料的及时获取及保质保量的供应，从而能够实现降低邮轮公司自身经营成本的目的。同时，供应商的生产效率也会有极大的改善和提高，提高服务质量，满足消费者需求，实现利润的最大化。总的来说，可以使邮轮企业与供应商之间实现双赢。

第三节　邮轮实施供应链管理的策略

一、形成供应链合作伙伴关系

对企业而言，实施供应链管理能够明显降低交易成本和生产成本，能够敏锐地反映市场，增加消费者满意度。在邮轮供应链上下游企业间形成合作伙伴关系是实施供应链管理的基础。邮轮供应链上的企业要从观念上和组织结构上进行必要的改变，根据市场需求和自身的特点来挑选供应链上的合作伙伴，形成合作伙伴关系，确定合理规范的工作计划与步骤，才能够确保共赢。

合作伙伴关系的形成策略有：

1. 文化沟通与融合

无论何种具体形式上的邮轮供应链合作，都会涉及企业文化的沟通与融合，彼此之间连接在一起，可以说是彼此的组织延伸。为了邮轮供应链的共同目标，企业之间要树立一种整体的文化归属意识，可以保留各自的文化特色，但是要寻找价值观和经营理念中共通的点来实施供应链管理，绩效管理、激励模式的方法也应该是统一、有效的，并且在面对决策和合作重点以及失败和风险等观念上寻求彼此间的认同感。

2. 追求合作共赢

邮轮企业建立供应链合作伙伴关系的根本目的是要实现共赢，从原本的孤军作战到协同管理。所以，成功的邮轮供应链合作伙伴关系，应该是企业间对于自己的核心优势、战略目标有着清楚的认识，邮轮企业与供应商、代理旅行商以及供应链上的其他企业要发挥各自的优势与特长进行合作，破除之间信息、利益的封锁，营造有利于合作的良好氛围，实现利益与风险共担，增强供应链整体的核心竞争力。

3. 建设共同愿景

邮轮供应链上的企业在确立合作伙伴关系时的一个重要环节就是拥有一个共同的愿景来维系彼此之间的关系，这可以为供应链管理指明方向，提供动力，纠正合作过程中的问题，评估之间的合作关系，让每个企业朝着共同目标前进与努力。

4. 创建激励机制

邮轮供应链上各节点企业都是一个个独立的利益体，在合作运营中不可避免地会发生利益冲突。因而需要有激励机制来保证合作伙伴关系在发展过程中的长久维持。这需要建立起一个基于整个供应链的绩效评估和激励系统，能够保障整个供应链流程的顺利完成，以达到供应链整体效益最大化的目标，建立邮轮供应链的友好合作伙伴关系。

二、建立供应链的信任机制

实施供应链管理，不仅仅要在供应链企业间形成合作伙伴关系，还必须建立起长久有效的信任机制，使供应链节点企业结成优势互补、风险共担、资源共享、互惠互利的共同体。可以采取诚信合作、感情维系和法律手段等三种方式来保证建立信任机制。

1. 倡导诚信合作

诚信是企业合作的基础，成功的合作伙伴关系必须是一种彼此信任的关系。信任不能停留在口头上，需要通过经常性的沟通交流来实现。交流方式可以多种多样，如企业间定期的交流会议，员工之间相互走访考察等，还可以使用互联网等信息手段实时开展沟通与交流。信誉保证是企业在长期合作中积累的相互间的信任，这种信誉的保障可以使企业在面对改革与危机时得到供应链上其他企业在资金或技术等方面的支持与帮助。

2. 加强感情维系

建立邮轮供应链信任机制还必须采用感情维系和信誉保证两种非法律手段来完善。感情维系是指企业因为拥有相同的地域关系和血缘关系或者是通过长期的合作彼此之间建立了相互依存的“感情基础”，对于未来的长期合作起到一个纽带的作用。因此，邮轮供应链伙伴企业可以通过相互参股、资本运作等方式建立彼此间的亲密联系，巩固“感情基础”。

3. 借助法律手段

供应链企业为了建立稳固的合作关系，避免可能出现的欺骗行为，可以依法合作。例如在合作之前签署合同，彼此之间履约合同，防止供应链中企业在合作中出现不良行为。实践证明，法律手段在供应链管理中对信任机制的建立非常有效。当然，法律也不是万能的，合同的实施与签订在实际执行过程中也会有一些问题无法解决。比如合同签订在当下，经济往来却发生在未来，而未来不可预测，因而在签订合同时许多事件难以预料。并且合同作为一个清晰固化的文字协议，对于诸如信任等抽象观念很难有准确的界定。一旦发生了欺骗与危害行为，也有可能因为举证的困难，不能达到惩治的目的。所以，对于供应链企业之间长期合作关系而言，仅靠法律合同来维持长期信任是远远不够的。

不论是法律、感情还是信誉，单独使用都会有一定的局限性，都无法保证供应链信任机制的长久有效性，所以在实施供应链管理的过程中必须将三者相互结合，通过三种方式的互补更好地实现信任机制。

三、建立供应链的激励机制

供应链能够存在的基础就是利用一定的利益调节手段，在使供应链中某一企业获得库存成本降低或利润增加的同时，另一企业也可以获得一定的库存成本降低或利润增加的收益，并使整个供应链库存成本降低或利润增加。这就必须在供应链管理中建立起激励机制。从微观经济学和博弈论的角度来看，激励机制实际上是一种适用于供应链企业的契约或合同，是用来规范企业行动的约束或制度。在邮轮供应链管理中可采取以下的激励手段：

第一，供应链合作伙伴之间通过信息共享和信息支持系统，实现在分析市场需求趋势并做出短期生产、销售计划过程中的协助。旅行社对于邮轮市场的信息分析可以帮助邮轮企业制订出合理的采购计划，并影响到上流供应商的生产与销售。

第二，为保障产品和服务生产、销售的计划能够顺利实施，邮轮产品供应商可以要求保持额外的库存量的情况下，对之进行一定的价格补贴。

第三，协助供应商进行技术和信息系统的改进，以确保整个供应链生产流程的协调一致性。邮轮公司、代理旅行社、供应商之间可以共同开发用于信息沟通交流的技术系统，实现彼此之间的协调。

第四，供应商可以对于邮轮公司购买产品与服务实行一定的现金或数量折扣等。通过建立激励机制，可以使制造型企业的生产和销售计划得以顺利进行，同时避免与供应链合作伙伴产生矛盾，促进整个供应链的协同管理。

四、完善供应链的信息化建设

由于邮轮活动中的企业有可能处在不同国家的不同地方，因此邮轮供应链上的信息交流与互换就显得十分重要。随着供应链协同合作的深入，企业之间的交流越来越密切，流程相互渗透，并拥有大量的数据共享。如果供应链中信息不畅通，邮轮企业必须加大库存来避免出现的一些不确定性情况带来的风险。但是如果邮轮供应链上的各企业之间能够实现信息的有效共享，就可以大大降低供应链中的库存成本，提高整个供应链的效率，增强竞争实力。

邮轮企业需要强化信息化建设，增强供应链企业间信息系统的兼容性。先进的信息技术是实施供应链协同管理的根本技术保障。依赖先进的信息技术以及互联网平台，供应链合作伙伴之间可以及时地进行交流和信息共享，分散在各地的企业能够共同进行产品设计和制定计划策略。

为了保障邮轮供应链中市场、产品信息能够畅通、高效、及时地传递，邮轮企业要完善好信息技术的建设。可以运用一元化管理企业活动所有数据的 ERP 系统、企业间信息流动的因特网电子数据交换业务；互联网无纸贸易技术、共享数据库等多种电子商务应用技术，来改善对生产、供应、库存、销售的监控，邮轮企业、代理旅行社、供应商和客户之间建立更加快捷、方便、精确的电子化联络方式，实现信息集成与共享。

供应链整体能够真正立足于竞争市场的关键，依靠 ERP 这些注重企业内部效用整合的软件是远远不够的，还需要协同软件的支持。基于互联网的协同计划软件，可以使多个合作伙伴共同对新发生的消费者行为进行交流探讨，快速一致地响应消费者需求的变化。

现如今网络技术的快速发展以及计算机工具的广泛使用给企业完善信息网络建设提

供了良好的条件，企业需要完善内部局域网络和信息交换与共享方面的专业软件，从而实现邮轮供应链管理信息集成和共享。

本章小结

供应链管理是一种集成的管理思想和方法，通过控制和协调供应链中的各个实体及其行为，畅通和协调供应链中的物流和信息流，实现供应链系统的优化。邮轮供应链由游客、邮轮企业、旅行社、港口以及各种产品供应商组成，实现邮轮供应链管理可以增加供应链各个组成企业的销售额或利润（或降低成本），增强获利能力与竞争优势，提高运作效率、服务水平以及供应链的响应能力。

作为邮轮供应链的核心，邮轮公司统领、协调和控制整个供应链的流程，以最大程度地发挥供应链这种新型管理模式的效用。邮轮旅行社立足基本的邮轮旅游产品的代理销售工作，通过高效、优质的服务与邮轮公司共同实现互利共赢。邮轮供应链中的供应商可以帮助邮轮公司节约许多时间和成本，使得邮轮公司获取最佳的供应资源，实现自身的经营目标。实施供应链管理要形成供应链合作伙伴关系，建立供应链的信任机制和激励机制，完善供应链的信息化建设。

思考题

1. 请解释名词：供应链管理、邮轮供应链、邮轮服务供应商。
2. 邮轮运营实行供应链管理有哪些作用？
3. 简述邮轮实施供应链管理的必要性。
4. 邮轮实施供应链管理的策略有哪些？

案例分析

基于供应链管理的大连邮轮岸上观光产业

近年来停靠大连港的邮轮数量呈不稳定的增长，甚至偶有缩减，并且大多停留时间较短，并不将大连作为主要游览地，大连港的作用主要是邮轮的补给和休整。但早在2004年，大连市已经意识到邮轮经济的发展前景，并开始筹划建设邮轮母港。规划中的大连国际邮轮中心位于东港区，占地面积305公顷，总长7千米，共有航道7条，人工航道最大水深达到13.5米，满足停靠世界超大型邮轮的需求。2011年8月，大连港国际邮轮中心南区项目暨大连港多元都会发展区改造项目举行奠基仪式，意味着大连邮轮母港建设进入新的实际阶段。而以东港区为中心的邮轮经济腹地，将整合诸如旅游景点、娱乐购物、餐饮休闲、交通运输、酒店住宿等元素，最终形成一套完整的岸上观光供应链管理模式。

自2011年起，以农家休闲和温泉为代表的大连生态游产业规模迅速壮大。为突出大连当地生态旅游特色，应高效利用邮轮4~6小时的靠岸时间，做好生态旅游的时间规划和内容安排。当地生态游必须融合当地特色，有关部门应积极培训相关人员提高接待素质。温泉旅游作为大连生态游的另一大招牌，因难以满足邮轮挂靠游览的时间安排，应将营销重心移向以大连为始发港和终点港的邮轮旅客，积极与相关酒店和旅行社进行项目合作，尤其是做好交通运输的接洽工作。

在邮轮消费者分类中，年轻消费者更倾向于选择娱乐型旅游项目作为岸上观光安排，而以主题公园和游乐场为代表的娱乐型旅游项目将吸引更多的年轻邮轮消费者。大连的三大主题公园分别为圣亚海洋世界、老虎滩海洋公园、发现王国，项目经过数年经营已成为全国著名的主题公园，能够相对成熟地应对旺季旅游高峰期接待工作。若要开发其邮轮岸上观光，必须使用新的交通运输方式。大连现今游艇产业发展迅速，可尝试将快艇作为海上运输工具，不仅能缩短路途时间，而且乘坐游艇本身就是一种相对崭新的娱乐项目。

除东港商务区规划的海洋购物区之外，大连最主要的两大商圈当属青泥洼商圈和西安路商圈。从商业类型来看，青泥洼商圈聚集了百货、地下购物、步行街、大型商场等不同需求类别。以大菜市为首的大连特产中心将作为本土购物招牌面对国际邮轮旅游的挑战。首先，从购物环境上看，大连本地的特产购物中心均存在脏乱差问题，是否能改善购物环境影响到对邮轮游客下岸购物的吸引力。再者，对于特产商品的质量把关、供应商监管、价格体系制定以及适当的定位划分和营销，也将对大连邮轮购物环境产生极大的影响。

此外，免税店作为国际邮轮旅客通常采用的购物方式，应当为大连发展邮轮购物提供新思路。从城市免税店布局上分析，机场作为航空枢纽，通常运营较为成熟的免税店。但由于机场在邮轮供应链中的不便利性、小相关性等因素，不得不将免税店运营转向市内区域。在今后的免税店布局中，应尝试将地点开设在东港区域，以增加其与邮轮经济的契合点，从而推动大连本地旅游购物创收。

一个良好的邮轮母港城市必须配备相对成熟的公共交通系统和流畅的道路空间，因此，不论从道路运力、公共交通方面还是从旅游运输方面，大连都需要不断细化改进。首先是道路运力问题。据统计，2011 年大连市机动车辆数量已突破 100 万，接近饱和状态，其衍生出的道路拥挤问题和交通事故情况日益严峻，所造成的延误影响将不利于大连发展长期邮轮旅游城市的规划。其次，大连公共交通的服务水平距国际一流仍有较大差距。例如出租车服务，存在严重的数量缺口，远远达不到作为国内一线旅游城市的服务运力水平，而且存在较严重的拼车和拒载现象，这些都归咎于出租车运营体制的不公和政府监管的不力。为解决公共交通问题，应联合多方研讨改善方案，提升交通服务软实力。再次，在城市旅游运输方面，大巴客运将成为旅行社接待邮轮旅客的主要方式。除此之外，大连汽车租赁公司近年来发展迅速，若旅行社以自营车队方式与租赁汽车方式相结合，则基本具备了当地旅行社接待邮轮旅客所需要的运载能力。现有旅行社整体运输运力基本满足接待要求，但旅行社应兼顾好邮轮旅游业务与其他旅游业务的运力分配，以避免在旅游高峰期出现供应缺口的情况。另外，整合旅行社与当地汽车租赁公司也十分重要，包括合作关系的建立、租赁汽车的合法性等。

大连市旅行社中办理国际旅行业务较少，而且中小型旅行社比例较多，运营效率较低，且经营项目分散，并存在不规范的问题。由于邮轮旅游刚进入大连不久，且不成体系，因此大多数当地旅行社无法找到邮轮挂靠规律，难以形成稳定的经营项目，也不会设立相应的接待邮轮旅客的服务。这就造成旅行社相关邮轮业务存在滞后性。为避免严重的滞后性，大连旅行社应首先做好内部的业务专业化和分工化，稳固企业运营的资金链，拓展业务范围，注重品牌建设，从而为今后的邮轮业务合作寻找契机。旅行社作为邮轮旅游岸上观光供应链中最重要的纽带，必须起到良好的衔接作用。这就要求旅行社储备多方合作资源，寻求建立多方战略联盟，不仅仅需要旅行社自身的付出，更需要其他要素诸如旅游景点、酒店、餐饮及相关政府部门的积极参与。

（资料来源：郭柳晨，贾彤，周依晨．基于供应链管理的大连邮轮岸上观光产业［J］．水运管理，2013，12：27–31+34.）

结合案例思考以下问题：

（1）大连邮轮旅游供应链有哪些组成部分？

（2）对于发展大连邮轮岸上观光供应链你有哪些建议？

第十二章

邮轮集团化经营管理

本章导读

邮轮旅游是一项高端旅游项目，过去几十年里，各大邮轮公司组织着自己所经营的船只往返于世界各地。伴随着邮轮业的快速发展，全世界的邮轮公司发展到近百家，并且分属于不同的邮轮集团。邮轮旅游业涉及食、住、行、游、娱、购等诸多方面，较适宜集团化经营，皇家加勒比游轮有限公司就是邮轮集团化运营的典型代表之一。全球领先的皇家加勒比游轮有限公司（Royal Caribbean Cruises Ltd.）总部位于美国迈阿密，在全球范围内经营游轮度假产品，旗下拥有皇家加勒比国际游轮（Royal Caribbean International）、精致游轮（Celebrity Cruises）、精钻会游轮（Azamara Club Cruises）、普尔曼游轮（Pullmantur）和 CDF（Croisieres de France）等游轮品牌，共有绿洲、自由、航行者、灿烂、梦幻、君主 6 个船系的 22 艘大型现代游轮，每年提供 200 多条精彩纷呈的度假航线，畅游全球近 300 个旅游目的地，遍及加勒比海、阿拉斯加、加拿大、欧洲、中东、亚洲、澳大利亚及新西兰等 70 多个国家和地区。2011 年 2 月，皇家加勒比国际游轮推出“阳光计划”，继续积极扩张船队规模。从一个小公司起步到如今的集团规模，皇家加勒比邮轮集团化经营具有单个邮轮企业无可比拟的诸多优势。

本章主要介绍邮轮集团化运营的相关知识，其中包括邮轮集团化经营管理相关概念以及当前邮轮集团化经营管理现状，讨论了邮轮集团化管理未来发展的趋势等。

第一节　邮轮集团化经营管理的概念

一、邮轮集团化经营管理的含义

企业集团是指由一定数量的企业以互相之间在经营方面形成的稳定协作关系为基础，在一个统一机构的协调下，依据一定原则组成的企业组织。集团化经营即是以母公司为基础，以产权关系为纽带，通过合资、合作或股权投资等方式把三个及三个以上的独立企业法人联系在一起。集团成员企业之间在研发、采购、制造、销售、管理等环节紧密联系在一起，进行协同运作的方式即为集团化运作或集团化经营模式。集团化经营有两层含义，一是指企业集团有很多"拳头"产业，它们各自的经营性质不同，主次也基本不分，但都是在同一旗号之下；二是指企业集团有一个主导产业和几个相关的辅助产业，为了进一步把企业做大做强，企业主动把经营链条进一步拆分，让各个链条之间实行虚拟市场化经营。集团化的这两层含义之间有区别，但也有联系。后者的虚拟市场化经营做好了，原先较为"单薄"的"链节"部分也能够成长壮大起来，这对于增强企业的综合实力和抗风险能力都是大有好处的。不论属于哪种情况，集团化经营对企业管理人员的素质要求更高了，这就需要对企业内部的业务流程重新进行规划和设计。

邮轮集团是以邮轮公司之间在经营方面形成稳定协作关系为基础，在一个邮轮经营机构的统一协调下，依据一定原则组成的组织。邮轮集团化经营以邮轮公司的产权为纽带，优势产品为龙头，骨干企业为核心，通过邮轮公司之间资产的合并、兼并、划转等途径，组成新的更大的邮轮合作集团，对现有存量资产进行重新配置，实现专业化、规模化经营，形成新的规模优势。

目前，全球主要有三大邮轮集团（嘉年华集团、皇家加勒比游轮集团及云顶邮轮集团）控制了全球邮轮旅游市场 80% 的份额。

通过表 12-1 可以发现，三大邮轮集团的市场分布可以从以下三个层面进行理解：首先，从邮轮集团总部所在的城市区位看，全球邮轮旅游市场的重心集中在欧美；其次，从八大邮轮公司航线分布的角度看，基本覆盖了全球国际邮轮；最后，从邮轮公司的客源市场配置看，发达国家城市居民中，家庭收入高、旅游经验丰富的度假游客是主要的市场服务对象。

表 12-1　全球三大邮轮集团及各自旗下主要邮轮情况

<table>
<tr><th>公司名称</th><th>简介</th><th>旗下品牌</th><th>邮轮类型</th><th>目标市场</th></tr>
<tr><td rowspan="9">嘉年华
邮轮集团</td><td rowspan="9">1. 世界最大邮轮集团，占全球邮轮市场 56% 的份额
2. 成立时间：1962 年
3. 总部：迈阿密
4. 船队：拥有 12 个品牌，100 艘邮轮
5. 航线：南北美、欧洲、英国、亚洲、澳大利亚</td><td>嘉年华邮轮</td><td>现代型</td><td>北美市场</td></tr>
<tr><td>公主邮轮</td><td>高级型</td><td>北美市场</td></tr>
<tr><td>荷美邮轮</td><td>高级型</td><td>北美市场</td></tr>
<tr><td>世鹏邮轮</td><td>豪华型</td><td>北美市场</td></tr>
<tr><td>冠达邮轮</td><td>高级型</td><td>欧洲，尤其英国市场</td></tr>
<tr><td>阿依达邮轮</td><td>现代型</td><td>德语市场</td></tr>
<tr><td>歌诗达邮轮</td><td>现代型</td><td>欧洲及南美市场</td></tr>
<tr><td>Ibero Cruceros</td><td>经济型</td><td>葡萄牙、西班牙语市场</td></tr>
<tr><td>P&O 邮轮</td><td>高级型</td><td>英国市场</td></tr>
</table>

续表

公司名称	简介	旗下品牌	邮轮类型	目标市场
皇家加勒比邮轮集团	1. 全球第二大邮轮集团 2. 成立时间：1969 年 3. 总部：迈阿密 4. 船队：拥有 6 个品牌，44 艘豪华邮轮 5. 航线：北美、欧洲、中东、亚洲、澳新等	皇家加勒比邮轮	现代型	北美市场
		名人邮轮	高级型	北美及欧洲市场
		精钻邮轮	豪华型	北美市场
		Pullmantour	经济型	西班牙语市场
		CDF	现代型	法语市场
		TUI 邮轮	经济型	德语市场
云顶邮轮集团	1. 全球第三大邮轮集团 2. 总部：香港 3. 成立时间：1993 年 4. 船队：12 艘 5. 航线：主要面向亚太、欧美	丽星邮轮	现代型 / 经济型	亚洲市场
		星梦邮轮	现代型	亚洲市场
		水晶邮轮	高级型	北美市场 / 世界巡航

通过表 12–1 可以发现，三大邮轮集团的市场分布可以从以下三个层面进行理解：首先，从邮轮集团总部所在的城市区位看，全球邮轮旅游市场的重心集中在欧美；其次，从八大邮轮公司航线分布的角度看，基本覆盖了全球；最后，从邮轮公司的客源市场配置看，发达国家城市居民中，家庭收入高、旅游经验丰富的度假游客是主要的市场服务对象。

二、邮轮集团化经营管理的优势

邮轮公司集团化经营管理与单体公司经营管理相比，具有诸多优势。

1. 规模优势

集团企业利用连锁、全球化、产业组合、平台搭建、控制标准等多种方法，资源共享，体现规模效应，节省成本和费用。邮轮产品有公共产品的性质，而且旅游活动涉及“食、住、行、游、购、娱”六个方面，增加客源和扩大经营范围都可以增加利润。邮轮旅游业中规模经济效益主要来自成本的节约、专属资产（信息、技术、品牌、管理）的转移、研发工作和人力资源的贡献。集团规模化容易形成垄断，从而产生垄断优势，邮轮旅游中的景区（点）、特殊服务设施基本上处于绝对垄断地位或寡头垄断地位，形成垄断市场，因此集团化经营可以获得更多的垄断利润。在同一旅游区域，集团可以借规模优势控制本区域内的大部分住宿设施或服务设施，或者提供具有垄断性的旅游产品，从而部分控制产品价格和原材料价格，获得垄断利润。在不同的区域中，集团可以借助品牌区分竞争者，提供不同于竞争者的产品，或投资游乐设施和景区（点），以获取高额利润。

2. 市场优势

游客在选择邮轮时往往是以邮轮集团的信誉形象作为依据。邮轮集团可以利用其品牌以及网络、广告宣传等方面的优势赢得市场、拓展市场、稳定市场并控制客流等市场资源。首先，邮轮集团利用本集团的声誉和名气易于产生名牌效应，形成品牌优势，吸引游客；其次，邮轮集团往往有先进的客源预订网络系统，集团所属邮轮公司均参与了这一网络，利用网络资源能得到更多的客户信息，争取到更多的客源；最后，邮轮集团还可以凭借自己的优势，并借助多家邮轮公司的力量，发行本集团的邮轮名录和有关宣传资料，这些资料可以在世界范围内广为传播，从而把广告的影响向尽可能大的范围扩展。

3. 经营优势

邮轮集团化经营能够相互借鉴各邮轮公司先进的管理经验，提供优质的管理和服务。邮轮集团经过多年的经营和总结，形成了一套先进、科学的管理方法和规范。集团的管理方案、设备、标准作为一种准则是各邮轮公司必须遵守的。邮轮集团可以利用本系统的信息网络，及时收集世界上各种先进的管理理论和方法，并传输给旗下各邮轮公司，还可以组织所属邮轮公司进行业务交流以相互取长补短。同时，邮轮集团化经营既有专业化也有多元化，为规避风险，许多集团采用多元化的经营方式。集团化经营可以有充足的资金拓展经营边界，或者只需凭借专属资产的输出来扩张集团势力。这种拓展与扩张可能在相关行业进行，这样许多邮轮运营集团就可以提供“食、住、行、游、购、娱”的多项服务。还有的则涉足运输业、房地产业等。由于邮轮旅游业的脆弱以及利益的驱动，经营邮轮旅游业的集团也可能经营和旅游业无关的行业，这种经营方式可能为整个集团带来高额利润，更重要的是分散了一部分经营风险。集团化经营的主要优势在于借助实力和品牌，采用多种资产运作方式拓展经营边界，整合资产，调整产品结构，从而有利于集团的发展。

4. 人才优势

21 世纪，人才是事业的根本。邮轮集团内部有自己的招聘和培养机制，有利于实现人才的流动和共享，建立有效的内部人才供应链，以保证员工的供应，提高员工的价值，强化企业整体价值的创造能力。而且，人才内部供应成本低，员工忠诚度高，文化渗透力强，便于实现低成本的人才培养。邮轮集团高素质员工的存在，则形成集团的英雄人物，使得集团的品牌性也更加突出，也能够吸引更多更优秀的员工加入，在社会上赢得好口碑。

第二节　邮轮集团化经营管理的现状

目前，全球已经有近百家邮轮企业，其中在国际邮轮协会登记的有 56 家。这 56 家邮轮公司中，各公司拥有的邮轮数量和载客能力差距很大。大的邮轮公司拥有数十艘邮轮，而最少的邮轮公司则只有一艘邮轮。在邮轮企业的竞争过程中，各邮轮公司的收购重组从未停止过。尽管目前，全球最大的三家邮轮公司——嘉年华邮轮、皇家加勒比邮轮以及丽星邮轮控制了全球超过 80% 的市场供给，但是，他们的经营模式却差异很大。

本节重点选择上述三家邮轮公司，分析其经营现状及经营模式。同时，由于作为欧洲市场上最重要的两大邮轮品牌——歌诗达邮轮和地中海邮轮，进入国内市场较早、发展较快，并且具有一定的经营特点，因此，本节也将这两家邮轮企业同时纳入经营现状及经营模式分析的范畴。

一、邮轮集团的经营现状和模式

1. 嘉年华邮轮集团

美国上市公司嘉年华邮轮集团成立于1972年，总部位于美国佛罗里达州的迈阿密市。嘉年华邮轮以“Fun Ship”（快乐游轮）作为主要的产品诉求来区别丽星邮轮等竞争对手，现在已经发展成为全球第一的超级豪华邮轮公司，拥有28 000名船员和5000名员工，被业界誉为“邮轮之王”。作为美国上市公司（简称CCL），嘉年华邮轮集团为世界各地的游客提供了优质的服务。

（1）持续不断的全球并购扩张

公司于1987年上市，并以首发资金动力迅速扩张。嘉年华邮轮集团先后收购了荷美航运、熙邦、歌诗达、冠达、阿依达、铁行等多家著名邮轮公司。其中，荷美邮轮是世界上历史最悠久的邮轮公司之一，歌诗达邮轮则是意大利最大的邮轮公司，冠达邮轮曾是英国最大的邮轮公司，阿依达是德国最大的邮轮公司，铁行邮轮是当时世界第三大邮轮公司。并购以后，嘉年华邮轮数量由最初的10多艘增加到现在的100艘，成为全球最大的邮轮船队，占有全球近一半的市场份额。

（2）旗下品牌独具特色

嘉年华邮轮作为全球第一大邮轮公司，旗下品牌众多，这些品牌互为补充，业务几乎覆盖邮轮业的每个细分市场。嘉年华的邮轮旅游产品包括现代、优质、豪华等多种类型，可以满足多种口味和价格偏好的客户需求，并且嘉年华旗下的品牌可以满足不同的文化需求，为游客提供多种语言服务。北美市场仍是嘉年华邮轮传统和最重要的市场区域，但近年来，嘉年华邮轮一直致力于对潜在市场区域的培育和发展。欧洲市场由于近年来一直保持着高速增长的势头，市场前景较为明朗。嘉年华市场开拓的主要方式是增加运力配置，增加运营的新邮轮。对于亚太市场，嘉年华仍采取较谨慎的扩张方式，主要依靠逐步增加运力的调配而不是在该区域投入新船，这样可以减少运营风险，并按照市场热点进行合理甄选。嘉年华邮轮母公司以欢乐为主题，子品牌则保留各自经营特色。例如，歌诗达邮轮保持纯正的意大利风格，冠达邮轮以英伦风格提供王公贵族式服务，阿依达邮轮主要为德国年轻人设计等。因为邮轮旅游的重游率非常高，所以游客乘坐一艘满意的邮轮后，可能会再次选择同一艘邮轮，而不一定会轻易选择其他品牌。嘉年华邮轮不仅能依靠众多的品牌吸引不同的游客，还能挽留住大部分的重游人士，这是其经营模式的一大特点。

（3）集团性、统一化的成本控制

嘉年华邮轮在经营过程中虽然保持旗下各品牌的经营特色，但是对集团化经营容易出现的成本浪费进行了严格控制。各子公司负责人由总部统一选派，一般都是子公司当地的管理者，熟悉本地市场环境。每位负责人都具有高度的责任心，像管理家族企业一样竭尽全力，这在如此大的集团内部是难能可贵的。对于新邮轮的设计和建造，嘉年华邮轮实施标准化管理，通过联合采购，集团每年可以节省约 1 亿美元的资金。对于产品的销售和营销，嘉年华邮轮采用统一的预订网站，让游客通过条件筛选选择心仪的航线、邮轮和船期。为进一步降低成本，嘉年华邮轮还考虑将旗下的营销部门进一步整合，以获得最大限度的规模效益。

嘉年华邮轮是全球最大也是最成功的邮轮集团，欢乐是航线的总理念，旗下的每艘轮船都有不同的主题。在拥有北美地区 1/3 的邮轮游客份额以及规模化的情况下，其在全球邮轮业的霸主地位很难撼动。

2. 皇家加勒比邮轮集团

皇家加勒比游轮公司（简称 RCCL）是世界第二大邮轮公司，公司成立于 1969 年。公司的创始人是 Arne Wilhelmsen 和 Edwin Stephan。公司在 1970 年投入了第一条邮轮“挪威歌曲”号。发展至今，每年的营业额达 40 亿美元，拥有 28 艘世界级豪华邮轮，在全球上万个地方都有邮轮的停泊港。

（1）清晰的经营理念和品牌定位

皇家加勒比邮轮主要以奢华的邮轮设计和细致周到的管家式服务吸引高层次消费群体，公司的定位是走高端路线。公司自 1969 年成立以来，通过不断的合作收购走集团化市场垄断道路，旗下的精致邮轮更是一开始就明确高层次的市场定位，总共 10 艘邮轮每艘都极尽奢华，充分体现贵族风格。皇家加勒比通过在豪华邮轮基础上提供人性化的贴身服务，使游客真正得到尊贵的享受。由于公司市场定位高端，比较符合美国人的邮轮消费观念，因此，其 50% 以上的市场份额都在美国本土。金融危机后，定位高端的皇家加勒比邮轮损失惨重，公司计划将 50% 以上的市场定位于欧洲、亚洲和南半球。同时，未来几年，公司将放缓新运力投放市场的速度，保持供需之间的平衡和稳定，以获得有利的定价权。

（2）不断追求技术和服务创新

皇家加勒比对技术和服务创新的追求可谓不遗余力。1969 年成立至今，皇家加勒比在全球邮轮历史上留下了光辉灿烂的足迹，旗下多艘大型邮轮凭借史无前例的吨位、大胆创新的设计屡屡打破世界邮轮纪录。2011 年 2 月，公司推出“阳光计划”，积极扩张船队规模，全力打造 2 艘新一代邮轮。凭借多年丰富的经验和独步业界的创意，公司在新一代邮轮设计中凝聚了现有邮轮中最出色的创意，并在此基础上增加了新的活动和娱乐理念。在服务方面，公司不断推出新的船上娱乐项目，为游客创造更加丰富多彩的船上活动。

（3）重视健康、安全和环保理念

皇家加勒比致力于保护游客和雇员的健康、安全，同时，通过高效地利用资源把对环境的负面影响降到最低限度。作为该目标的一部分，公司内部建立了一个统一的部门来监测全球安全，包括海事安全、医疗和公共健康以及环保安全。该部门由不同领域的致力于提高公司应急响应水平的技术专家组成。皇家加勒比在邮轮上安装了技术先进的废水处理装置，并且还在不断地投资新技术，例如在邮轮公共场所安装摄像头以及在最新的邮轮上利用太阳能等。公司开展的“拯救波浪”行动聚焦于环境影响最小化，并为“海洋绿洲”号收到的大量“绿色”赞美而自豪。作为全球第二大邮轮公司，近几年来，皇家加勒比一直保持着相对较好的经营绩效，营业收入整体保持上升趋势。但从 2011 年利润率（净利润 / 营业收入）水平来看，皇家加勒比仅是嘉年华的 1/2 左右，可见公司销售成本比较高，盈利能力有待提高。同时，受金融危机影响，皇家加勒比营业收入和净利润出现大幅度下滑，其中净利润下跌超过 70%，这在邮轮公司历史上较为罕见。而同期，嘉年华邮轮净利润仅下跌 20%，丽星邮轮虽然自 2006 年以来一直处于亏损状态，但是 2009 年较 2008 年净利润亏损额反而降低。由此可见，皇家加勒比在经营过程中的风险控制能力尚待提高。

3. 云顶邮轮集团

云顶邮轮集团（Genting Cruises Line）是全世界第三大的邮轮公司，主要是以亚太地区作为经营领域，规模上仅次于嘉年华公司（Carnival Corporation & plc）与皇家加勒比（Royal Caribbean）。除了核心企业的丽星邮轮（Star Cruise）之外，该公司还拥有星梦邮轮（Dream Cruise）和水晶邮轮（Crystal Cruise）。整个集团的航线遍及亚太区、南北美洲、夏威夷、加勒比海、阿拉斯加、欧洲、地中海、百慕大及南极。

（1）崭新的经营理念

丽星邮轮成立于 1993 年，在短短的 20 年间能拥有雄厚的实力，应归功于其崭新的经营理念。丽星邮轮以亚洲为主要目标市场。丽星邮轮成立之初，邮轮旅游在亚洲尚未兴起，丽星邮轮并没有效仿市场上大部分邮轮公司设计建造或租赁北美、欧式邮轮的做法，而是特别为亚洲旅游人士创立“自选海上假期”概念，并为亚洲邮轮游客设计了一整套崭新的旅游产品。这套旅游产品有适合亚洲人饮食及娱乐习惯的活动，包括充裕的观光、购物时间及品尝地方美食等，还配上国际级的服务及短程的邮轮航线。并一改通常认为邮轮旅游只适合老年人上的概念，成功建立了老少皆宜的邮轮旅游品牌，在当时的邮轮旅游业中是一大创新和突破。之后，丽星邮轮的发展证明了其差异化的市场定位（主要针对亚洲市场游客）的正确性，其优质的服务赢得了亚太地区服务业最高标准的荣誉，同时丽星邮轮业务逐渐发展壮大，占据了亚洲邮轮市场领导者的地位。对于不成熟的亚洲市场而言，这种差异化的市场定位具有一定的经营风险，随着国际邮轮旅游中心逐渐向亚太地区转移，丽星邮轮同时面临着机遇和挑战。挑战主要是指排名世界前 2 位的邮轮公司对亚洲市场的关注和投入给丽星邮轮带来的竞争压力。

（2）多元化的经营业务

丽星邮轮于 2009 年 10 月更名为云顶香港有限公司，此次更名不仅仅是公司名称的简单更改，更主要的是配合公司的经营策略。云顶香港除经营邮轮及相关主营业务外，多元化发展陆上综合度假胜地及娱乐业务，以创造世界级的娱乐和休闲体验为使命。云顶香港进军陆上的首个项目——云顶世界在2010年首个全面运营年取得的总收益达到3.56亿美元，与丽星邮轮3.89亿美元的收益相当，可见陆上产业在公司占有重要的地位。另外，近几年丽星邮轮博彩收入占邮轮总收入约60%，远高于嘉年华和皇家加勒比邮轮博彩收入占邮轮总收入的比重。丽星邮轮部分高管具有博彩管理经验，公司还在澳门等地投资设有赌场的精品式酒店，邮轮博彩业务在该公司业务中具有非常重要的地位。丽星邮轮自2006年以来一直处于亏损状态，一方面源于亚洲市场尚处于起步阶段，另一方面源于公司对陆上酒店等项目的不断投资。值得关注的是，金融危机后，尽管来自其他运营商的竞争加剧，并且受到经济持续下滑的影响，公司亏损额却开始大幅度减少。这主要归结于公司经营策略的快速调整，如进行季节性航线和船舶调整，开拓台湾等新邮轮市场，同时大力进军陆上旅游产业等。2010年后，随着陆上项目的大举成功，受邮轮市场回暖及严格的成本控制等因素刺激，公司开始扭亏为盈。

4. 地中海邮轮

地中海邮轮（MSC Cruise）总部位于意大利那不勒斯，并在意大利其他主要城市如米兰、威尼斯、热那亚、罗马、巴勒莫、巴里以及亚洲如日本、中国香港等地开设办事处。该公司极具竞争力的现代化邮轮为旅客提供了多种路线及产品选择，并可提供高水平的最具意大利特色的热情服务，被公认为是最主要的意大利邮轮公司。地中海邮轮为旅客提供最佳的意大利风格邮轮假期，推出的产品于现代国际标准设施及别树一帜的特色中得到更多支持。

（1）特色风格

地中海邮轮以最纯正的地中海风格著称，反映在地中海邮轮低调奢华的设计和热情好客的传统上。地中海邮轮在地中海及南非、巴西邮轮市场保持领导者地位，同时，在世界范围内提供季节性航线。地中海邮轮为意大利家族企业，截至目前，在全球43个国家拥有雇员。地中海邮轮拥有由11艘邮轮组成的世界上最现代化的邮轮船队。地中海邮轮自2003年开始，为世人呈现了一个打造世界最现代化船队的计划，这个计划的造船总投资已经超过55亿欧元。地中海邮轮十分重视健康、环保和社会责任，被授予“清洁邮轮2级”奖项，奖励公司在空气、水和污染物处理方面的成就。在社会贡献方面，地中海邮轮已经与联合国儿童基金会合作，启动了一项助学计划，帮助巴西贫困儿童重返校园。

（2）社会责任

地中海邮轮作为一家国际化公司，在不断拓展业务的同时，也为环境保护领域做出不懈努力。在海洋生态系统的保护，以及乘客和船员健康安全方面获得了一系列奖项及证书。地中海邮轮是由国际认证机构法国船级社（Bureau Veritas）授予的第一家获得“六金珍珠奖”环保奖项的邮轮公司。能够被授予清洁邮轮这个独特奖项，需要达到两项船级指标，分别是先进的空气、污水和废物处理系统。除此之外，地中海邮轮还获得了ISO14001（环境管理）、ISO 22000（食物安全证书）和OHSAS18001（健康安全管理）认证。船队中的旗舰邮轮MSC Splendida“辉煌”号满足了法国船级社（Bureau Veritas）

志愿节能设计的所有要求；其他官方认证包括绿色星球奖（环保型设施），CIAL 奖（铝回收）等。而所有岸上及船上食品质量安全则通过了 ISO9001 及 ISO22000 官方认证。

地中海邮轮还是首批签署威尼斯蓝旗协议——在威尼斯潟湖减少排放的公司，同时，与罗马及热那亚港口政府也签署了类似协议，目的是控制二氧化硫排放在法律规定内的最低标准内。为了贯彻执行企业的社会责任理念，地中海邮轮在 2009 年与 UNICEF（联合国儿童基金会）展开合作，开启“为了孩子而乘坐邮轮”项目，旨在帮助巴西 126 个贫困地区的弱势儿童及青少年获得更好的教育。迄今为止，该项目已筹集了 100 万欧元善款。

（3）尊享体验

地中海邮轮以地中海传统而自豪，并以出色服务及精湛设计而享有名誉。船队在内外装饰设计上的创新，获得了国际著名的 De Jorio Design 建筑设计奖。在船上，地中海邮轮提供融合地中海风味及世界各地佳肴的美食体验。地中海邮轮不断提升其高品质的奢华服务。开创性举措包括设立 MSC Aurea Spa 水疗美容中心，一个巴厘岛式按摩中心，以及只在三艘旗舰邮轮上提供的专属区域——MSC Yacht Club 贵宾套房。选择该套房的乘客能够享受到“船中船”的奢华专享设施，和 24 小时私人管家服务等特权。

5. 歌诗达邮轮

歌诗达邮轮（Costa CruiseLines），起源于 1860 年的 Costa 家族，名字源自创始人贾西莫·歌诗达先生（Giacomo Costa），有着悠久而辉煌的历史。以“意大利风情”（Cruising Italian Style）为品牌定位的意大利歌诗达邮轮公司是欧洲地区最大的邮轮公司。歌诗达邮轮的足迹遍布除亚洲以外的几乎任何一个地区，而 2006 年来到中国后，可以称得上是填补了全球版图上的最后一块空白。

歌诗达邮轮集团成立至今已有逾 60 年历史，是欧洲排名第一的邮轮公司。歌诗达邮轮拥有欧洲最大、最先进的邮轮船队，包括 16 艘已经开始使用的邮轮。歌诗达的每一艘邮轮都拥有自己鲜明的特色和独特的风格，所有的邮轮只悬挂意大利国旗。歌诗达邮轮的定位不是奢侈品而是一种适合大众的新生活方式。在歌诗达邮轮上，游客能够体验到与常规旅游不同的经历和享受，每个人都能找到适合自己的空间和体验。歌诗达邮轮十分注重安全和环保，通过意大利船舶联合会 BEST4 系列认证，包括关于企业自觉遵守社会责任的最高标准认证、环境认证、安全认证等。

但是，2012 年 1 月 13 日发生在意大利海岸的“协和”号沉船事故给公司经营造成一定的打击，导致公司营业收入和利润开始下滑。

歌诗达邮轮于 2006 年首次开启以中国为母港运营的国际邮轮航线，成为首家进驻中国的国际邮轮公司。歌诗达邮轮自进入中国市场以来，营运业务呈现快速增长势头。作为首家进军中国以及首家在上海设立独资公司的国际邮轮公司，歌诗达邮轮经过 14 年对中国市场的投入和培育，已经成为中国市场稳居第一的邮轮公司。目前在中国运营的邮轮有“大西洋”号、“新浪漫”号、“赛琳娜”号和“威尼斯”号，歌诗达邮轮为中国市场量身订购的 Vista 级的大型邮轮“佛罗伦萨”号将于 2020 年 12 月进入中国，为更多国内游客带来新“意”代的游客体验。

二、邮轮集团的共性与个性分析

1. 共性

虽然上述国外邮轮企业经营模式各有特点，并且各邮轮企业之间差异很大，但是通过对比可以发现，各邮轮企业具有以下共同点：

第一，虽然邮轮企业规模差异很大，但是都追求规模效益，不断降低经营成本和经营风险；

第二，各大邮轮企业都有准确的市场和品牌定位，并且突出其品牌特色，提高游客忠诚度；

第三，虽然在营销渠道上旅游代理商的作用十分重要，但邮轮公司网络营销和统一营销力度仍在不断加大；

第四，邮轮企业目前盈利大多来自船票收入，但是船票外收入所占比重正逐渐上升，并且这种趋势将越来越明显；

第五，国外邮轮企业非常注重健康、安全和环保经营理念，具有完善的经营保障体系和高度的社会责任感。

2. 个性

不同邮轮企业的经营模式具有不同的特点。作为全球最大和盈利最多的邮轮企业，嘉年华邮轮走规模化发展道路，以此降低全球范围内的经营成本，在牢牢把握北美市场的同时，谨慎拓展欧洲和亚洲市场。虽然嘉年华集团旗下子公司众多，但是各子公司依然保持各自的经营风格，提高顾客忠诚度，防止原有客源的流失。皇家加勒比邮轮虽然也走集团化发展道路，但是其突出高端、奢侈的特色，以无可比拟的优质服务吸引回头客和新游客，游客品牌忠诚度很高。丽星邮轮走特色化发展道路，凭借其独特的市场定位和经营理念稳占亚洲市场，同时走多元化发展道路，经营陆上旅游产业，分散经营风险，扩大盈利来源，邮轮博彩收入占其公司总收入很大比例。歌诗达邮轮定位于大众旅游，以独特的意大利风格及高度的环保和社会责任感吸引游客。地中海邮轮打造世界最年轻的船队，以独特的地中海式风格及高度的环保和社会责任感热情待客。

第三节　邮轮集团化管理发展趋势

一、邮轮集团经营管理的趋势

1. 邮轮集团出现大型化趋势

现代意义上的邮轮公司诞生于 20 世纪 60 年代，经过几十年的发展，邮轮公司越来越多，船只遍布世界各地，邮轮新品牌不断浮现。嘉年华邮轮成立于1972年，早期通过收购和改造货运邮轮扩大自己的运载能力，并在十年后大量购买新邮轮，通过收购其他邮轮公司迅速扩张，并在2003年与英国最大的公主邮轮公司合并成为世界最大的邮轮公司。近几年更是不断发展，据英国媒体2016年1月5日报道，美国嘉年华邮轮集团日前表示，已经和意大利造船企业Fincantieri签署协议，后者将为其建造4艘豪华邮轮。2009年11月10日，为了配合公司的业务策略，丽星邮轮有限公司更改为云顶香港有限公司，云顶香港除经营邮轮及邮轮相关的主要业务外，亦多元发展陆上综合度假胜地及娱乐业务，扩大了企业的业务范围和规模。嘉年华集团自成立以来的不断扩张和丽星邮轮有限公司的更名，都反映了邮轮集团日益扩大的趋势。

2. 邮轮经营涉及的市场面越来越广

进入20世纪后期以来，世界邮轮旅游市场快速发展，垄断势力不断增强。从客源结构看，邮轮游客与非邮轮游客越来越相似，邮轮旅游市场出现大众化趋势。从邮轮旅游的空间结构看，世界邮轮市场正在从欧美向亚太地区转移。以往，相对于欧美邮轮业务的风光，亚洲处于邮轮产业链的末端，仅作为邮轮在欧洲冬季挂靠港的一个第二选择。如今，风光旖旎的亚洲各大港口对需求日益多样的邮轮旅游来说，越来越有着巨大的吸引力，市场逐渐从欧美地区向亚洲扩散。更引起各大邮轮经营商注意的是，在欧洲与北美经济受到金融危机影响时，亚洲旅游经济仍呈强劲的增长势头，其中对邮轮产品的购买力更不容忽视。财经媒体CNBC报道，鉴于中国邮轮旅客人数连年成长，亚洲邮轮业已成为全球最具潜力的市场。从2012年起，亚洲邮轮旅客人数平均每年增加34%，而在此期间，中国旅客人数更以惊人的79%年增幅持续成长。

3. 邮轮旅游主题化逐渐显现

邮轮运营和酒店类似，主题邮轮产品早在邮轮业之初就已存在，但其成为邮轮公司开发和营销的重点则始自20世纪80年代。在市场竞争日益激烈和邮轮需求日趋多样的环境下，为适应特定消费群体的旅游需求，开发主题化的邮轮产品以形成差异化成为邮轮公司获得竞争优势的利器之一，主题化邮轮旅游也成为世界邮轮市场中热销的产品。如嘉年华公司推出了“魅力海上读书”活动，邀请畅销书作者与游客同船旅游，共同讨论书中精彩的情节。皇家加勒比游轮公司在邮轮上推出了运动型的项目，如高尔夫爱好者可以打轻击球，热衷攀岩的人可以参加攀岩活动，为游客的旅行增添了许多乐趣。此外，一些邮轮公司为儿童准备了各种游戏活动，为年轻人准备了舞会，为成年人提供享受水疗和室内运动项目或专题讨论会等。在主题化邮轮产品热销的趋势下，依托鲜明主题，按照主题公园的模式与思路进行经营，也成为当前全球邮轮公司新兴的经营模式。

知识链接

十大最有意思的主题邮轮

搭乘一艘邮轮，自由地徜徉在万顷碧海中，在一望无际的碧海蓝天中放空自己，忘记一切的烦恼和担忧，还有什么事能比这更有意思吗？当然有，那就是同一群爱好相似的人一起搭乘邮轮！而主题邮轮就能满足我们的愿望：不仅能够畅游海洋，还能结交朋友，找到志趣相投的伙伴。近日，美国雅虎新闻网就为我们盘点了十大最有意思的主题邮轮，看看其中是否有你中意的呢？

（1）巫师主题邮轮。你是否曾经幻想过和一些著名的巫师一起出海？如果有，那么机会来了：2015 年 5 月，将有 4 名分别来自澳大利亚和新西兰的巫师从悉尼出发，搭乘一艘主题为“释放心灵”的嘉年华精神号邮轮（Carnival Spirit Cruise），行程将持续 8 个晚上。除了听听他们的研讨会，满足自己的好奇心之外，同巫师们出海最大的好处就是不必提心吊胆。假如连他们都不担心邮轮会出现一些意外或者事故，那么你就更不必忧心啦。

（2）“装修兄弟”主题邮轮。乔纳森·斯科特（Jonathan Scott）和德鲁·斯科特（Drew Scott）是加拿大电视台“装修兄弟”（Property Brothers）真人秀节目中的明星和装修大师。2015 年 11 月，这对大受欢迎的兄弟组合将搭乘主题为“和斯科特兄弟一起出海”的嘉年华神往号（Carnival Ecstasy）邮轮，邮轮行程为 4 天，从迈阿密出发，在基韦斯特（Key West）和墨西哥的科苏梅尔岛（Cozumel）均有停靠。在旅程中，这对兄弟将和粉丝一起互动，并且会分享一些家庭装修的秘诀。

（3）埃尔维斯主题邮轮。2015 年，在以“和猫王一起出海”为主题的皇家加勒比邮轮（Royal Caribbean）上，“猫王”埃尔维斯的粉丝组织了一系列活动。在邮轮上，你可以见识到不少猫王的模仿者，他们凭借自己对偶像的喜爱向人们展示了不同时期的猫王。另外，邮轮上还举办“像猫王一样歌唱”的活动。据悉，下一艘以“和猫王一起出海”为主题的邮轮是海洋领航者号邮轮（Navigator of the Seas），它将于 10 月 18 号从美国得克萨斯州的加尔维斯敦（Galveston）出发，旅程将持续 7 个晚上。而再下一艘以纪念猫王 81 岁生日为主题的邮轮将于 1 月 9 号从劳德代尔堡（Fort Lauderdale）出发，主要游览的地方是东加勒比海。

（4）棒球主题邮轮。2015 年冬天，将有两艘以棒球为主题的地中海邮轮扬帆起航。据了解，这两艘邮轮行程为 7 天，将从迈阿密出发，航行中将经停圣马丁（St. Maarten）、圣胡安（San Juan）和巴哈马群岛（the Bahamas）。另外，一些美国职业棒球大联盟的前队员也会一同出行。他们会对游客进行一些教学指导，赠送亲笔签名并且分享一些自己的故事。加利·彼得斯（Gary Peters）、兰迪·亨德利（Randy Hundley）和肯·小葛瑞菲（Ken Griffey Sr.）将登上 2 月 21 号出行的邮轮，而托比·霍尔（Toby Hall）和弗兰克·霍华德（Frank Howard）则会助阵 3 月 7 号出行的邮轮。

（5）尊巴舞主题邮轮。假如你想在旅行结束的时候收获一个更加苗条匀称的体型，那么你绝对不能错过尊巴舞主题邮轮。3 月 23 号，以通过尊巴舞健身为主题的海洋光辉号邮轮（Brilliance of the Seas）将从坦帕（Tampa）出发，前往科苏梅尔岛。在历时 4 天的航行中，你可以参与众多的尊巴舞相关活动，其中包括学习尊巴舞的课程。

（6）新英格兰爱国者队球迷主题邮轮。在不久前刚刚落幕的超级碗比赛中，新英格兰爱国者队赢得了冠军。胜利的喜悦尚未褪去，庆祝会还将在 3 月 15 号出航的精致嘉印号（Celebrity Silhouette）继续。此次的邮轮航行将持续 7 个晚上，主要游览的地方有圣胡安、圣基茨（St. Kitts）和圣马丁。爱国者队的前队员斯科特·佐拉克（Scott Zolak）、彼得·布洛克（Peter Brock）、乔·安德鲁兹（Joe Andruzzi）、帕翠克·帕斯（Patrick Pass）和斯蒂夫·尼尔森（Steve Nelson）将会登船和球迷一同分享胜利的喜悦。不仅如此，航行期间，球迷们还将有机会同专业的队员们进行一次足球比赛。

（7）西雅图海鹰队球迷主题邮轮。除了新英格兰爱国者队，连续两年挺进超级碗决赛的西雅图海鹰队也将为球迷们组织一次主题邮轮旅行，不过，这艘邮轮上球迷的心情恐怕没有前者那么激动开心。据了解，以海鹰队球迷为主题的皇冠公主号邮轮（Crown Princess）将于 6 月 20 号从西雅图起航，主要游览阿拉斯加地区。同样，球迷主题邮轮上自然少不了前队员的助阵，届时队员们将同球迷见面并接受他们的提问。

（8）《鸭子王朝》主题邮轮。《鸭子王朝》的粉丝们注意啦！罗伯森家族（The Robertson family）将于 10 月 22 号同粉丝们一同搭乘从迈阿密出发，前往巴哈马群岛的嘉年华成功号邮轮（Carnival Victory）。到时候，菲尔（Phil）、凯小姐（Miss Kay）等其他罗伯森家族成员会和粉丝们分享在真人秀节目工作的故事并回答粉丝们的问题。除此之外，李·格林伍德（Lee Greenwood）和瑞奇·斯卡格斯（Ricky Scaggs）作为名人嘉宾，也会一同登船。

（9）“与明星共舞”主题邮轮。荷美邮轮公司（Holland America）将重新组织举办以“与明星共舞”为主题的邮轮旅行。此类主题邮轮上会有舞蹈教学活动，并且可以观赏专业舞蹈演员和明星们的表演。曾经出席过的名人包括莱西·修蒙（Lacey Schwimmer）、德里克·霍夫（Derek Hough）和肖恩·乔纳森（Shawn Johnson）等。不过主题游轮上最重要的活动是舞蹈竞赛，而在各个邮轮的舞蹈竞赛上获胜的冠军将于第二年 1 月相聚在荷美邮轮新阿姆斯特丹号（ms Nieuw Amsterdam），为了奖杯再次展开角逐，尽情展现优美的舞蹈。

（10）乡村音乐主题邮轮。10 月 23 号从迈阿密出航的挪威天空号邮轮（Norwegian SKY）上将会举办一次乡村音乐节。届时，乡村音乐家尼尔·麦考伊（Neal McCoy）将担任主持。在为期 7 天的旅程中，将有超过 30 位的歌手倾情献唱，包括汤普森广场乐队（Thompson Square）和乔·尼古拉斯（Joe Nichols），总计会有 80 到 100 个节目。除了节目表演，该主题邮轮还准备了问答环节和队列舞活动。

（资料来源：环球网，http://go.huanqiu.com/html/2015/tips_0210/8717.html，2015–02–10）

4. 航线设计市场针对性更强

面对市场的需求，短程化和近岸游开始增多。邮轮旅游的日程变化幅度大，从历史数据来看，有长达一百多天的环球航游也有仅停留一日或一夜的短程近海巡游。基本上可将其分为四种类型：环球游、远洋游、区域游和近岸游。根据 1985 年至 2002 年间前两类邮轮旅游类型统计的结论可知，环球游平均航期为 100 天，远洋游为 60 天。另外，根据世界各大邮轮公司的航线数据，区域游的航期平均为6~7天，而近岸游则平均为2~3天。在上述四类邮轮旅游类型中，环球游和远洋游所占比例很小，仅为1%左右，区域游所占比例最大，历年来约占到60%左右。近岸游的比例则在近年来一直呈上升趋势。综合来看，导致这种趋势的主要原因有三个：一是自“9.11”恐怖袭击后，人们普遍存在对远程旅游安全性的担忧，因此倾向于避免跨洋航游，而参加近岸旅游；二是虽然停靠港的旅游吸引物仍是促使人们参加邮轮旅游的一个重要因素，但在邮轮巨型化和功能多样化的趋势下，邮轮本身作为一个终极目的地的观念更加深入人心，因此，一些仅在周边海域航游而不停靠任何港口的邮轮产品日益增加；三是邮轮公司为吸引新的客源市场，特别是亚太等新兴经济体内的客源市场，开发出一些旨在提供尝试性体验的短程航游产品。

5. 联营化趋势

邮轮旅游联营化指的是邮轮公司与旅游经营商、交通服务提供商（陆路和航空）、旅游港口等相关企业形成较为紧密的合作关系，共同为游客提供一体化的邮轮体验服务。这种运营模式首先且主要体现在交通体系方面，即邮轮公司开办飞机—游船、铁路—游船、汽车—游船等多种方式的联运业务。比如，英国公主邮轮公司与其主要客源地美国的140多个城市及加拿大的11个城市的航空公司建立联运业务关系，使旅游者在上下游船当天能够免费享受机场接送服务，为游客乘船旅游提供了极为便利的条件。随着邮轮产业的进一步发展，联营化特征也逐步扩展至其他业务内容，如有些邮轮公司开始购买海岛，开发岸上旅游观光产品。

6. 船舶建造巨型化和功能多样化

鉴于邮轮产业的规模经济特征以及满足旅游者多样化需求的考虑，国际邮轮企业所购置的船只越来越趋向大型化及内部功能的多样化。以皇家加勒比为例（见表12–2），从邮轮吨位来看，从20世纪80年代建造的邮轮单船平均达2.6万总吨、776客位，至90年代建造的邮轮单船平均6.5万总吨、2100客位，再到2000年后建造的邮轮单船平均9.09万总吨、3400客位，船舶的吨位显著增加。其中皇家加勒比2018年首航的“海洋交响乐”号是目前世界上最大的邮轮（22.8万吨）。在邮轮巨型化的同时，邮轮功能也日趋多样化，推出众多创新性产品。目前，除了传统的酒吧、咖啡厅、免税商店、夜总会、健身中心、图书馆、会议中心、豪华赌场、游泳池、青少年中心外，很多邮轮还设置有高尔夫球场或练习场、保龄球馆、篮球馆、排球馆、网络咖啡吧、滑浪池、攀岩墙、滑冰场等设施。

表12–2　皇家加勒比船队船名及部分信息

船名	下水时间	载客量（人）	吨位（吨）
“海洋帝王”号	1992年	2744	74 000
“海洋光辉”号	2002年	2501	90 090
“海洋绿洲”号	2009年	5400	225 000
“海洋量子”号	2014年	4180	167 800

二、对中国邮轮业发展的启示

上述关于邮轮旅游的产业特征与发展趋势的分析，对有意于开发邮轮旅游的国内港口城市和企业有很强的启示意义。

1. 组建邮轮公司，实行自主经营

当前，我国邮轮市场刚对外开放不久，市场竞争环境相对简单，是国内邮轮企业起步并发展的大好时机，应抓住机遇，组建本国的邮轮公司，加入日益兴起的邮轮市场。我国邮轮企业要借鉴丽星邮轮、歌诗达邮轮和地中海邮轮的市场定位方式，在起步阶段力量比较薄弱的情况下，定位于国内这个潜在的巨大邮轮消费市场，充分发挥本土优势，站稳国内邮轮市场领导者的地位。从目前国内邮轮企业所处的市场环境以及对邮轮企业管理者的调研结果来看，国内邮轮企业只要抓住国内邮轮市场特点，设计符合国内邮轮游客的旅游产品，制定本土化的营销策略，在与外资邮轮企业的竞争过程中必将具有非常大的竞争优势。

2. 加强邮轮公司管理，实行联营合作

目前，国内邮轮企业仍处于起步阶段，面临诸多现实经营问题，例如目标市场定位、富有特色的邮轮旅游产品设计、邮轮旅游营销渠道和策略及盈利模式设计、经营保障体系创建等。国内邮轮企业之所以起步较慢，或者迟迟不投入市场运营，最主要原因就是尚未妥善处理好上述问题。因此，邮轮企业应基于企业所处的内外部环境，解决邮轮企业经营过程中出现的现实问题，并不断优化改进，提高邮轮企业经营管理水平。国内邮轮企业要具有敏锐的嗅觉和洞察力，能够根据市场环境的变化，不断调整、创新经营模式。同时，邮轮企业之间要加强联营合作，实现集团化经营，形成规模化的优势。

3. 邮轮公司要合作共赢，拒绝不良竞争

随着国内邮轮市场的不断发展，国内邮轮企业面临的市场环境将越来越复杂，竞争者也将越来越多，为了应对外来竞争，实现邮轮企业的长期可持续发展，邮轮企业之间要相互合作，谋求共赢，杜绝恶性竞争，以抱团取暖方式应对国际竞争。

本章小结

邮轮集团是以邮轮公司之间在经营方面形成稳定协作关系为基础，在一个邮轮经营机构的统一协调下，依据一定原则组成的组织。邮轮集团化经营以邮轮公司的产权为纽带，优势产品为龙头，骨干企业为核心，通过邮轮公司之间资产的合并、兼并、划转等途径，组成新的更大的邮轮合作集团，对现有存量资产进行重新配置，实现专业化、规模化经营，形成新的规模优势。

集团化经营管理有单个企业经营管理无可比拟的规模和优势，皇家加勒比邮轮集团，嘉年华邮轮集团和丽星邮轮集团以及地中海邮轮和歌诗达邮轮，是世界主要的三大邮轮集团和两大邮轮公司，这三大邮轮集团和两大邮轮公司经营管理有着各自的特色和优势。随着邮轮旅游业的发展，邮轮大型化和主题化趋势日益明显，航线设计市场针对性更强，邮轮旅游业在市场上占据越来越重要的地位。世界三大邮轮集团旅游的产业特征与发展趋势，对有意于开发邮轮旅游的中国国内港口城市和企业有很强的启示。集团化运作并不是权宜之计，而是一种机制，是一个长期的过程，加强管理必须贯穿发展全过程。

思考题

1. 解释以下名词：邮轮集团、邮轮集团化。
2. 简述邮轮公司进行集团化经营的优势所在。
3. 比较各大邮轮集团经营现状和模式。
4. 邮轮集团化管理发展趋势有哪些？

案例分析

细分邮轮度假产品，以“主题化”推动质变到量变

近 50 年来，就国际性的旅游业细分市场来说，鲜有旅游产品能保持一枝独秀，但邮轮业是个例外。

自 1980 年以来，全球的邮轮度假产业一直以年均 8.6% 的速度增长，这个速度为国际旅游业整体产值平均增速（约为 4.3%）的两倍。但在 2012 年前后，邮轮度假产业的增速发生了井喷，据 CLIA（国际邮轮公司联合会）的资料显示：2012 年后，外籍邮轮品牌的业绩从年增量均值不到 100 万，暴增到年增量均值超 250 万，涨幅高达 250%。

这个增长数字的背后，是中国作为一个新兴邮轮消费市场对全球邮轮业的巨大贡献。同期亚洲邮轮协会（Asian Cruise Association）的报告也发布预测：等到 2020 年，亚洲的邮轮需求将增至 380 万，这其中中国市场的需求就将达到 160 万。为此，国外各大邮轮品牌紧锣密鼓地加大中国市场布局，同时也全力发展国内的分销渠道并倾力销售。

然而与激增邮轮业绩背道而驰的，是中国市场上邮轮度假产品的同质化现象严重。之前有很多爱旅行的忠实邮轮粉丝在回国后分享经历：邮轮度假是第一次玩新鲜，第二次玩尽兴，第三次就玩腻了。这揭示了目前中国市场上邮轮产品的一个通病：不同邮轮产品对游客时间的利用方式并无实质性差别。对游客来说，不同产品之间除了邮轮不同，登岸港口不同，岸上游览项目不同外，当邮轮航行在茫茫大海之间时，船上所有乘客享受到的均是无差别的海景、活动空间和服务。

在这个背景下，“爱旅行”在邮轮度假产品自成一个门类的基础上对其继续进行细分，把游客随船航行的每一分钟都利用起来，赋予其主题特色，让游客的每一分钟都可以找到情感共鸣，从而赋予此次航行一个全新的意义。而此次通过刘纯燕的配音让大朋友和小朋友找到与“哆啦 A 梦”情感共鸣的邮轮度假主题化产品，便是在这个背景下诞生的。

2015 年，“爱旅行”成为皇家加勒比国际邮轮公司、歌诗达邮轮公司的一级代理商。全年的包船航次覆盖了海洋量子号（排水量 168 666 吨，定员载客 4180 人）、大西洋

号（排水量 85 619 吨，定员载客 2680 人）和海洋水手号（排水量 138 000 吨，定员载客 3114 人）等近十艘豪华邮轮；全年预计输送游客数量将达到 3 万人。

这些出行的游客中，每个人所购买的每一个“爱旅行”邮轮度假主题化产品，均由“爱旅行”直采自相应的邮轮公司。如此一来，消费者既可以得到一个最佳性价比的度假产品；同时对于“爱旅行”来说，缩短了前期的采购链，更意味着“爱旅行”能和邮轮公司在高效协作的基础上，为消费者争取更多的利益，并落实自己对邮轮产品进一步细分主题的工作，充分做到每个邮轮度假产品都有“爱旅行”鲜明的特色。

从更深的层次来讲，“爱旅行”采用对整艘邮轮进行包船的采购方式，一方面体现了公司的实力；另一方面，让“爱旅行”通过不同等级的舱房销售，区分消费者不同的兴趣和消费能力，从而，让会员系统在未来更有针对性地为“爱旅行”会员提供特色鲜明的旅行度假服务。

（资料来源：中华网旅游，https://travel.china.com/trend/11167065/20150731/20115361.html）

结合案例思考以下问题：

（1）“爱旅行”是如何推动邮轮度假主题化旅游的？

（2）对于三大邮轮集团在中国推广邮轮旅游，你有哪些建议？

参考文献

［1］Philip Gibson. 邮轮经营管理［M］. 陈杨乐，赵善梅，译 . 天津：南开大学出版社，2010.

［2］常淑兰 . 论企业文化和企业制度的建设与整合［J］. 山西焦煤技术，2006，05：41–44.

［3］陈静 . 企业文化建设意义及提升策略［J］. 行政事业资产与财务，2014，36：214–215.

［4］丛剑梅 . 基于 SWOT 分析的中国邮轮旅游发展策略研究［J］. 2011（01）.

［5］弗雷德 · R. 大卫 . 战略管理［M］. 李东红，陈宝明，徐玉德，译 . 北京：清华大学出版社，2003 年 9 月第一版 .

［6］傅贵，陆柏，陈秀珍 . 基于行为科学的组织安全管理方案模型［J］. 中国安全科学学报，2005（9）.

［7］付荣华，赖盛莲 . 企业文化建设策略分析［J］. 内蒙古石油化工，2006，12：131–132.

［8］高爱芳 . 中国外贸企业供应链管理的问题及对策［D］. 南京师范大学，2005.

［9］胡园 . 邮轮旅游供应链模型构建初探［J］. 河北旅游职业学院学报，2013，02：27–30.

［10］黄娜 . 企业文化建设在旅游业发展中的作用［J］. 企业改革与管理，2015，17：186+190.

［11］纪作哲 . 供应链成本管理研究［D］. 天津财经大学，2002.

［12］金雯雯 . 供应链协同作用下我国邮轮旅游代理的发展［J］. 上海电力学院学报，2014，S2：177–180.

［13］黎群，王莉 . 企业文化［M］. 2 版 . 北京：清华大学出版社，北京交通大学出版社，2012：6.

［14］李荣发 . 我国邮轮企业经营模式创新研究［D］. 大连海事大学交通运输专业，2012.

［15］李盛 . 试论加强制度建设是企业文化落地的重要举措［J］. 现代商业，2013，12：103–104.

［16］李玉新，马波 . 旅游业集团化经营的优势分析和实现模式的探讨［J］. 社会科学家，

2003（01）.
［17］刘竞，李瑞 . 国内邮轮旅游消费市场特征分析及发展对策［J］. 南阳师范学院学报 . 2012，（09）.
［18］刘利娜，孔洁 . 中国邮轮旅游产业发展研究［J］. 武汉职业技术学院学报，2014，03：101–104.
［19］刘敏涛 . A 邮轮公司发展战略研究［D］. 大连海事大学，2014.
［20］刘原原 . 浅析邮轮旅游产品的营销策略（下）［N］. 中国旅游报 .2010 年 5 月 4 日 .
［21］龙京红，刘利娜 . 邮轮运营与管理［M］. 北京：中国旅游出版社，2015.
［22］奈杰尔 · 斯莱克，迈克尔 · 刘易斯 . 战略管理［M］. 刘晋，李军，向佐春，译 . 北京：人民邮电出版社，2004.
［23］倪望清，胡志国 . 国际邮轮服务与管理［M］. 天津：天津大学出版社 . 2014：54–56.
［24］秦学京 . 企业跨国经营中的文化冲突与融合［J］. 经济与管理，2005，05：34–37.
［25］申思，旅游企业集团化经营的可实现模式初探［J］. 河南大学学报（社会科学版），2004，（04）.
［26］苏继军 . 企业文化氛围建设的必要性和相关对策［J］. 广东科技，2014，14：195–196.
［27］王迪，张曙 . 邮轮旅游航线设定［J］. 水运管理，2012，（12）：10–12.
［28］王家盛，王玖河 . 我国企业供应链协同管理的策略研究［J］. 燕山大学学报（哲学社会科学版），2008，02：104–108.
［29］王诺 . 邮轮经济［M］. 北京：化学工业出版社，2008.
［30］翁佳慧 . 企业文化个案研究——以阿里巴巴为例［J］. 科技信息（科学教研），2008，01：182.
［31］熊云峰，陈章兰 . 现代造船企业实施供应链管理的策略研究［J］. 江苏船舶，2008，01：42–44.
［32］徐朱玲 . 上海邮轮母港航线优化研究［D］. 上海工程技术大学，2015.
［33］许杰，祁世会，任立鹏 . 浅谈建立供应链管理体系的必要性［J］. 甘肃科技，2008，22：119–120+58.
［34］杨杰 . 邮轮运营实务［M］. 北京：对外经济贸易大学出版社，2012：97–98.
［35］杨晓奇 . 供应链管理的实施及其评价［D］. 北方工业大学，2004.
［36］杨月坤 . 企业文化创新——企业创新的动力之源［J］. 工业技术经济，2007，12：31–33.
［37］叶欣梁，孙瑞红 . 世界三大邮船公司经营模式（1）［J］. 水运管理，2007，9：11–14.
［38］叶欣梁，孙瑞红 . 世界三大邮船公司经营模式（2）［J］. 水运管理，2007，10：18–21.
［39］殷翔宇 . 国外邮轮企业经营模式［J］. 水运管理，2013，35（4）：16–21.
［40］袁旭韬 . 国际邮轮公司组织结构及运营流程对我国邮轮公司启示［J］. 水运管理，

2015，37（1）：22–24.
［41］张澄民 . 严格安全管理制度，提高安全管理水平［J］. 科技创新导报，2015，（10）.
［42］代凯军 . 管理案例博士评点［M］. 北京：中华工商联合出版社，2000.
［43］张言庆，马波，范英杰 . 邮轮旅游产业经济特征、发展趋势及对中国的启示［J］. 北京第二外国语学院学报，2010，07：26–33.
［44］赵鑫 . 基于模糊层次分析法的邮轮公司供应链研究［D］. 大连海事大学，2014.
［45］周三多 . 管理学——原理与方法［M］. 5 版 . 上海：复旦大学出版社，2013.
［46］诸强 . 企业文化建设也要创新［J］. 金山企业管理，2007，03：37–38.